图书馆
著作权管理问题研究

TUSHUGUAN ZHUZUOQUAN GUANLI WENTI YANJIU

秦珂 豆敏 李姝娟 ◎ 著

知识产权出版社
INTELLECTUAL PROPERTY PUBLISHING HOUSE

内容提要

保护著作权是21世纪国内外图书馆理论与实践的前沿领域之一，本书就相关问题进行了研究。第一部分对2009年10月28日由国家版权局、文化部、教育部、全国“扫黄打非”工作小组办公室联合发布的《关于加强图书馆著作权保护工作的通知》的背景、内容、意义以及图书馆对文件精神的贯彻落实等问题作了全面深入的探讨。第二部分就当前图书馆著作权保护实践中的著作权政策建设、对读者使用电子资源的著作权管理、著作权危机管理等突出问题进行了分析。第三部分阐述了图书馆使用著作权制度的立法借鉴与创新问题。第四部分介绍了近年来在我国公益性图书馆发生的部分知名著作权纠纷案件的起始原因、审理过程、裁决结果，对案件中法律法规的适用作了点评，提出了图书馆应对的策略。本书适合于图书馆、档案馆等公共文化机构工作者、著作权法学教育者、理论研究者和立法者使用。

责任编辑：石红华

图书在版编目（CIP）数据

图书馆著作权管理问题研究/秦珂等著．—北京：知识产权出版社，2010.10

ISBN 978-7-5130-0124-3

Ⅰ.①图… Ⅱ.①秦… Ⅲ.①著作权法—基本知识—中国②图书馆—藏书—著作权—研究 Ⅳ.①D923.41

中国版本图书馆CIP数据核字（2010）第152113号

图书馆著作权管理问题研究

秦珂　豆敏　李姝娟　著

出版发行：知识产权出版社

社　　址：北京市海淀区马甸南村1号　　邮　　编：100088
网　　址：http://www.ipph.cn　　邮　　箱：bjb@cnipr.com
发行电话：010-82000893　　责编电话：010-82000860-8130
责编邮箱：shihonghua@sina.com　　传　　真：010-82000860-8240
印　　刷：知识产权出版社电子制印中心　　经　　销：新华书店
开　　本：880mm×1230mm　1/32　　印　　张：9
版　　次：2010年9月第一版　　印　　次：2010年9月第一次印刷
字　　数：210千字　　定　　价：28.00元

ISBN 978-7-5130-0124-3/D·1053（3064）

著者简介

秦珂，男，1963年8月出生，重庆市忠县人。曾经在原平原大学图书馆工作，现在任职于新乡学院图书馆，研究馆员职称。主要从事图书馆著作权问题的探讨，发表论文300余篇（其中核心期刊发表112篇，中国人民大学复印报刊资料全文转载18篇），独著出版有《数字图书馆版权保护导论》、《期刊的著作权问题》，合著出版有《图书馆著作权管理问题研究》，主编出版有《数字图书馆建设中的版权和隐私权保护研究》、《数字图书馆服务与相关法律问题》等著作。出版有《图书馆·文献·信息技术与法律》、《河南省高等学校图书馆专家文库——秦珂论文选》等两部个人文集。多次在国家级、省级科研项目中承担图书馆著作权保护问题的研究任务，数十次应邀在高等院校、省市级公共图书馆、国家特大型企业、有关学术会议、专业技术人员培训班以及政府部门主办的活动中作学术报告。

豆敏，女，1976年4月出生，河南沈丘县人，现在河南职业技术学院图书馆工作。文化学硕士，馆员职称，主要从事图书馆文化理论和建设的探讨。

李姝娟，女，1979年11月出生，河南延津县人，现在新乡医学院图书馆工作。管理学硕士，馆员职称，主要从事图书馆学基础理论的探讨。

前 言

图书馆是著作权利益链条上重要而特殊的节点。著作权保护与图书馆工作有着内在的联系，图书馆使用著作权的行为得到许多国家法律的明确规范。比如美国《著作权法》第 108 条，英国《著作权法》第 38～44 条，日本《著作权法》第 31 条等。面向数字技术和网络环境，各国法律在坚守利益平衡这个著作权制度基本理念的前提下，对图书馆使用著作权的规则作了符合新技术业务特点的适当调整。比如美国《跨世纪千年著作权法》第 404 条、第 1201 条（d）款、第 1203 条、第 1204 条以及澳大利亚《著作权法修正案（数字议程）》第 50 条、第 51 条等。

虽然相对于部分国家，我国对图书馆著作权问题的立法起步比较晚，但是有若干里程碑意义的事件却标志着图书馆著作权法制建设事业的不断进步与发展。

第一个里程碑：1990 年 9 月 7 日，《中华人民共和国著作权法》（以下简称《著作权法》）颁布，该法第 22 条第（8）项赋予了图书馆等公共文化机构为“陈列”和“保存”版本目的合理复制本馆收藏的作品的权利。尽管这项规定笼统且不全面，甚至对图书馆有着不确定性的法律风险，但是毕竟开了对图书馆使用著作权行为予以立法规制的先河。

第二个里程碑：2006 年 7 月 1 日起施行的《信息网络传播权保护条例》第 7 条借鉴欧洲联盟等国际组织和美国、澳大利亚、加拿大等国家的立法经验，规定了图书馆等公共文化机构享有的“有限的网络传播合理使用权”，把图书馆的“特权”作了延伸，这是与《著作权法》第 22 条第（8）项相比最突出的创新点，更重要的价值是使图书馆对著作权进行法定条件下的数字化利用有了抵御著作权挑战的强有力武器。

第三个里程碑：2009 年 10 月 28 日，国家版权局、文化部、教育部与全国“扫黄打非”工作小组办公室联合发布了后来被中国版权协会会刊《中国版权》等媒体评选为“2009 年中国版权十大事件”之一的《关于加强图书馆著作权保护工作的通知》(以下简称《通知》)，要求“认真贯彻落实党中央、国务院关于保护知识产权的战略部署，加大知识产权保护力度，有效维护著作权人的合法权益，促进文学艺术、科学作品的合法传播，依法进一步加强对图书馆使用和传播作品行为的管理，更好地发挥图书馆传播知识、传承文化、启迪智慧、保障人民群众基本文化需求的重要作用”。

有研究者指出，《通知》的出炉同 2009 年 6 月在我国发生的谷歌数字图书馆“版权门”事件有关，认为《通知》就是应对谷歌“版权门”事件的产物。其实不然，《通知》关注的应当是近年来在我国公益性图书馆中存在的愈演愈烈的著作权矛盾和产生的层出不穷的侵权纠纷案件，表明图书馆已经成为著作权法律实践的重要领域，蕴涵着图书馆提供公益服务不能以牺牲权利人利益为代价的明确导向，昭示着政府向图书馆祭出了反侵权的大旗。因为图书馆著作权问题有朝着“著作权危机”演化的趋势，社会影响日益加剧，不仅制约了对权利人利益的维护，而且对国家知识产权战略的实施产生了负面效应，给图书馆也带来了声誉、形象、服务、管理、经济等方面的不利益性，反过来又阻碍了图书馆对其职能的履行。《通知》是我国图书馆著作权保护事业向更广领域、更深层次发展的见证，是我国历史上第一份专门针对图书馆著作权问题的行政性文件，意义重大，影响长远。

可以认为，著作权是困扰图书馆发展的主要法律障碍之一，保护著作权是图书馆法制建设不可或缺的重要内容；而学习领会与贯彻落实《通知》精神则为图书馆提高著作权意识，加强著作权管理，从保护著作权角度推动和谐图书馆建设创造了新的契机。《通知》只是对图书馆著作权保护的概括性规定，要使抽象的法律理念与原则变成受到法律规范的现实活动，不能忽视图书馆自身的努力和应该发挥的关键作用。工作内容包括：在图书馆界宣传普及著作权法律法规；对图书馆保护著作权状况进行自查自纠；同著作权行政管理部门、著作权集体管理组织建立常态化的业务联系；认真执行“先授权、后传播”原则，探索多元化的授权模式；开展图书馆馆藏的著作权评价；加强对读者使用著作权的管理；选拔和培养图书馆著作权管理人才，逐步设置著作权图书馆员岗位；健全图书馆著作权管理的组织和制度；研发与应用著作权保护的技术系统；组建图书馆著作权保护联盟；推动国内外图书馆著作权保护的经验交流；构建图书馆著作权危机状态下的应急反应机制；从事图书馆著作权保护理论研究；加强同著作权人、邻接权人的合作；促进著作权资源社会效益与经济效益的发挥；向立法机关建言献策等。

当然，毫无疑问，立法创新是对解决图书馆著作权问题起到独特而重要作用的策略，其核心是要从图书馆具有的公益性和担负的公共使命出发，对传统的合理使用制度进行新的变革。立法还应该将权益相对性理论适时、适度地引入图书馆著作权保护领域，建立著作权补偿金制度，科学配置权利。这有助于找到利益平衡的“准星”，实现“权利平衡之术”所追求的目标：一方面使图书馆能在宽松的法律环境中使用著作权无侵权之虞，另一方面给权利人以应有的激励其继续智力创作活动的经济回报。

图书馆在加强对“外部”著作权管理的同时，要协调好“内部”的著作权利益关系，认真解决职务作品、法人作品的创作、性质界定、权利行使问题。此外，图书馆在强调对著作权财产权管理的同时，要预见到在人们法制理念和维权意识普遍提高的背景下，著作权精神权利以及对著作实体保存涉及的著作权矛盾呈现出表征化、激烈化的可能性，做好相关防范与化解工作。

我国图书馆界对著作权问题的研究有一个明显的误区，即对“数字图书馆公司”投入了过多的热情和精力，其主要原因是混淆了“数字图书馆公司”与公益性图书馆的主体性质，把谋取商业利润的“数字图书馆公司”和公益性图书馆的法律地位画上了等号。由于“数字图书馆公司”不享有著作权法赋予的合理使用权利，虽然其同样有着复杂的著作权问题，但是此著作权问题并非我们要探讨的公益性图书馆的著作权问题。于是，“以案说法”就成为本书与同类主题著述的区别之一，通过对公益性图书馆发生的部分知名著作权案件的介绍和法理分析、法律适用的简评，使图书馆工作者能更全面正确地掌握法律法规，深化对理论和实践关系的认识，自觉地用理论指导实践，并在实践中检验理论。

本书的创作动议、主题思想、结构框架和各章节主要内容的安排由新乡学院图书馆的秦珂提出与策划，秦珂与河南职业技术学院图书馆的豆敏、新乡医学院图书馆的李姝娟共同创作完成。李姝娟承担第 1～6 章，豆敏承担第 7～9 章、第 13 章，秦珂承担第 10～12 章、第 14 和 15 章的撰写任务。在撰写中，参考引用了其他专家学者的大量研究成果，在此表示衷心的感谢。鉴于我们的学识与能力有限，对许多问题的认识、钻研不透彻，对法律法规的理解也可能不完整、不深刻，书中难免不足和谬误，敬请读者批评指正。

只要图书馆与著作权制度存在，就始终会有公权和私权的较量与博弈，对图书馆著作权问题的研究和实践就永远不会停止。

目 录

第一部分
《关于加强图书馆著作权保护工作的通知》专题研究

第二部分

图书馆著作权管理的几个问题

第三部分

图书馆使用著作权制度的立法变革

第四部分

图书馆部分著作权纠纷案件研究

第一部分

《关于加强图书馆著作权保护工作的通知》专题研究

第1章 解读《关于加强图书馆著作权保护工作的通知》

2009年12月，中国版权协会会刊《中国版权》等媒体评选出“2009年中国版权十大事件”，其中包括了由国家版权局、文化部、教育部、全国“扫黄打非”工作小组办公室四部委于2009年10月28日联合发布的《通知》。[1]《通知》出台之前，图书馆使用著作权问题在《著作权法》、《信息网络传播权保护条例》等法律法规的立法过程中就曾有过激烈的争论，最终以成文法得到明确，但是国家相关部门还从来没有针对图书馆著作权保护工作发布过专门的行政性文件。因此，《通知》作为第一份这样的“专门文件”自然受到社会各方面的广泛关注。充分和深入地了解《通知》的背景，全面与正确地认识《通知》的意义，积极贯彻落实《通知》精神，以《通知》要求为指导，把著作权保护工作推向前进，是图书馆界的一项重要任务。

1.1 《通知》出台的背景

1.1.1 营利性图书馆系列侵权案件

2009年下半年以来，在我国发生了不仅在国内，而且在国

[1] 孙佳音．二○○九年中国版权十大事件揭晓［OL］．http：//www.chinataiwan.org/wh/dsw/wtyw/201001/t20100106.htm［访问时间］：2010-01-18.

际上产生重要影响的被称为“版权门”事件的谷歌图书馆（Google Library）侵权纠纷。[1] 谷歌“版权门”同样是“2009年中国版权十大事件”之一，[2] 而且发生于《通知》出炉之前，舆论很容易把二者联系起来思考。有人认为《通知》的发布针对谷歌“版权门”用意明显。[3] 实际上，在谷歌“版权门”事件之前，国内“数字图书馆”就引发了一系列著作权案件。比如，2002年的“陈兴良诉中国数字图书馆有限责任公司案”、2004年的“郑成思等诉北京书生数字技术有限公司案”、2005年的“蒋星煜诉清华同方知网（北京）技术有限公司案”、2006年的“黄延复诉北大方正电子有限公司案”等。在这些案件中，“数字图书馆”无一例外地被判败诉。比较于谷歌图书馆，国内“数字图书馆”侵权的方式是从未经原作者授权直接提供作品内容的服务中攫取利润，而谷歌图书馆只是提供作品的题录或者摘要，通过读者对附加广告的点击率来营利（阅读全文需要付费）。可以这样讲，国内“数字图书馆”比谷歌图书馆侵权的行为更加恶劣，性质更加严重。时至今日，“数字图书馆”越过原作者，直接向出版社取得许可的侵权做法（除非作者已向出版社授权）依然如故，没有大的改观。已故著名知识产权专家郑成思教授指出，“数字图书馆”就是“数字公司”，其未经授权地使用著作权的行

---

❶ 陈汉辞．谷歌版权门激怒中国作家：业界齐忧垄断之害［OL］. http：//tech. sina. com. cn/i/2009-10-29/02483546803. shtml［访问时间］：2009-12-18.

❷ 孙佳音．二〇〇九年中国版权十大事件揭晓［OL］. http：//www. chinataiwan. org/wh/dsw/wtyw/201001/t20100106. htm［访问时间］：2010-01-18.

❸ 罗皓菱．各地图书馆开展数字版权自查［OL］. http：//bjyouth. ynet. com/article. jsp? oid＝57523670［访问时间］：2010-01-18.

径与其他侵权方式本质上并无不同。知识产权博士周林教授认为，出于坚持图书馆的公益性、非营利性，区别于经营性的“数字公司”，应不再使用“数字图书馆”一词。[1] 所以，仅仅认为《通知》是为谷歌“版权门”事件而发布就难免偏颇和不全面了，《通知》的真正目的在于“管好自己的孩子”，做好本国的事情。

1.1.2　公益性图书馆系列侵权案件

“数字图书馆公司”具备营利性质，未经授权地使用著作权而受到作者、出版商和社会其他各界的诘问理所应当，得到法律的制裁是“罪有应得”。因为“数字图书馆公司”不同于传统著作权法地位的图书馆，不享有法定“特权”，承担不同于传统图书馆的义务与责任，未经授权使用著作权自然为法律所禁止。相反，在“著作权这一民事权利的行使应该服从于公共利益要求”[2] 的理念支配下，传统的公益图书馆被放在“最终用户”的地位[3]，享有广播电台、电视台、报刊社等同样是信息传播者所不能享有的豁免权，能够在特定情形下未经授权地使用著作权而不被追究责任。这就是在模拟技术（印刷技术和电子技术的总称）环境中，公益性图书馆很少陷入著作权纠纷的主要原因。但是，这种状况正在发生悄然的变化，因为图书馆的文献信息收藏能力、加工能力、传递能力、服务能力随着数字技术的广泛深入应用而得到极大提升的同时，越来越多的公益性图书馆（比如上

---

[1] 谷歌与著作权人的博弈　数字图书馆侵权连环反应［OL］. http//lit.people.com.cn/GB/42891/42894/10256476.html［访问时间］：2010-01-18.

[2] 杨利华，冯晓青. 图书馆工作中的著作权问题之我见［J］. 著作权，2001（4）：26-29.

[3] 韦之. 著作权产品最终用户的法律责任探讨［J］. 著作权，2000（4）：10-12.

海市图书馆[1]、浙江省图书馆[2]、重庆涪陵图书馆[3]、对外经济贸易大学图书馆[4]、青岛理工大学图书馆[5]等）由于著作权纠纷而被告上法庭成为了司法领域和图书馆界的一道风景。此外，在权利人法律意识提高的背景下，一些传统的著作权矛盾在图书馆也变得突出，比如国家图书馆、黑龙江省图书馆、辽宁省图书馆、吉林省图书馆、南通市图书馆等被诉至法院皆是源自这方面的问题。公益性图书馆系列侵权案件被称为“图书馆著作权危机”。[6] 这种危机对图书馆经济、声誉、管理造成了严重的负面效应，而且危机将呈现出高发趋势。[7] 事实表明，图书馆著作权危机对社会的影响正在逐步加剧，有的案件甚至被最高人民法院

---

❶ 上海市第一中级人民法院知识产权判决书（2005）沪一中民五（知）初第字 306 号 [OL]. http://www.chinalawedu.com/news/17800/179/2006/10/zh1240195729720160022 5606-0.htm [访问时间]：2009-09-22.

❷ 最高人民法院审理浙江省图书馆诉何湖苇等网络著作权侵权纠纷申请再审民事裁定书 [OL]. http://www.chinacourt.org/public/detail.php? id=331040 [访问时间]：2010-01-28.

❸ 重庆市高级人民法院民事判决书（2008）渝高法民终字第 146 号 [OL]. http://ipr.chinacourt.org/public/detail-sfwsphp? id=23096 [访问时间]：2009-08-21.

❹ 卢玲玲，齐晓航. 网络知识产权问题的法律解读——以对外经济贸易大学图书馆为例 [J]. 晋图学刊，2008（5）：4-8.

❺ 超星侵权案深度调查：涉嫌假冒国家 863 计划 [OL]. http://tech.sina.com.cn/i/2007-05-29/07591532995.shtml [访问时间]：2009-07-11.

❻ 秦珂. 图书馆版权危机和版权危机管理 [J]. 图书情报工作，2010（1）：8-11，23.

❼ 秦珂. 图书馆版权危机的特点、诱因及其管理中存在的问题分析 [J]. 图书馆学研究，2009（10）：22-26.

列为全国100件知识产权典型案例。❶《通知》的出台就是对公益性图书馆使用著作权存在诸多问题与系列侵权案的反映，所要针对和强调的就是公益性图书馆的著作权保护工作，这可以从《通知》内容的表述中得到答案。当然，"数字图书馆公司"使用著作权的行为也必须得到规范，但不是《通知》所主要解决的问题。

1.2 《通知》的内涵与作用

1.2.1 《通知》阐明了图书馆保护著作权的重大意义

《通知》的目的在于"认真贯彻落实党中央、国务院关于保护知识产权的战略部署，加大知识产权保护力度，有效维护著作权人的合法权益，促进文学艺术、科学作品的合法传播，依法进一步加强对图书馆使用和传播作品行为的管理，更好地发挥图书馆传播知识、传承文化、启迪智慧、保障人民群众基本文化需求的重要作用"❷。第一，服务于国家创新战略。图书馆是作品创作者和作品利用者的中介，作为著作权利益链条上一个重要而特殊的节点，起到了事实上的著作权"均衡器"的作用。❸ 国家知识产权战略的核心是"创新战略"，图书馆保护著作权，就是保护创新，就是为国家知识产权战略的决策与实施服务。第二，服

---

❶ 最高法院公布100件全国知识产权保护典型案例［OL］. http：//www. ybww. com［访问时间］：2009-07-11.

❷ 国家四部委发出《关于加强图书馆著作权保护工作的通知》［OL］. http//www. xwcbj. gd. gov. cn/news/html/zwgg/article/1256855705246. html［访问时间］：2009-12-15.

❸ 马海群．论公共图书馆发展与著作权法的修改［J］．国家图书馆学刊，2000（4）：24-29.

务于图书馆。图书馆工作的目标与著作权的立法目的基本一致，著作权的立法目的构成了著作权法保护图书馆的理论基础。[1] 保护著作权，可以营造图书馆发展的良好氛围，提高图书馆藏利用绩效，推动著作权资源向图书馆的科学流动与配置，促进图书馆各项社会职能的履行。图书馆保护著作权，就是保护图书馆自己。

1.2.2 《通知》提出了依法管理图书馆的明确要求

《通知》第1条规定，图书馆要严格遵守《著作权法》、《中华人民共和国著作权法实施条例》（以下简称《著作权法实施条例》）、《信息网络传播权保护条例》等法律法规。"依法治馆"是图书馆最重要的管理原则和最基本的治馆理念，是图书馆管理者、从业者必须具备的最起码的工作素质。《通知》要求依法治馆，用意在两个方面：第一，驳斥法无规定论。的确，在《信息网络传播权保护条例》颁布之前，我国对图书馆使用著作权，尤其是使用数字著作权的立法是滞后的，对有的问题的立法还是"真空"。其实，图书馆以"法无明文规定"为借口在使用著作权方面恣意妄为似乎还可以理解，但是这种"法无明文规定"的论调至今仍有市场就不能不说是对法律法规的蔑视了。第二，驳斥对法律的曲解。图书馆对法律法规要有完整、正确的理解，不能从自己的利益出发断章取义，信口开河，随意解释，甚至歪曲法律法规的本来含义。比如，《条例》第7条已经非常清楚地把作品传播范围限定于"本馆馆舍内"的"服务对象"，但是有的研

[1] 黄先蓉．著作权法保护图书馆的理论研究［J］．中国图书馆学报，2000（3）：33-37.

究者却狡辩出“服务对象”是指广义的“合法读者”的结论。❶无知而枉法，或者明知而故犯，只能增大法律风险，对图书馆有百害而无一利。

1.2.3 《通知》强调了图书馆使用著作权的规则

法律授予著作权专有性是为了保护权利人由于开展智力创造而应该享有的合法利益。“先授权、后使用”就是在专有权保护下使用著作权的一般规则，即使在合理使用、法定许可、强制许可等制度中，遵循的也是这样的原则，只不过由私人授权变成了国家授权。《通知》第 2 条指出，图书馆使用著作权要执行“先授权、后传播”的原则❷，这同图书馆在合理使用制度下使用著作权有所不同。无论是“数字图书馆公司”，还是公益性图书馆涉及的著作权纠纷，大都是因未能解决好授权问题而引起（包括“数字图书馆公司”授权瑕疵给公益性图书馆造成的连带责任）。现在，有的供应商在不能较好地解决授权难题的情况下于招标中把“帮助图书馆数字化馆藏”作为“优惠条件”之一，图书馆却欣然接受，殊不知这种做法是与法律背道而驰的。使用著作权的其他原则同样应该得到图书馆遵守。比如，《条例》第 15 条建立了“通知—删除”规则，按照规定图书馆在接到权利人通知后，要采取措施删除，或者断开与涉嫌侵权的作品的链接，并将通知转送服务对象。如果图书馆不依“通知—删除”规则办事，则得不到法律的豁免。

---

❶ 卢玲玲，齐晓航．网络知识产权问题的法律解读——以对外经济贸易大学图书馆为例 [J]．晋图学刊，2008（5）：4-8.

❷ 国家四部委发出《关于加强图书馆著作权保护工作的通知》[OL]. http//www.xwcbj.gd.gov.cn/news/html/zwgg/article/1256855705246.html [访问时间]：2009-12-15.

1.2.4　《通知》要求相关行政部门履行监管职能

《通知》第2条、第3条指出，各地版权、文化、教育行政部门及“扫黄打非”办公室要组织所属图书馆开展自查，对当地图书馆的作品使用情况进行联合抽查、检查，对未经许可复制传播的行为及时予以纠正。《通知》第4条要求各地文化、教育行政部门对图书馆著作权保护工作加强日常监管。❶ 长期以来，国家行政文件中几乎没有图书馆著作权问题的内容，行政部门也极少过问这方面的工作。这一方面使得图书馆对著作权的使用游离于监督机制之外，我行我素，违规违法现象得不到及时发现和查处。另一方面，由于没有版权、文化、教育行政部门的指导，图书馆始终建立不起来完善的著作权管理自律机制，不能吃一堑长一智，侵权事件层出不穷，有的图书馆屡次成为被告。❷《通知》第一次用行政文件要求版权、文化、教育行政部门加强对图书馆使用著作权的监管和督查，表明政府向图书馆祭出了反侵权的大旗，下定了坚决查处图书馆违规违法使用著作权行为的决心。

1.3　图书馆保护著作权的举措

1.3.1　结合《通知》广泛宣传著作权法律法规

《通知》第1条指出，各地要加强著作权法律法规宣传教育，

---

❶ 国家四部委发出《关于加强图书馆著作权保护工作的通知》［OL］. http//www. xwcbj. gd. gov. cn/news/html/zwgg/article/1256855705246. html［访问时间］：2009-12-15.

❷ 卢玲玲，齐晓航．网络知识产权问题的法律解读——以对外经济贸易大学图书馆为例［J］．晋图学刊，2008（5）：4-8.

进一步提高图书馆著作权保护意识。❶ 随着 2001 年《著作权法》、《著作权集体管理条例》、《条例》等法律法规的颁布实施，我国图书馆界开展了多种形式的著作权宣传教育活动，比如请专家学者到图书馆开设论坛、讲座，选派图书馆员参加进修、专业培训、著作权保护经验交流活动等。❷ 一项调查表明，我国图书馆从业人员的著作权意识有了明显提高：在全国受调查的 49 所公益性图书馆（涵盖大学图书馆、公共图书馆、专业图书馆等主要图书馆类型）中，77.19%的人认为“图书馆应当在保护著作权的前提下发展”❸。现在要做的工作是把著作权宣传教育活动同图书馆业务更加紧密地结合起来，使之更加切合实践特点，更加常态化、科学化、规范化。图书馆还应加强对广大读者的著作权法律法规宣传教育活动，提高他们的著作权觉悟和保护著作权的技能。

1.3.2 对图书馆保护著作权状况开展自查自纠

对保护著作权的状况自查自纠是《通知》第 2 条对图书馆的要求。❹ 由于我国绝大多数图书馆还没有建立保护著作权的工作体系，更没有这方面的经验，所以对怎样自查自纠感到茫然。总

---

❶ 国家四部委发出《关于加强图书馆著作权保护工作的通知》[OL]. http//www.xwcbj.gd.gov.cn/news/html/zwgg/article/1256855705246.html [访问时间]：2009-12-15.

❷ 陈传夫，汪晓方，符玉霜．国外版权图书馆员岗位设置及其对我国的启示 [J]．国家图书馆学刊，2009 (2)：39-42.

❸ 陈传夫，孙凯，吴钢，等．中国图书馆界对知识产权问题的认知调研报告 [J]．图书与情报，2009 (5)：1-10.

❹ 国家四部委发出《关于加强图书馆著作权保护工作的通知》[OL]. http//www.xwcbj.gd.gov.cn/news/html/zwgg/article/1256855705246.html [访问时间]：2009-12-15.

结各方面的资料认为，自查自纠可以从以下方面考虑：第一，查制度。包括图书馆有无保护著作权的制度、制度是否完善等，也包括图书馆著作权政策、图书馆使用著作权授权协议签订制度、读者使用馆藏资源著作权保护警示制度等。第二，查组织。包括图书馆有否著作权工作领导机构、是否有专人负责相关著作权事宜等。第三，查机制。包括图书馆是否建立有保护著作权的计划以及落实情况，著作权危机预警机制是否得到建立，运行效果如何等。第四，查做法。包括是否对作品采取了技术保护措施，是否对拟使用的信息资源开展了著作权评估，是否同第三方（包括图书馆上级领导部门、图书馆学术团体及有关专家）建立了保护著作权的合作机制等。

1.3.3　强化图书馆对著作权的科学管理活动

从某种角度认识，图书馆很多日常业务就是对著作权的管理。比如：书目数据中的作者、题名，就指出了著作权主体和客体；而出版项则包括了邻接权人（出版者）的信息，尽管很少有人把文献著录工作与著作权保护联系起来。早在 10 年前，北京大学知识产权博士张平教授就指出，著作权管理将成为数字时代图书馆不可或缺的最重要的工作之一。[1] 图书馆对著作权的管理无非是从领导、组织、制度、队伍、技术等侧面来考虑，许多文章和书籍对此都有探讨，本书不再赘述，只是提及以下几个还不被充分重视的问题。第一，著作权保护是一项政策性、法律性、专业性很强的工作，图书馆要设专人负责处理著作权管理事务，其待遇应等同于学科馆员。图书馆要有目的、有计划、有步骤地开展这类人才的培养。比如，据报道，美国密歇根州立大学图书

[1] 张平．中国数字图书馆工程中的著作权问题［J］．科学新闻周刊，1999（28）：10.

馆、亚利桑那大学图书馆、犹他大学图书馆、加州大学图书馆，加拿大圭尔夫汉伯大学图书馆、兰加拉学院图书馆、昆特兰理工大学图书馆，澳大利亚的新南威尔士州立图书馆等就设有著作权图书馆员岗位。[1] 第二，把对读者的教育和管理纳入图书馆保护著作权的整体对策中，对读者使用著作权，特别是使用数字著作权进行合同化管理，加强对读者使用著作权行为的指导和对读者违规行为的查处。第三，对拟以数字技术使用的图书馆馆藏开展科学的著作权评价，规避法律风险。

1.3.4 深化图书馆著作权保护的理论研究

实践是图书馆保护著作权的载体，而要把具体举措落到实处必须靠科学理论的指导。目前，针对图书馆著作权问题的理论研究日益得到重视，学术活动不断深入，相关成果逐步涌现，对实践起到了积极的推动作用。然而，存在的问题也比较明显。比如，理论和实践的联系还不够紧密，有的成果不符合国情，片面嫁接国外做法；有的“成果”更是虚无缥缈，不知所云，与实践的要求相去甚远。又比如，有的所谓的“成果”歪曲法律，对图书馆保护著作权的实践形成误导；有的“成果”把已经过时的、早已废止的法律法规作为指导图书馆行为的依据。还比如，对图书馆著作权危机管理、著作权合作管理、图书馆馆藏著作权评价等重要领域的研究或者还是空白，或者十分薄弱。

1.3.5 密切同行政部门和学术团体的联系

实现版权、文化、教育等行政部门对图书馆使用著作权情况的有效监督的一个关键问题是：这些部门要同图书馆建立有效的

---

[1] 陈传夫，孙凯，吴钢，等．中国图书馆界对知识产权问题的认知调研报告［J］．图书与情报，2009（5）：1-10.

沟通机制。版权行政部门平时与图书馆几乎没有联系，文化、教育等行政部门尽管与本系统图书馆有隶属关系，但是对著作权事务的指导与交流并不多。第一，行政部门应借助《通知》发布的契机，再出台更加具体的相关文件，强化对图书馆使用著作权的监管职能，特别是要按照《通知》要求帮助图书馆界建立著作权管理行业自律机制。行政部门还要向图书馆提供著作权政策以及著作权人力资源方面的支持，并通过警示发布、行政处罚等措施纠正图书馆的违规违法行为。第二，版权、文化、教育行政部门要向图书馆及时传达最新法律法规的内容，邀请图书馆参加相关会议，通报对有关图书馆违规违法问题的查处情况。第三，图书馆要主动向版权、文化、教育行政部门汇报工作，认真接受监督。在涉及著作权的重大业务活动之前，图书馆要向行政部门开展咨询。在发生著作权纠纷时，图书馆要积极地向行政部门说明情况，请求指导和帮助。第四，“尊重知识产权，促进信息传播”是《中国图书馆员职业道德准则（试行）》第 5 条的内容，中国图书馆学会应对图书馆履行该准则的情况开展监督和调研。

附录

关于加强图书馆著作权保护工作的通知

（国版联〔2009〕1 号）

各省、自治区、直辖市版权局、文化厅（局）、教育厅（教委）、“扫黄打非”办公室：

为认真贯彻落实党中央、国务院关于保护知识产权的战略部署，加大知识产权保护力度，有效维护著作权人合法权益，促进文学艺术、科学作品的合法传播，依法进一步加强对图书馆使用和传播作品行为的管理，更好地发挥图书馆传播知识、传承文化、启迪智慧、保障人民群众基本文化需要的重要作用。特通知如下：

一、各地要加强著作权法律法规宣传教育，进一步提高图书馆著作权保护意识。图书馆要严格遵守《中华人民共和国著作权法》、《中华人民共和国著作权法实施条例》、《信息网络传播权保护条例》等法律法规，除法律法规明确规定的例外情况，未经著作权人许可，不得擅自复制或通过信息网络传播他人享有著作权的作品。

二、各地文化、教育行政部门要组织所属图书馆开展自查，发现存在未经许可复制传播行为的，要及时予以纠正。同时，图书馆要依照著作权法律法规，按照“先授权、后传播”的作品使用原则，建立完善合法使用作品的工作制度和有效机制，清除侵权盗版隐患，杜绝未经许可复制或通过信息网络传播他人作品的行为。各地要及时将自查自纠的情况通过上级主管部门报国家版权局。

三、各地版权、文化、教育行政部门及“扫黄打非”办公室要对当地图书馆的作品使用情况进行联合抽查、检查。对发现存在未经授权复制或通过信息网络传播他人作品违法行为的，版权行政部门要依法严肃处理。

四、各地文化、教育行政部门要对图书馆著作权保护工作加强日常监管，指导图书馆建立著作权管理行业自律机制，增强守法诚信意识，自觉杜绝未经许可复制或通过信息网络传播他人作品的行为。

图书馆事业是社会主义文化建设的重要组成部分，是党和政府向人民群众提供公共文化服务，保障人民群众基本文化权益的重要途径。各地版权、文化、教育行政部门及“扫黄打非”办公室要积极配合，密切协作，不断提高图书馆的管理水平和著作权保护水平，进一步推动图书馆事业健康、有序发展。

国家版权局
文化部
教育部
全国“扫黄打非”工作小组办公室

二〇〇九年十月二十八日

第2章

图书馆对“先授权、后传播”原则的贯彻执行

《通知》把图书馆著作权工作提到贯彻落实国家知识产权战略的高度来认识，要求有效维护权利人的合法权益，加强对使用和传播作品行为的管理，更好地履行图书馆的各项社会职能。《通知》的一项核心内容就是明确图书馆要按照“先授权、后传播”的原则使用著作权。“授权”是平衡著作权利益关系的基本方法，同样是制约解决图书馆著作权问题的瓶颈。图书馆保护著作权，就要树立符合现行法律法规的授权意识，健全授权制度、构筑授权机制、完善授权策略，做到合法授权、科学授权、规范授权。

2.1 “先授权、后传播”原则与图书馆使用著作权的关系

2.1.1 图书馆在模拟技术环境中使用著作权的模式

著作权不仅具备专有性，而且是一种平衡体系，即著作权保护的真谛——无传播就无权利[1]中的“权利”包括“权利人的权利”和“图书馆与读者权利”的双重内涵；两种权利彼此依存，

---

[1] 李国新．无传播就无权利——图书馆界围绕信息网络传播权立法的呼声与行动［J］．图书情报工作，2006（7）：6-10.

互为实现的前提。法律赋予权利人专有权的同时，要求其向社会让渡部分“特权”，以造福公共利益。让渡“特权”的目标通过实施著作权限制制度来达到，在“著作权这一民事权利的行使应该服从于公共利益要求”❶ 的立法思想指导下，图书馆成为这种制度的最大受益者。其法理基础在于，传统意义上的图书馆因为技术条件的局限性及使用规则的可靠性导致对著作权影响的有限性❷，即使随机的、分散的个人阅读经图书馆整合变成了日益扩大的读者群的有组织的无偿使用也没有改变这种状况。❸ 相反，图书馆的外借和传播信息活动能够扩大读者层面，激起读者的购买欲望，促进图书销售。❹ 这就是著作权制度建立以来，图书馆与权利人之间少有矛盾、“和平共处”的主要原因。然而，“限制”与“反限制”是平衡的，如果图书馆对著作权的使用不符合法定规范，则不再被看成合法，其侵权行为不能以服务于公共利益为辩诉理由得到法律的宽恕。比如，《保护文学和艺术作品伯尔尼公约》（以下简称《伯尔尼公约》）没有对图书馆复制作明确规定，但是根据该公约第 9 条第 2 款的原则，许多国家的著作权

---

❶ 杨利华，冯晓青．图书馆工作中的著作权问题之我见 [J]．著作权，2001 (4)：26-29.

❷ 北京市海淀区人民法院民事判决书（2004）海民初字第 12507 号 [OL]．http：//www. smehen. gov. cn/Artpaper/Show. aspx? id ＝ 360783 [访问时间] 2010-02-02.

❸ 张力．数字化没有什么不同？——评国际图联（IFLA）关于数字环境下版权的“千年立场”[J]．情报资料工作，2006 (3)：33-36.

❹ 李国新．国际图书馆界有关著作权合理使用的原则立场 [J]．图书馆论坛，2005 (6) 67-70.

法都设立了有关图书馆复制的详细限制。❶ 所以，认为图书馆通过模拟技术使用著作权无须授权的观点不免偏狭，且不说对超过法定条件的著作权的使用必须得到授权，就是局限于著作权限制规范框架内对著作权的使用也是事先得到了授权，只不过是法定授权，而不是权利人意愿的真实表达。也就是说，图书馆遵循“先授权、后使用”的原则由来已久，而并非是《通知》对图书馆提出的新要求。

2.1.2 图书馆在数字技术环境中使用著作权的模式

图书馆以数字技术使用著作权，延展了作品传播的时间和空间，扩大了获取作品的人数，改变了作品的接触方式。❷ 在此情况下，图书馆通过网络整合读者需求并开展的数字化信息服务对著作权造成的负面影响再不能被忽略了。比如，英国图书馆和档案馆著作权联盟、博物馆著作权小组在 2003 年发表的《英国著作权法修订方针》中尽管强调保护“图书馆特权”的意义，认为著作权法不能漠视数字时代图书馆的使命，但是也认为图书馆活动中“一些极其重要的变化根本地改变了向读者传递信息的方式。”❸。于是，一方面著作权法通过变革赋予了图书馆合理使用数字著作权的新权利；另一方面著作权法延续着其扩张态势，以

---

❶ 张平．数字图书馆建设中的法律问题及对策研究［OL］．http：//cd. wanfangdata. com. cn/D/periodical200404012. aspx［访问时间］：2010-02-02.

❷ 靳学军．知识产权 52 案［M］．北京：中国法制出版社，2008：188.

❸ 李国新．国际图书馆界有关著作权合理使用的原则立场［J］．图书馆论坛，2005（6）：67-70.

“保持作品与读者之间在法律上的适当距离”❶。其中一个突出的具体表现就是图书馆对著作权的使用被更多地纳入意思自治原则下的谈判授权轨道。特别是著作权技术保护措施的应用和对技术措施的著作权保护，使图书馆被迫屈从于“一招制百式”的单一技术，无论是读者服务的多个层面还是其他基础业务活动，都被附加了与权利人“谈判磋商”的授权印迹。❷ 虽然这可能会对著作权限制的理论基础造成冲击，但是“先授权、后使用”的确成为图书馆适应新的法律环境必须坚持的重要原则。国际图书馆协会和机构联合会于 2000 年发表《关于数字环境下著作权的立场》的声明，表示接受合法的许可协议。2007 年 2 月，欧洲数字图书馆高级专家组下设的“著作权小组”向欧盟委员会递交了《欧洲数字图书馆建设著作权解决方案最终报告》，在“高级原则”、“数字保存”、“孤本作品”、“绝版作品”等部分提出了诸多关于授权的条款。❸ 可以认为，通过授权取得著作权使用权的活动将在未来的图书馆中越来越普遍，并逐步在图书馆日常工作中占居重要地位。

2.2 授权瑕疵和图书馆使用著作权的法律责任

2.2.1 “先授权、后传播”原则的内涵

著作权是知识产权的一个传统法律范畴，是智力创作者权利

---

❶ 张力．数字化没有什么不同？——评国际图联（IFLA）关于数字环境下版权的“千年立场”[J]．情报资料工作，2006（3）：33-36.

❷ 美国研究图书馆协会．数字环境下版权的穷竭和首次销售原则——图书馆协会在美国辩论中的立场 [J]．版权公报，2002（4）：14-26.

❸ 钟永恒，陈传夫．欧洲数字图书馆的版权解决方案研究 [J]．现代情报，2007（12）：89-91.

的法律分支之一，是作者对其作品拥有的法定特权。❶ 这种特权最重要的特征是专有性，意味着只有权利人才能享有占有、使用和处分自己的著作权，从而把著作权等知识产权与处于公有领域的人类智力成果区别开来，目的是通过承认权利人对其作品的独占来鼓励创作既多又好的精神产品。❷ 著作权的专有性还表明，未经权利人许可，他人不得对其享有著作权的作品占有、处分和使用。或者说，对他人作品的使用必须遵循“先授权、后使用”的原则。对作品的使用方式多种多样，包括复制、改编、表演、出租、展览、翻译、广播、放映、摄制等。在数字技术条件下，新的作品利用方法更是层出不穷，比如数字化复制、网络传播等。“先授权、后传播”中的“后传播”与“先授权，后使用”中的“后使用”的内涵都是指在得到权利人许可之后再使用作品，但是鉴于对权利人利益的维护和相关法律法规的要求，不能把“传播”仅仅理解为对以光盘等介质为载体的数字化作品外借，或者在线传播作品，而应该作扩大的解释，即凡是非法定豁免情形对作品的利用都应包括其中。《通知》用“传播”而不是“使用”的表述，意在强调网络环境中图书馆利用作品的技术特点，并非指“传播”之外的对著作权的利用可以不经授权（除非法律法规有明确的规定）。这从《通知》第 2 条、第 4 条“杜绝未经许可复制或通过信息网络传播他人作品的行为”的规定中能够得到确切的答案。

---

❶ 李国新．无传播就无权利——图书馆界围绕信息网络传播权立法的呼声与行动［J］．图书情报工作，2006（7）：6-10.

❷ 杨利华，冯晓青．图书馆工作中的著作权问题之我见［J］．著作权，2001（4）：26-29.

2.2.2　供应商授权不能造成的公益性图书馆的法律责任

图书馆不是出版机构，不是数字资源开发商，不会投入大量人力、物力、财力从事数字资源的开发制作工作，这是图书馆界的共识。❶ 图书馆的数字资源大多是向数据供应商购买得来。但是，供应商不是严格意义上的“数字图书馆”，更非著作权法上的“图书馆”❷，其本质是“数字公司”❸，具有营利性，不享有法定特权，对他人作品任何形式的数字化使用都必须事先得到授权。由于图书馆无法对数据产品的内容进行鉴别和审查，所以如果供应商为图书馆提供了未经授权的侵权作品的使用，图书馆自然要承担相应的法律风险。目前，供应商所采取的不同原作者协商，而直接与出版社签订授权协议的做法本身就无法律效力。一项针对我国60家高校生物医学学报著作权保护的调查表明，仅有10家和作者签订了书面的著作权使用合同，又有48家在未与作者签订合同的情况下却越权代表作者同有关数据库制造商签订了数字化使用许可协议。❹ 近年来，青岛理工大学图书馆、上海图书馆等公益性图书馆因为著作权纠纷成为被告，皆是由于供应商授权瑕疵引起。在这类侵权纠纷中，图书馆通常不负法律责任，或者只承担停止侵权的民事责任。比如，在“周大新诉超星信息技术

---

❶ 李国新．无传播就无权利——图书馆界围绕信息网络传播权立法的呼声与行动［J］．图书情报工作，2006（7）：6-10.

❷ 谷歌与著作权人的博弈　数字图书馆侵权连环反应［OL］．http：//lit. people. com. cn/GB/42891/42894/10256476. html［访问时间］：2010-01-18.

❸ 郑成思．“数字图书馆”还是“数字公司”［OL］．http：//www. civillaw. com. cn/article/default. asp? id＝24709［访问时间］：2008-07-03.

❹ 钟紫虹．中美科技期刊著作权保护现状比较［J］．中国科技期刊研究，2003（4）：396-399.

发展有限责任公司、对外经济贸易大学侵犯著作权案”中，法院只判决对外经济贸易大学承担协助超星公司删除侵权作品的责任。❶ 在“殷志强诉金陵图书馆侵犯著作权案”中，法院认为图书馆对其购买的数据库中是否存在侵犯他人著作权的作品没有具体的审查义务，不负法律责任。❷

2.2.3 公益性图书馆本身未能执行授权原则的法律责任

出于特色馆藏建设，或者满足读者在市场上无法以合理价格购买到，或者根本无法得到的绝版馆藏等目的的需要，图书馆可能自己或者授权供应商对馆藏数字化并向读者提供服务。这时，图书馆充当的是“内容提供者”的角色，负有对拟使用馆藏著作权状态的评价和鉴别义务，需要自己解决好授权问题。否则，图书馆就是明知故犯，具备主观过错，就要为由此造成的法律后果负责。比如，在谷歌数字图书馆“版权门”事件中，与谷歌公司合作的一些公益性图书馆就未经授权扫描了部分中文图书，侵害了中国作家的权益。❸ 另外，我国已经出现了把图书馆从事链接服务认定为提供内容服务而承担法律责任的判例，这种倾向值得注意。比如，在2008年“北京三面向版权代理有限公司诉重庆市涪陵区图书馆侵犯网络著作权纠纷案”中，二审法院指出，涪

---

❶ 北京市海淀区人民法院民事判决书（2008）海民初字第15896号[OL]. http://www.110.com/panli/panli119804.html [访问时间]：2010-02-02.

❷ 原告殷志强诉被告金陵图书馆侵犯著作权纠纷一案[OL]. http://www.civillaw.com.cn/jszx/elisorcase/content.asp?id=31094 [访问时间]：2009-05-18.

❸ 陈汉辞. 谷歌版权门激怒中国作家：业界齐忧垄断之害[OL]. http://tech.sina.com.cn/i/2009-10-29/02483546803.shtml [访问时间]：2009-12-17.

陵图书馆没有尽到著作权审查的注意义务，在未得到被链接网站运营者与著作权人许可的情况下链接使用涉案作品，且未向著作权人支付报酬，侵犯了著作权人的信息网络传播权和获得报酬权。❶ 该案的判决结果实际上是把原本由网络内容服务商承担的作品审查责任转嫁到图书馆头上，不合理地加重了图书馆的义务和法律风险；也同时说明了认真执行“先授权、后传播”原则，建立科学完善的授权策略对图书馆的重要性。

2.3　图书馆落实“先授权、后传播”原则的策略

2.3.1　遵循法定授权使用著作权规则

图书馆贯彻执行法定使用著作权的规则要解决这样几个问题：第一，正确理解法律法规。比如，认为《条例》第 7 条中的“服务对象”是指广义的“合法读者”❷，就是对法规的歪曲。第二，纠正模糊观念。比如，有人认为服务中只要不向读者收费就不会侵权，这种观点的错误是将图书馆合理使用著作权的特权作了主观的扩大。第三，把握法律界限。比如，图书馆合理使用著作权不得有直接或间接的经济利益，但是“有偿”与“营利”有着本质的区别，按照《价格法》的规定，公益性服务收费并不违法，然而营利必然是要承担责任的。现在，一些规范图书馆收费服务的地方性法规相继出台，比如《关于核定陕西省图书馆服务

---

❶ 重庆市高级人民法院民事判决书（2008）渝高法民终字第 146 号［OL］. http://ipr.chinacourt.org/public/detail-sfwsphp? id=23096［访问时间］：2009-05-18.

❷ 卢玲玲，齐晓航．网络知识产权问题的法律解读——以对外经济贸易大学图书馆为例［J］．晋图学刊，2008（5）：4-8.

收费的复函》（陕价费函［2003］37号）❶、《关于制定安徽省图书馆服务性收费项目及其标准的函》（皖价服函［2007］143号）❷等。这些法规在制定过程中是否考虑了著作权因素不得而知，然而如果同著作权法律法规相冲突，要以后者的规定为准。第四，善意行使权利。比如，《著作权法》第22条第（8）项没有规定复制件的数量，此时应从保护权利人利益出发，把复制件数量控制在“够用”范围内，且不得将复制件用于保存、陈列之外的目的。第五，遵循法定豁免程序。比如，图书馆在履行传输通道、缓存、存储空间、提供搜索工具的职能中发生侵权纠纷时，只有按《条例》设置的“避风港”规则办事，才能免予承担法律责任。

2.3.2 开展图书馆馆藏的著作权评价

从著作权管理角度，可以将图书馆藏划分成“受到著作权法保护的馆藏”、“不受著作权法保护的馆藏”、“未按法律规定获得著作权保护的馆藏”、“处于公有领域的馆藏”、“开放性馆藏”、“图书馆享有著作权或邻接权的馆藏”等类型。所谓馆藏著作权评价，是指图书馆或图书馆联盟自行组织（特定情况下委托无形资产评估机构参加）的按照著作权法既定的内容和被评价馆藏的法律特征，运用科学的方法对包括实体馆藏和虚拟馆藏在内的信息资源所涉及的著作权因素开展评价的活动，目的是厘清相关的法律关系，为授权谈判做前期准备。狭义的著作权评价仅指对已

---

❶ 陕西省物价局关于核定陕西省图书馆服务收费标准的复函［OL］. http：//www. spic. gov. cn/gb/03-07-0037. htm［访问时间］：2010-02-02.

❷ 关于核定安徽省图书馆服务性收费项目和标准的函［OL］. http：//www. yingzhou. gov. cn/wjj/ReadNew. asp？NewsID＝633［访问时间］：2010-02-02.

有馆藏或拟入藏馆藏著作权状态的评价；广义的著作权评价还包括对著作人提出的授权条件、图书馆获得的权利种类、行使权利的风险以及相应的组织管理工作的评价。馆藏著作权评价的内容包括馆藏价值评价、著作权取得方式评价、著作权保护期评价、作品类型评价、权利归属评价、获得权利种类评价、授权条件评价、使用著作权风险评价等，评价方法有直观评价法、类比评价法、调查评价法、咨询评价法、委托评价法等。

2.3.3　采用谈判签订著作权协议授权模式

图书馆对著作权作超越法定免责情形之外的目的和方法的使用，都要经过权利人的授权。比如，按照 2008 年 1 月 1 日起实施的修订后的德国著作权法规定，图书馆通过网络开展文献传递服务只有与出版商签订协约后才能进行。[1] 1994 年美国研究图书馆协会发表《电子资源许可原则》、2000 年国际图书馆协会和机构联合会发表《许可原则》等文件，指导图书馆的协议授权活动。现在，部分组织建立了授权指引，供图书馆参考。比如，2007 年 2 月欧洲数字图书馆高级专家组下设的“著作权小组”在《欧洲数字图书馆建设著作权解决方案最终报告》中提出图书馆的下列行为要经过授权：对原生数字作品或者被权利人数字化的作品的存取、对模拟作品大范围的数字化和存取等。[2] 对于协议授权，图书馆往往以无法承担“取得授权的成本”为理由予以回避，或者认为图书馆不会从协议授权中得到好处。其实不然，有学者认为经过充分准备的图书馆，可以在为读者谋取利益的许

---

[1] 陈传夫，吴刚，孙凯，等．图书馆知识产权管理优化研究［J］．国家图书馆学刊，2009（2）：23-27.

[2] 钟永恒，陈传夫．欧洲数字图书馆的版权解决方案研究［J］．现代情报，2007（12）：89-91.

可协商中占据优势。[1] 比如，布鲁塞尔自由大学图书馆和布鲁塞尔自由大学出版社（EUB）达成协议，在线为读者免费提供EUB出版的停印图书。[2] 这说明，著作权不是一种仅为索取报酬的权利，授权包含着对作者人格的尊重。[3] 协议授权中要注重发挥图书馆联盟的集体作用。比如，英国联合信息委员会（JISD）与集中托管著作权的英国出版商协会（PA）谈判，最终为读者取得了有限的网络阅读的合理使用地位。[4] 出于自我保护的考虑，图书馆必须要求供应商在协议中明确保证其提供的产品无权利瑕疵，产品所涉及的著作权责任由供应商承担。比如，在对外经济贸易大学与超星公司签订的协议中就包含了这项内容。[5]

2.3.4 要开拓授权使用著作权的便利通道

理论上，由权利人按照意思自治原则向图书馆直接授权最有效率。但是，权利调查困难、付出成本过高、法律适用冲突、谈判过程复杂等因素的存在往往使授权阻断，著作权集体管理制度却能够在很大程度上解决这方面的问题。著作权集体管理和图书

---

❶ 王磊，羊照生．国外图书情报学界版权保护研究进展及启示［J］．图书馆理论与实践，2009（2）：83-88.

❷ 余倩．近两年国外数字图书馆资源建设中的著作权问题研究进展［J］．图书馆建设，2009（1）：24-27.

❸ 张平．数字图书馆建设中的法律问题及对策研究［OL］．http：//cd. wanfangdata. com. cn/D/periodical200404012. aspx［访问时间］：2010-02-02.

❹ 张力．数字化没有什么不同？——评国际图联（IFLA）关于数字环境下版权的“千年立场”［J］．情报资料工作，2006（3）：33-36.

❺ 北京市海淀区人民法院民事判决书（2008）海民初字第15896号［OL］．http：//www. 110. com/panli/panli119804. html［访问时间］：2010-02-02.

馆业务有着紧密的联系。比如，芬兰著作权法规定，图书馆从事影印活动，必须取得集体许可。德国著作权法规定，图书馆复印版税必须通过著作权集体管理组织收取和分配。在英国，图书馆可以通过著作权代理公司（CLA）解决教学资料的许可问题。❶在美国，图书馆和著作权清算中心（CCC）关系密切，通过加强与出版商、著作权机构的合作，图书馆维护了自身的合法权益，提高了授权效率。❷ 在我国香港特别行政区，学校图书馆要复印资料，需向著作权影印协会取得许可。❸ 我国内地图书馆通过集体管理组织授权的意识还比较低，实践更是薄弱。一项针对 49 所各类型图书馆的调查表明，只有 3 所与著作权机构建立了合作关系（仅占 6.12%）。❹《著作权集体管理条例》已由国务院第 429 号令颁布实施，这为图书馆授权奠定了法律基础。但是，要使我国著作权集体管理制度与机制趋于成熟，达到健全，向图书馆提供周全的海量作品授权服务还有很长的路要走。

2.3.5　向读者慎重授予数字著作权使用权

在著作权问题上，图书馆没有自身的利益。❺ 图书馆应该尽可能地为读者争取并授予更多、更宽泛的使用权。但是，著作权

---

❶ 符玉霜．我国图书馆知识产权管理的现状、问题与建议［J］．国家图书馆学刊，2009（2）：28-32，74.

❷ 符玉霜．我国图书馆知识产权管理的现状、问题与建议［J］．国家图书馆学刊，2009（2）：28-32，74.

❸ 杨继贤．图书馆界和教育界在香港版权修订条例中的诉求及取得的成果［J］．图书馆建设，2008（7）：33-38.

❹ 陈传夫，吴刚，孙凯，等．图书馆知识产权管理优化研究［J］．国家图书馆学刊，2009（2）：23-27.

❺ 李国新．无传播就无权利——图书馆界围绕信息网络传播权立法的呼声与行动［J］．图书情报工作，2006（7）：6-10.

的不断扩张，使得通常不被法律重点关注的读者的侵权行为带给同处于最终用户地位的图书馆的法律风险明显增加。比如，按照澳大利亚《著作权法修正案（数字议程）》的规定，如果发生图书馆对读者的非法授权（如允许读者复制数字化作品或馆外在线阅读等），或未经图书馆授权的读者直接侵权行为（如破解图书馆设置的反复制技术措施而在线复制），无论图书馆有无过错，都要承担停止侵权的责任，图书馆有过错的，还要承担赔偿责任。❶ 又比如，按照曾经引起争议的 2003 年美国《数据库与信息集合体反盗用法》的规定，如果读者把数据库中的信息带离图书馆，图书馆将有可能受到起诉。❷ 还比如，按照 2010 年 7 月 1 日起实施的我国《中华人民共和国侵权责任法》（以下简称《侵权责任法》）第 36 条的规定，如果图书馆对读者的违法行为不加阻止，将与该读者承担连带责任。鉴于读者诸多侵权行为给图书馆造成的负面影响❸，应采用“终端用户授权协议书”（End-user License Agreement，EULA）❹ 对读者慎重授权。比如，北京大学图书馆在《关于电子资源著作权保护的公告》❺、新乡学院图书馆在《电子资源著作权政策》中都明确了读者的权利范围，并

---

❶ 张力．数字化没有什么不同——评国际图联（IFLA）关于数字环境下版权的“千年立场”[J]．情报资料工作，2006（3）：33-36.

❷ 张力．数字化没有什么不同？——评国际图联（IFLA）关于数字环境下版权的“千年立场”[J]．情报资料工作，2006（3）：33-36.

❸ 秦珂，王凌．从高校若干侵权事件谈图书馆对读者使用电子资源的版权管理 [J]．情报理论与实践，2009（12）：37-40.

❹ [美] 约翰·冈茨，杰克·罗切斯特．数字时代盗版无罪？[M]．周晓琪，译．北京：法律出版社，2008：13.

❺ 关于电子资源版权保护的公告 [OL]．http：//www. lib. semi. ac. cn：8080/imfowww/news/detail/newsbasp? infoNo＝717 [访问时间]：2009-05-08.

就读者的权利行使作了禁止性规定。综观我国图书馆著作权政策建设，还存在着没有融入合同化机制、效力不够、贯彻不力，以及政策条款不明晰、格式不科学、架构不完整、表述不准确等问题。

2.3.6　优化图书馆使用著作权的授权模式

各种授权模式的特点和适用条件并不相同，有的模式可操作性强、程序简便、效率高、授权费用低，但风险大；而有的授权模式可操作性小、程序复杂、效率低、授权费用高，却风险小。有的授权模式为法律所认可；有的授权模式还没有法律地位。这就要求图书馆科学选择授权模式，优化授权策略。只有把“最简便的方法、最低的使用费、最小的法律风险、最大的收益”的授权要求同每次授权的任务、服务对象、资金状况以及拟获得授权的作品的著作权评价结合起来，才能收到最理想的授权效果。在目前的法律条件下，如果图书馆使用的作品数量不大，时效性不强，经费状况又许可，可以选用单独谈判授权模式；除非对合同条款有全面、深入、正确的理解，不选用“拆封合同”、“点击合同”等要约授权模式；如果需要使用的作品数量较大（如制作数据库），应采用集体管理授权模式；如果是购买数据库、计算机软件、多媒体等附加值较高，风险又比较大的数字产品，应选择共同体授权模式。

2.3.7　加强对著作权使用授权活动的管理

应该将著作权使用授权这种专业性、政策性、技术性很强的活动纳入图书馆重要议事日程，加强科学管理，使之正规化、常态化。第一，借鉴美国、加拿大、澳大利亚等国家的先进经验，在图书馆建立著作权管理组织，设专人负责授权事宜。❶ 第二，制定授权管理制度和程序规范，明确各环节的责任。比如，俄勒冈州立大学图书馆（OSUL）的每一个数字化项目都要对数字化对象进行相应的著作权调查，通过与权利人谈判获得合法权益。❷ 第三，对著作权使用费作出预算。比如，2007 年我国国家图书馆就单列出 3 000 万元著作权专项经费，用来解决著作权授权问题。❸ 第四，在图书馆员和读者中开展著作权知识宣传教育，提高尊重他人智力成果的意识，养成保护著作权的行为习惯。第五，按照《通知》要求，著作权、文化、教育等行政部门要加强对图书馆使用著作权的日常监管，图书馆也要主动与这些部门沟通交流，自觉接受监督，争取理解和支持。

---

❶ 陈传夫，汪晓方，符玉霜．国外版权图书馆员岗位设置及其对我国的启示［J］．国家图书馆学刊，2009（2）：39-42.

❷ 余倩．近两年国外数字图书馆资源建设中的著作权问题研究进展［J］．图书馆建设，2009（1）：24-27.

❸ 李华伟．国家图书馆数字资源建设与服务中的版权管理［J］．数字图书馆论坛，2008（8）：5-10.

附录

国际图书馆协会联合会（IFLA）《许可原则》(2000)

（一）导言

由于电子信息出版商和销售商千方百计地吸引各类图书馆（公共的、学术的、专业的、国立的）成为其客户，世界各地的各类电子信息资料市场正在迅猛发展。今天，世界各地的图书馆仍然发挥着作为民众中介机构的作用，包括那些属于特定机构的、与信息和文化有关的人员。与纸介出版物相比，看来电子信息将发挥更大的作用。而且，如同图书馆推动传统媒介的存档和保存一样，图书馆正在寻求确保电子资料存档和保存的新办法，以便长时间能获取电子资料。定价仍然是个问题，图书馆对许多电子资料的价格高于纸介资料的情况表示关注。

图书馆系统在坚定支持将著作权例外延伸到数字环境的同时，也认为需要在某些方面制定适用于处理电子刊物的不同的程序和政策。在发展许可制度方面，国际图书馆协会联合会特别关心以下几方面的问题：第一，现在，世界各地对电子信息的使用通常是通过契约协议来界定和规定的，即我们所说的许可。这种许可对信息提供商和图书馆之间的关系作了详细的规定。对于信息链各方当事人来说，在 20 世纪 90 年代签订合同是一种新的业务方式。第二，许可是一种纯市场安排，信息意向提供商和信息意向购买人坐到一起，就逐笔业务、逐笔资料来源进行安排。第三，在许可协议条件和条款中，规定使用者的权利，这种权利受著作权法调整的程度比“固定”或传统的信息形式所受的调整要小。第四，图书馆一般通过访问远程出版商和销售商的网站为其用户提供这类信息，而不是由图书馆控制的网站来提供。当然，有关图书馆和信息提供商是否长期保管和保存电子资料的任务和费用问题还不清楚，真令人头痛。许可不可能解决这种电子存档涉及的一系列复杂问题，但它应从总体上承认这些问题，并由合同双方当事人作出一系列的承诺或约定加以解决。

国际图书馆协会联合会肯定这种许可状况，但认为有关关键问题有待解决。特别是许可适用于信息提供商和类型与规模不同的图书馆联合体之间所作出的复杂的商业安排。国际图书馆协会联合会鼓励和支持所有类型的图书馆进行改革，以联合体进行谈判。然而，即便目前采用许可方式作为规范电子信息使用的一个辅助手段，图书馆与其用户仍需要有效、平衡的国家著作权法。著作权法不仅要承认权利人对认可和补偿的需要，而且要承认公众对信息、教育和研究等的需要。著作权法所达成的各种平衡，必须在所有信息资料的许可之中得到体现。

（二）在图书馆和信息提供商合同关系中书面合同应当采用的基本原则

1. 许可和法律。第一，许可是一种寻求将电子资料提供给其读者和分支机构的图书馆与拥有资料并谋求将资料投放图书馆市场的出版商或销售商之间达成的协议。对特定资料的许可条款和条件必须在签订合同之前提供给客户。每一个许可必须由当事人对条款进行讨论和协商。第二，对于“收缩包”和“点击通过”非经协商的许可，条件应符合著作权、隐私、知识自由和消费者权益等领域的公共政策。第三，信息许可（合同）不应取消或削弱著作权法授予信息使用者的法定权利。第四，适用法律的选择应当符合双方当事人的意愿，最好为许可方国家或州的法律。第五，许可应以图书馆客户的主要语言进行磋商和书写。

2. 许可和价值。第一，许可协议应当清楚详细，许可各方当事人的需要。特别是重要条件应作出界定，以便不发生误解。

第二，许可应平衡双方当事人的权利和责任。第三，许可应规定在解除合同和诉讼之前的补救期限和其他解决方式。第四，合同当事人应当有权在适当的和规定的情况下退出协议。

3. 许可、获取和使用。第一，许可应为被许可方的所有用户提供获取权，不论他们是单独的机构还是分支机构，也不论他们是在被许可方的场所还是在其他地方。第二，许可应允许在被许可方场所的个人、非附属用户获取信息。第三，许可应允许属于被许可方组织但地处远方的下属机构获取作品。第四，远程获取应以基于网络、用户友善接口的方式进行。第五，当地下载的数据应以多种标准文本格式（例如 PDF、HTML 和 SGML）提供，以便于携带并适合所有主要计算机平台和网络环境。第六，许可至少要允许用户为个人目的不受限制地阅读、下载和打印资料。第七，通过远程获取系统向提供商网站提供的资料应一天 24 小时可以获取，且提供合适的“帮助”或服务支持，但短暂时间的例行关闭除外。然而，这种短暂时间的关闭必须有足够长的时间提前通知图书馆用户。如果没有履行服务承诺，应支付违约金。第八，无论对单独的或整合的资料，均应保证内容的高度稳定性，而且一旦有变化应通知客户。如果没有履行内容稳定性的承诺，应支付违约金。

4. 许可和最终用户。第一，图书馆应与用户一起教会他们正确使用电子资料并采取合理措施防止非法使用。如果发现了侵权活动，图书馆还应与提供商一起制止这类活动。但是，图书馆不应为用户个人的行为承担法律责任。第二，如果机构或图书馆已经代表用户签订了合同或正在签订合同，那么要求个人用户同意诸如“点击通过”形式的合同是不合适的。第三，在许可中或在信息提供商和中介机构所作的任何干预中，应当保护和尊重用户的隐私。第四，网络信息提供商应当提供使用数据，以便获得许可的图书馆能够对如何使用资料作出评估。

5. 许可和永久获取。第一，许可应包括以适当有效的手段使获取许可的信息是永久的，而且费用是承担得起的。第二，许可应含有拟议中的长期获取电子信息资料存档的条款，而且还应明确有关责任。

6. 许可和定价。第一，为了鼓励使用和防止影响使用，应该建立价格制度。例如，许多供应商将电子资料的价格定得低于相同资料的纸介版本（如果有的话）；现在许多供应商提供优惠措施，如伙伴价格、选择计价等。第二，价格应完全公开透明，没有隐性收费。第三，电子版应给予（与纸介）非捆绑式价格；如果对被许可方提供优惠，那么也可以提供捆绑式价格。第四，采用电子版而取消纸介版的行为，不应受到违约处罚。第五，一般来说，要求不公开合同条件是不适宜的。

7. 图书馆际互借。第一，应包括图书馆际互借或其他类似服务的条款。第二，一般来说，图书馆应当为了特定用户的使用，允许将许可信息的摘编转给没有签约的图书馆。

8. 教与学。第一，许可应通过许可链接、复制与课程有关的专门信息，使信息显示在在线过程的支持活动中，以支持当地从小学到大学的教学活动。第二，远程独立教学对提供商和图书馆带来了挑战，许可商应承认使用者与特定图书馆或机构的附属关系，不管使用者所处的地理位置，并应允许他们正常获取被许可的电子信息资料。

第3章 主要授权模式在图书馆的适用性评价

《通知》要求图书馆按照“先授权、后传播”的原则使用著作权。授权采用的具体模式在著作权交易的成本投入和效益产出的比例以及可操作性与法律风险等方面存在显著差异，这就有了对不同的授权模式进行比较、权衡、选择，以进行科学利用的必要性。

3.1 “一对多”的授权模式

许可协议（许可合同）正在图书馆业务中发挥越来越重要的作用。在理论上，许可协议应该是权利人依据著作权的私权性质，按照“意思自治原则”和图书馆谋求彼此利益最大化的“博弈”过程的结果，因而也是最有效率的。但是在实践中，图书馆与众多权利人分别谈判的“一对多”的授权模式却是低效率的，甚至是无法操作的。

交易成本太高是“一对多”授权模式最主要的问题。[1] 从权利人来讲，虽然可以通过技术手段来加强对其作品的保护，但是付出的成本会非常可观，除了对技术本身的投入外，还包括权利人公开和宣传其作品的费用、同图书馆签约谈判的费用（理论上在网络环境中使用同一作品的图书馆数量可以极大化）、监督协议执行情况的费用等，这些费用在谈判时必然转嫁到图书馆的头

---

[1] 冯晓青．知识产权前沿问题研究［M］．北京：中国人民公安大学出版社，2004：238.

上。从图书馆来讲，权利调查本身就需要大量的经费，而面对“海量权利人”，图书馆不可能耐心、仔细、全面地开展谈判以取得他们手中掌握的“逐级权利”，只能或者放弃谈判，或者任由权利人开价（当然，部分权利人出于公益性及社会福利事业的目的，会无偿授权或以较低的价格授权），这将使图书馆不堪重负。时间成本是制约“一对多”授权成功率的另一个原因，对“海量作品”的权利调查和同“海量权利人”的单独谈判都无法满足图书馆服务及时性的要求。

然而，随着技术的发展，“一对多”的授权模式的局限性正在得到很大程度的克服，并将在相当长的时期内成为图书馆利用著作权的主要模式。

3.2 要约授权模式

要约授权模式是指权利人在作品中附加著作权声明，其中规定了作品的使用条件，作品利用者只要接受这些条件，就自动与权利人达成了许可协议。由北京出版社出版的《最后一根稻草》是我国第一部包含要约声明的图书，声明指出在保留作品署名权和完整权的基础上，任何利用者都可以享有该作品的数字化复制权、发行权和信息网络传播权，授权费用为收入的5%，收入在产生后的6个月内由中华版权代理公司收转作者本人。据报道，国务院信息化工作办公室有关同志对此种授权模式给予了充分肯定，建议国家有关部门制定相应的规章与政策，要求每本书在出版时都必须刊载要约声明。[1]

---

[1] 王东临，陈芳．数字时代版权授权方式探讨［J］．中国版权，2004（5）：42-44.

“拆封合同”（Shrinkwrap Contract）、“点击合同”（Dick Contract）是数字技术和网络环境中特有的要约授权模式。其共同特点是权利人预先制订好格式合同，合同的条款置于有形载体的电子出版物包装的显著位置或置于进入网络信息资源库之前的网页的显著位置，利用者只要打开包装或用鼠标点击“确定”按钮，则意味着接受了合同的条款，该合同条款也就成为双方的契约。“拆封合同”、“点击合同”不是双方磋商的结果，而往往是“单边立法”的“霸王”条款。由于权利人在设定有关条款时并没有法定义务考虑公共利益，使得“拆封合同”、“点击合同”有可能绕过著作权规则，出现比法律规定更加严格的条件，从而对公共利益的实现形成强大制约。这也是国内和国外法律至今还没有对“拆封合同”、“点击合同”的法律地位及效力作出明确规定的主要原因。

国际图书馆协会和机构联合会（IFLA）并不反对“拆封合同”、“点击合同”，认为只要双方的地位是平等的，而且条件符合著作权、隐私、知识自由和消费者权益等领域的公共政策就可以接受。IFLA 还在 2000 年发布的《关于数字环境下著作权的立场》中提出，当许可协议是由权利人单方面订立，同时并没有与图书馆就合同条款进行谈判时，应当对著作权法规定的著作权例外或限制作了限制或否定的任何条款规定无效。❶ “拆封合同”、“点击合同”等要约授权模式操作简便、授权范围大、授权及时、授权成本几乎为零，非常利于图书馆取得授权。但是，“拆封合同”、“点击合同”并非能完全满足图书馆对“海量作品”授权的需要，因为在这种情况下不是图书馆想用什么作品就用什么作品，而是权利人授权图书馆什么作品就用什么作品。同时，这种授权模式存在较大的法律风险，因为图书馆工作者从来都没有注

---

❶ 国际图联．数字环境下版权和邻接权限制与例外——国际图书馆界的观点［J］．版权公报，2003（2）：1-21.

意或认真阅读、深入分析合同条款的习惯，加之法律意识的薄弱和著作权法、合同法等法律知识的匮乏，就很容易盲目行事，从而有可能掉入权利人事先设下的“陷阱”。另外，合同条款事先由权利人单方面制定，解释权自然也归权利人。这样不仅权利人随时可以找到降低为图书馆服务的标准或者拒绝继续为图书馆服务的口实，而且在诉讼中也会使图书馆处于被动。这方面的事例已多有发生。所以，对于是否采用“拆封合同”、“点击合同”的授权模式，图书馆必须充分权衡利弊，慎重行事。

3.3 集体管理授权模式

著作权集体管理是指权利人授权著作权集体管理组织管理他们的合法权利，并享受由这种管理机制带来的利益。著作权集体管理组织具有的免责功能和降低交易成本的功能克服了权利人授权与利用者获得授权之间的障碍，使著作权法关于利益平衡的抽象的法律概念和基本原则成为受法律规范制约的现实活动，被认为是权利人与社会公众之间的利益平衡支点的最佳选择。

著作权集体管理制度和图书馆素有渊源。比如：芬兰、德国、俄罗斯等国家的著作权法都明确地将图书馆的有关业务活动置于集体管理规范之下。图书馆通过著作权集体管理组织获得授权的重要意义在于：一方面可以使权利人适当的、合法的经济权益得到保障；另一方面使“一对多”的授权变成“多对一”的授权，即众多的图书馆只需面对集体管理组织，不必面对众多的权利人，这样就减少了权利调查与谈判的经济付出和时间成本。而集体管理组织通过对不同图书馆就同一件作品授权请求的批次处理，又进一步降低了图书馆获得授权在著作权使用费上的支出，提高了授权的效率和成功率。近年来部分国家在政府对集体管理组织进行干预和监督下出现了诸如“扩展性集体管理”、“强制性集体管理”等新的授权模式；从图书馆作为作品利用者的角度认识，这些模式对获得授权及避免纠纷是非常有利的。比如在法国，如果图书馆通过法国复制权协会（CFC）、法国音乐出版者协会（SEM）获得授权，权利人不得自己向图书馆提出权利要求，因为权利人只能通过集体管理组织去主张权利，这就保护了图书馆的利益。

我国《著作权集体管理条例》已于 2005 年 3 月 1 日实施，标志着我国著作权集体管理制度体系基本架构的完成。但是，制度的健全和机制的完善并非同步，国内图书馆通过集体管理组织获得授权在短时期内仍然有不少的困难。第一，集体管理组织的数量少（我国目前只有中国音乐著作权协会、中国文字作品著作权协会、中国音像著作权集体管理协会等 3 家集体管理组织，而德国、法国等集体管理事业发达的国家都有 10 多家集体管理组织），使图书馆使用作品的种类和数量都受到限制。第二，集体管理组织的会员少，代表性不高（比如，截至 2002 年 10 月中国音乐著作权协会仅有会员 2 100 多人，中国文字作品著作权协会只有会员 2 200 人❶；而总人口只有 500 万的芬兰，其集体管理组织 GRAMEX 的会员就达 32 500 人❷），使图书馆无法通过集体管理组织利用特定作者的作品。第三，权利信息查询机制不健全（国外集体管理组织大都建立有完善的权利信息系统，比如日本的“著作权信息集中机构 J-CIS”、德国的 CMVV 电子结算系统、CISAC 的 CIC 系统等），这对图书馆开展的著作权信息调查形成阻碍。

---

❶ 齐相潼．著作权集体管理组织建立问题初探［J］．中国版权，2003（1）：33-36.

❷ 李祖明．互联网上的版权保护与限制［M］．北京：经济日报出版社，2003：168.

3.4 交叉许可授权模式

交叉许可（Cross-license），又称为“以权换权”，是指权利人以自己的权利换取他人的权利。交叉许可的基础是“有权可换”，也就是说这种模式只适用于同时拥有著作权的主体之间。在国内，应用交叉许可最为成功的案例是超星数字图书馆，称为“超星模式”。具体方法是：超星数字图书馆与作者签订授权协议获得该作者授权后，以三种方式向作者支付报酬：第一，向作者赠送读书卡。作者同意将作品授权给数字图书馆，数字图书馆向作者赠送 10 年期的读书卡。10 年后作者可以得到新的赠卡。第二，根据下载量付费。读书卡全部码洋（定价乘以销售数量）的 15%用于向权利人支付报酬。单本图书的收益取决于该图书下载数量占全部下载数量的比例。每年 12 月 1 日分配一次。第三，单独定价，单独收费。对于作者要求单独定价的作品，读书卡会员也不能免费阅读，必须同意按照作者定价付款后才能阅读。读书卡会员可以缩短读书卡使用时间方式（一周相当于 2 元）付费。定价的 50%支付给权利人。“超星模式”的特点是：第一，以权换权。每个向超星公司发放许可证的作者都可以分享超星数字图书馆的资源，授权的作者越多，可共享的资源越多。这种模式对作者和使用者双方都可谓“得到自己想要的”，这也是“超星模式”得以成功的关键所在。第二，自愿许可，个别授权。这种做法决定了“超星模式”的合法性。[1] 截至 2004 年 10 月底，超星公司已获得了 194 000 位作者的签约授权，与部分知名学术

[1] 张今．数字环境下恢复著作权平衡的基本思路［J］．科技与法律，2004（4）：52-58.

机构的权利人的签约率超过 80%。

图书馆通过交叉许可使用他人作品著作权的基本条件是自己必须也是权利人，而且对方有意使用图书馆拥有的著作权，并以允许图书馆对其作品的著作权的使用为交易条件。现在越来越多的图书馆开发了计算机软件、数据库等作品和录音录像等制品，这为交叉许可模式在图书馆的应用提供了可能性。但是，这种模式对绝大多数图书馆是不适用的。

3.5　国家采购授权模式

国家采购是电子资源的一种整体化建设方案，是从集团采购发展出来的一种新型的电子资源交易模式。国家采购主要有统购型、补贴型和平台型三种。

政府利用中央经费统一购买电子资源，全国的每一台联网计算机均可免费访问这一电子资源，这种方式称为统购型。冰岛是电子资源统购的典型。2000 年 2 月，冰岛教育科学文化部成立了“国家数字图书馆指导委员会”，该委员会的任务是利用国家经费来购买电子资源，并为全国公民提供访问。2001 年 4 月，该委员会购买了 ISI 公司的 Web of Science 完整版。2001 年底，该委员会一次性购买了 6 家出版社的电子期刊使用权，包括 Elsevier、Academic Press、Blackwell、S. Karger、Kluwer、Springer 的 2 000 多种期刊。所有这些电子资源都可从国内所有联网计算机上访问。该委员会还指定冰岛大学图书馆为全国公民就如何使用这些电子资源提供咨询服务。❶

---

❶ 强自力．电子资源的“国家采购”[J]．图书情报工作，2003 (4)：91-94.

补贴型是政府支付一部分电子资源费用，另外一部分则由各个图书馆来支付，电子资源的使用面积覆盖全国大多数科研与高等教育单位。加拿大的 CNSLP（Canadian National Site Licensing Project）项目是补贴型国家采购的典型。1998 年，负责全国科研基础设施的“加拿大创新基金会”（CFI）提出了一个全国性的电子资源建设项目，即 CNSLP。同年底，CFI 成立项目指导委员会。1999 年初，该指导委员会提交项目计划书，计划项目建设周期为 3 年，预算 5 000 万美元，截至 2001 年 9 月，CNSLP 已采购二次文献数据库两种，包括 Web of Science、MathSciNet；采购 Academic Press、Springer、ACS、IOP、Royal Society of Chemistry 出版社的电子期刊共 700 多种。CNSLP 项目是国家采购的一次全方位实验，特别是在经费分摊、资源采选、谈判策略方面有许多创新之处。❶

平台型就是政府投资建立一个统一的电子资源采购与访问平台，对全国的电子资源（主要是电子期刊）采购进行集中管理，包括采选、许可权合约、价格、访问、整合与保存，平台的运转费用由政府支持。换言之，政府建立一个电子期刊“超市”，批量购买电子期刊后再分销给全国的图书馆。这种模式以英国的 NESLI 项目（National Electronic Site Licence Initiative）最为著名。NESLI 由英国“高等教育拨款委员会”下属的 Joint Information Systems Committee（JISC）领导建设。1998 年 5 月，JISC 指定曼彻斯特大学计算中心与全球最大的期刊订购商 Swets Blackwell 公司合作组成项目管理中心，负责收集全国图书馆的电子期刊需求信息，选择要购买的电子期刊商，设计出标准的许可权合同，购买到的电子期刊均存储在曼彻斯特大学计算中心的

❶ 强自力．电子资源的“国家采购”［J］．图书情报工作，2003(4)：91-94.

服务器上，使用 Swets Blackwell 公司开发的统一检索平台进行访问。从 1999 年 1 月到 2002 年 10 月，NESLI 共购买了 Elsevier、Academic Press、Kluwer、Springer 等 18 家出版社的电子期刊。电子期刊进入检索平台后，再由管理中心向全英国图书馆销售电子期刊。NESLI 在许可权合同方面的特色是：由 NESLI 代表全英国图书馆界设计了一种标准的电子期刊许可权合约，出版社只有同意这个合约才能进入谈判。在统一许可权的合约中，对访问区域的含义、电子期刊的文献传递、参观者的使用、授权用户在校园外的使用、电子资源在课件中的应用、远程教育用户的使用、电子资源的永久存储等各个方面都有较为宽松的定义，有利于图书馆和用户访问电子资源。另外，电子资源的本地化存储和商业性公司的参与也是 NESLI 的特色。

目前，我国的国家采购项目主要有三个，即 Science Online 网站、Maney 公司与英国皇家学会期刊及 CALIS 引进的 OCLC First Search。国家采购有下列优势：改善了电子资源的“平等访问权”，消除了“数字鸿沟”的负面影响，为用户提供了宽松的访问环境，促进了科学研究的跨部门合作；促使电子期刊与印刷期刊的分离；由于国家采购的组织形式是一个超大型的图书馆联盟，因此电子期刊出版商可获得的收益较高，一般能支付其整个期刊库的制作成本，所以就不需要在销售电子期刊时捆绑印刷型期刊；在国内组成了统一的市场，在价格谈判中能够享受到较大的优惠；政府的财政资助缓解了基层图书馆的经费压力；为电子资源的整合与永久保存创造了条件。国家采购的不足是资源采选的针对性不强，削弱了基层图书馆的自主选择权。[1] 可以讲，国家采购将是图书馆资源建设的一条重要的途径。现在的问题是，

---

[1] 强自力．电子资源的“国家采购”［J］．图书情报工作，2003（4）：91-94.

如何使得国家采购规范化、常态化，并得到法律和制度的保障。

3.6 开放存取授权模式

从著作权角度认识，开放存取就是以现行法律为基础，在许可协议框架内作者自愿让渡部分著作权，使用户得到免费访问权、获取权和自由利用权的著作权交易模式。作为法律文本，许可协议强制保证了开放存取运动所倡导的根植于现代信息社会人们心灵深处的共享、互济、合作、奉献理念的实现。

开放存取协议的法律基础在于著作权是社会通过立法对权利人许可的权利，同时法律允许权利人通过“许可”的方式，以缔结契约的途径来变更和调整权利人与用户之间的权利义务关系。❶ 从合同法来理解，许可协议是一种特殊的著作权许可格式合同，是开放资源创造者拥有权利和行使权利的依据，用户使用开放资源就等于默示了对协议条款的认可。在许可协议中，著作权不是剥夺用户的自由，而是通过协议给了用户比以往商品化资源更多的自由。同时，开放存取许可协议还使用户承担起相应的义务和责任，有利于保证开放存取的理念不被异化，促进这项造福全人类事业的可持续发展。比如：由公共领域中心创立的涉及照片、学位论文、声像资料及音乐等资源开放存取的 Creative Commons 规定：要对此处提供的任何作品行使权利，须得接受并同意受限于本许可协议的条款。❷ Creative Commons 提供 4 个

❶ 张平，马晓．开源软件对知识产权制度的批判与兼容（二）[J]．科技与法律，2004（2）：46-58.

❷ 陈传夫．开放内容的类型及其知识产权管理 [J]．中国图书馆学报，2004（1）：9-13.

最常见的授权条款，并能够任意组合 11 种不同的许可协议，作者通过选择性组合声明自己的作品授权。比如：开放存取期刊目录（DOAJ）中的期刊元数据和文章级别元数据可以免费获取，但是遵循 Creative Commons 条款中“署名—保持一致”组合授权条款，用户使用元数据时必须明确标明作者的名字，如果你的作品基于当前作品更改、变换或构造新作品，必须按照与当前完全相同的协议分发最终作品。

开放存取的发展对图书馆产生了重要影响，引起图书馆界的密切关注。2005 年 7 月 8 日，在武汉大学举办的“中国大学图书馆馆长论坛”上发表了《图书馆合作与信息资源共享武汉宣言》，表示完全支持开放社会研究所（OSI）在布达佩斯（Budapest）通过的《布达佩斯开放存取计划》（Budapest Open Access Initiative，BOAI）提出的原则，认为开放存取（Open Access）是网络环境下学术信息交流和信息资源共享的新模式，图书馆鼓励并积极参与学术信息的开放存取。2005 年 7 月 23～26 日，由北京书生公司主办，大学图书馆学报、中国图书馆学报协办的“开放获取、知识无限——构建数字图书馆信息服务体系新模型”研讨会在张家界举办，来自全国图书情报领域的前沿专家、学者共 200 余人参加了会议。在会上，不少专家认为，传统的出版业正在经受互联网出版模式的冲击，新的学术交流机制的建立不可避免，为了使更多的用户能够获得信息和知识，应该打破人为和制度的障碍，倡导开放存取活动，推行开放存取理念。

开放存取将促使图书馆对信息资源发展政策的调整。图书馆传统的信息资源发展政策是以商品化资源为对象的，而这种政策的实施受到垄断出版模式的强大制约，图书馆在高定价的出版物面前往往实现不了资源发展的既定设想。有调查表明，在最近 16 年间，平均通货膨胀率是 3.1%，而期刊定价的平均增长率为 9.5%。20 世纪 80 年代以来，全球出版的期刊种类增加了 1 倍，研究单位和图书馆订阅的期刊却平均减少了6%。面对“出版物危机”，出版商采取了“Big Deal”销售策略，把全部期刊或一部分期刊提供给一家图书馆或图书馆共同体，比图书馆订购单独一种期刊的平均价格相对要低。但是，这些期刊中对特定图书馆的用户并非完全适用，其结果是“Big Deal”并不能减轻图书馆的预算负担，图书馆需增加经费才能履行与出版商签订的3～5年的协议。❶ 开放存取将使图书馆获得大量的免费信息资源，为此必须对馆藏发展政策作出调整，在著作权资源和开放资源的种类、学科内容等方面协调与平衡，这也使得图书馆更有信心、更有能力在资金有限的情况下应对学术出版市场垄断的压力。比如：目前国内有31家图书馆每年花70余万元人民币购买英国的Nucleic Acids Research，而该刊自2005年起向全球用户开放存取。❷

开放存取事业方兴未艾，其对图书馆的价值正在显现，前景看好。然而，对于这种授权模式的许多规律性的问题，图书馆还没有充分的认识。加之，开放存取事业的发展还受到法律、政策、技术等问题的制约。因此，目前图书馆对这种授权模式的利用还是非常有限的。

---

❶ 刘金铭．开放式访问期刊的创建及其对传统期刊的影响［J］．中国科技期刊研究，2005（3）：279-284.

❷ 何朝晖．网络学术期刊运作模式［J］．图书情报工作，2006（5）：39-43.

第4章
个人授权模式对图书馆使用著作权的价值

“授权”是图书馆著作权问题的核心，解决授权问题主要有“建立强制性集体许可制度”和“通过市场寻求授权许可”两种思路。一般认为，后一种方式更加可行。[❶] 因为法律所践行的乃是私法中最为根本的“私法自治”（Privatautonomie）原则。[❷] 这种原则提供了权利人按照自己的意愿与使用者建立许可使用法律关系的基础。然而，传统的个人授权存在的诸种弊端使理论界大都对这种模式在图书馆领域的实际应用价值持否定态度。网络时代，数字技术与法律制度的结合使个人许可受限的状况有了明显改善，这将对图书馆使用数字著作权的模式产生重要影响。对此，图书馆界应给予积极的关注和探索。

4.1 传统个人授权模式的局限性

4.1.1 权利调查困难

权利调查的任务包括三项内容。一是识别哪些作品受著作权保护，哪些处于公有领域，哪些作品必须取得授权，哪些作品在合理使用之列。二是确定作品的种类，如文字作品、音乐作品、

---

❶ 张今．数字环境下恢复著作权利益平衡的基本思路［J］．科技与法律，2004（4）：52-58.

❷ 熊琦．网络著作权授权使用之合理性初探［J］．电子知识产权，2006（12）：12-15.

摄影作品、汇编作品等，以获得不同种类的授权。三是寻找作品的权利人、财产权利的持有人或是许可行使精神权利的权利继受人；对自称是权利人或权利继受人，或是自称得到权利的人的权利的真实性进行核实。由于著作权公示制度的不完善，造成权利调查的困难。第一，不是每件作品都准确全面地标示了权利人的情况，或者权利人的通讯地址已经发生了变化。第二，数字化作品的假名、匿名现象很多，加之著作权管理信息极易被篡改、伪造，权利人身份的真实性难以鉴别。第三，权利人太多，图书馆是“海量作品”利用机构，要和几十、上百或更多的权利人谈判，尤其是向多媒体作品权利人取得授权，权利人就更多，而忽视任何一位权利人的存在，图书馆都有可能受到侵权指控。

4.1.2 授权谈判障碍

即使能找到每一位权利人，授权谈判仍不是件轻松的事。一是会因为国家与国家在法律适用中的冲突，致使授权中断。二是图书馆对作品的数字化利用往往不是简单的对作品信息的加工，而是对作品进行数字化修改、拼接、移动、重组，使作品信息有了缺失和调整。权利人担心人身权同一性的条件得不到满足，就对授权持消极或否定态度。网络传播还有一个权利复合问题，也就是涉及两种或两种以上的权利，比如复制权、发行权、公开表演权、信息网络传播权等。这些权利分属于不同的权利人，如果其中的一位权利人在行使其合法权利时，未照顾到其他权利人的利益，就可能会侵权。对于权利复合问题，1995 年美国白皮书曾指出，在复合权利中每一种专有权都是明确的和有区别的，不同的权利可以归不同的人享有，不同的权利主体对不同的权利的许可负责。美国白皮书虽然在国会未获通过，但在权利复合方面所持的观点对国际立法产生了重要影响。世界知识产权组织的

《著作权条约》(WCT) 与《表演和录音制品条约》(WPPT) 的议定声明都指出，著作权人、表演者、唱片录制者就网络传输分别享有复制权、发行权、(特定作品的) 出租权、传播权等。这样，图书馆取得授权的对象就不只是著作权人，还包括邻接权人，从而大大增加了获得授权的难度。

4.1.3　经济成本过高

图书馆和权利人谈判采取的是"一对多"的谈判模式，图书馆要面对众多的权利人开展谈判，以取得他们手中掌握的"逐级权利"。这对图书馆存在时间上的不利性，直接影响到图书馆服务的效率，使网络技术优势无从发挥。"一对多"的谈判模式对图书馆经济上的不利益性同样是显而易见的。通过与每位权利人谈判，取得单独授权，单个付费，在理论上是可行的，但是对图书馆却是个得不偿失的做法。面对众多的谈判对手，图书馆不可能逐个进行耐心、仔细、全面的谈判，只能任由权利人开价。比如：某位权利人希望得到作品价格 5%的版税，如果其他权利人都希望按此标准收取版税，那么图书馆将不堪重负，虽然图书馆付给每位权利人的费用并不算高。

4.1.4　权利无法保障

权利人向图书馆授权存在着与图书馆从权利人那里获得授权的同样障碍。权利人不可能完全知道有多少图书馆在何时何地，以何种方式使用了自己的作品，更无法向每个图书馆分别授权以取得报酬，最终只有放弃权利行使，使著作权法赋予的权利落空，使授权许可制度形同虚设，蜕化成一纸空文。这对图书馆以及广大读者和权利人利益的实现都是不利的。所以，无论是图书馆向权利人取得授权，还是权利人向图书馆授权，都迫切需要在图书馆和权利人之间构筑一种联系机制。

4.2 网络环境中个人授权模式的兴起

4.2.1 著作权集体管理地位的弱化

个人授权向集体管理授权演变的最主要原因是规模化的著作权管理可以降低个人管理的成本。有专家指出，著作权集体管理是解决数字时代授权的最好办法。[1] 但是，网络是一个“去中心化”的空间，著作权交易过程中的信息更加细化、更加分散地存在于不同的当事人之间。[2] 在此形势下，集体管理与生俱来的许可权高度集中、使用费分配模糊、事实性垄断造成的收费价格不合理等问题日渐突出。于是，集体管理这种本来促进著作权交易的产物，却成为了著作权“去中间化”趋势的障碍。相反，网络却使得权利人与著作权使用者之间直接沟通的困难得到了很大程度的克服，“去中间化”的个人授权交易模式在技术创新中不断发展，集体管理组织在著作权交易中的中介功能和垄断地位相应地弱化。

4.2.2 著作权交易费用的更加精确

网络环境中，个人授权使得作品实际使用与应支付报酬能够直接对应，报酬支付系统更加透明。这一方面可以通过计数器对作品被使用的情况进行监督和精确统计，另一方面能够适应使用者对作品进行重组、叠加、移位、抽样等多种技术方法的利用，

---

[1] 骆电，胡梦云．数字图书馆版权授权模式合法性与合理性判断——由谷歌数字图书馆引发的思考［OL］．http：//www.110.com/ziliao/article154815.html［访问时间］：2010-02-28.

[2] 熊琦．网络著作权授权使用之合理性初探［J］．电子知识产权，2006（12）：12-15.

从而改变了著作权集体管理所采用的相同版税、相同许可条件与相同分配原则的标准化的“概括性”收费模式，更真实地反映了著作权市场的供求关系。个人授权还增加了权利人与使用者之间就许可使用费用进行协商谈判的程序环节，赋予了权利人就费用问题获得救济的权利，❶ 维护了不同智力成果取得的不同经济效益的正当性，防止了著作权集体管理组织以其垄断地位恣意订立收费标准的可能。❷

4.2.3　新类型个人授权模式的出现

部分基于网络技术的特有的授权方法的出现赋予了个人授权新的活力。其一，要约授权。授权要约是指在作品中包含权利人的著作权声明，任何个人或机构只要愿意接受声明内容就可自动达成与权利人的合同关系，并按照声明约定的方式合法使用本作品。要约模式既能体现当事人订立合同的意思自治原则，又能降低无谓的巨额交易成本，提高授权效率。❸ 要约授权在网络环境中体现为“拆封授权”、“点击授权”。在美国的 ProCD 案中，美国法院第一次承认了拆封合同作为授权使用合同的效力，❹ 推动了网络环境中个人授权的实践。其二，开放存取（Open Access）

---

❶ 骆电，胡梦云．数字图书馆版权授权模式合法性与合理性判断——由谷歌数字图书馆引发的思考［OL］．http：//www.110.com/ziliao/article154815.html［访问时间］：2010-02-28.

❷ 曹世华．论数字时代著作权集体管理的数字化［J］．电子知识产权，2006（2）：30-34.

❸ 刘晶．对数字图书馆取得著作权人授权途径的分析探讨［OL］．http：//www.chinaqking.com/content/PrintArticle.aspx？ newsid = 21312［访问时间］：2010-02-28.

❹ 熊琦．网络著作权授权使用之合理性初探［J］．电子知识产权，2006（12）：12-15.

授权。这种授权以“平行创作”（Peer Production）为理念，以“公共授权合同”（Free Documentation License）为模板，达到“无障碍”授权和作品被广泛传播利用的目的。

4.2.4 新的个人授权主体的活跃化

供应商作为代理机构，在得到众多权利人授权之后再向使用者授权是正在得到广泛应用的授权模式。这种模式看似集体授权，实则是个人授权，因为供应商已经取代众多的原权利人成为唯一的授权主体。比如，UMI 学位论文出版（Universal Microform Internationally Dissertation Publishing，简称 UMI）是世界上最大的博硕士学位论文供应商，其授权方式就是同合作大学建立授权关系，合作大学规定作者在提交学位论文时需签订一份授权协议，同意将学位论文提交给 UMI，UMI 为合作大学提供相应的服务。❶ 又比如，在我国已有众多作者直接与超星数字技术有限公司签订授权协议，愿意将作品交由超星数字图书馆收藏并通过数字化图书和网络的形式提供给读者使用。

4.2.5 著作权集体管理变革的推动

个人授权尽管呈现出勃兴态势，但是不能真正解决著作权管理的高成本和授权所依赖的完善的技术系统建设的投入问题。从发展来看，个人授权取代不了集体管理授权，从个人授权向集体授权转化仍然是著作权管理模式变迁的基本取向。然而，著作权集体管理组织从著作权交易的“参与者”向“服务者”的转变，不仅增强了自我生存能力，而且在很大程度上推动了个人授权的

---

❶ 陈传夫，唐琼，吴钢．国际学位论文开发机构版权解决模式及其借鉴［J］．大学图书馆学报，2009（2）：27-32.

发展。其一，拓展服务职能。比如，美国著作权交换中心（CCC）的服务项目就包括数字权利管理服务、交易授权服务、年度授权服务等。[1] 其二，权利信息管理系统得到逐步建立。比如，国际作者、作曲者协会联合会（CISAC）的 CIS 系统，美国作曲者、作者和出版者协会（ASCAP）的 ACE 作品数据库、日本的 J-CIS 系统，以及我国正在建设中的 DIVA 数据库系统等。

4.2.6　个人授权安全保障性的提高

安全性、可靠性是人们选择某种交易模式要着重考虑的因素。个人授权模式受到青睐的一个重要原因就是其安全性能够得到技术的保障。比如，在电子著作权管理系统（Electronic Copyright Management System）中，授权、许可、监管、收集和分配版税等环节被纳入统一管理，实现一对一的个人授权。为技术措施的应用提供制度保障或许是个人授权安全性得到提高的更为重要的因素。在著作权制度的历史中，技术措施从来与著作权保护无关，但是当对技术的破解、盗用行为防不胜防时，为其提供强有力的法律援助就可以为权利人利益的维护增加一道新的强有力的屏障。技术措施的应用和对技术措施的法律保护使作品有了"适于流通"的形态，著作权交易的安全性得到实质性提高，这使权利人有更加充分的理由去选择个人授权模式来开展著作权管理。

---

[1] 曹世华．论数字时代著作权集体管理的数字化［J］．电子知识产权，2006（2）：30-34.

4.3 图书馆对个人授权模式的利用

4.3.1 加深对个人授权与图书馆业务关系的认识

我国国家数字著作权研究基地主任、北京大学法学院张平教授在10年前就预测：对信息资源开展著作权评价，以决定授权策略和考虑著作权使用费的支出将成为图书馆的日常工作。❶ 她还指出，图书馆的数字化建设没有发展起来，原因是没有解决好授权问题。❷ 虽然著作权集体管理制度的创新展示了解决授权问题的美好前景，但是其固有的局限性只能使其在满足图书馆现实的授权需求中充当配角。在相当长的时期内，个人授权将在图书馆使用著作权模式中占居主要地位。这要解决两个认识问题：其一，图书馆能够从个人授权中得到宽松的权利。Lesley. Ellen. Hhrris在《著作权之路：从古登堡到美妙的自动电唱机》一书中认为，经过充分准备的图书馆，可以在为读者谋利益的许可协商过程中占据优势。❸ 比如，英国联合信息委员会（JISD）曾经与集中托管著作权的英国出版商协会（PA）协商，最终为图书馆读者取得了有限的网络阅读的合理使用地位。❹ 其二，个人授

---

❶ 张平．中国数字图书馆工程中的著作权问题［J］．科学新闻周刊，1999（28）：10.

❷ 骆电，胡梦云．数字图书馆版权授权模式合法性与合理性判断——由谷歌数字图书馆引发的思考［OL］．http：//www.110.com/ziliao/articale154815.html［访问时间］：2010-02-28.

❸ 王磊，羊照生．国外图书情报学界版权保护研究进展及启示［J］．图书馆理论与实践，2009（2）：83-88.

❹ 张力．数字化没有什么不同？——评国际图联（IFLA）关于数字环境下版权的“千年立场”［J］．情报资料工作，2006（3）：33-36.

权并非都要支付报酬。“取得授权的成本无法承担”是否定个人授权模式的主要观点。但是，著作权不完全是一种索取报酬的权利，授权的目的在于对作者人格的尊重。[1] 比如，布鲁塞尔自由大学图书馆和布鲁塞尔自由大学出版社（EUB）达成协议，在线为读者免费提供 EUB 出版的停印图书。[2]

4.3.2　注重发挥图书馆联盟在个人授权中的作用

国内外图书馆实践证明，以图书馆联盟的形式同权利人或者权利人集团谈判，能够为每个图书馆争得原本单独同权利人谈判得不到的利益，其中降低使用费尤为显著。比如，图书馆联盟机构委员会（Committee on Institutional Cooperation，简称 CIC）是由 10 所大规模综合大学与芝加哥大学联合组成的学术团体。1994 年以来，其代表其成员馆向各大数据库商购买和引进了数百个数据库，为联盟节省了 3 000 多万美元。又比如，2002 年，美国俄亥俄州图书馆与信息合作网（Ohio Library and Information Network，简称 Ohio LINK）在数据库采购中，以联盟的形式签约支付 310 万美元，若各馆单独签约，费用将高达 970 万美元。[3] 从我国 CALIS 工程文献中心的实践来看，大学图书馆联合起来集团购买数据库的价格比每个图书馆单独购买可以得到

---

[1] 张平．数字图书馆建设中的法律问题及对策研究［OL］．http：//cd. wanfangdata. com. cn/D/periodical200404012. aspx［访问时间］：2010-02-02.

[2] 余倩．近两年国外数字图书馆资源建设中的著作权问题研究进展［J］．图书馆建设，2009（1）：24-27.

[3] 冯彩芬，徐文贤．数字资源采购模式探析［J］．图书馆建设，2009（10）：27-30.

30%～50%的优惠。而且，集团越大，价格越优惠。[1] 图书馆联盟有效运行的条件主要有两个：其一，联盟通常是结构松散的临时性组织，彼此之间没有约束力，为此应制定明确而又合理的能够为各成员带来实际利益的具有吸引力的联盟战略目标，以凝聚合作的积极性。其二，加强对图书馆联盟的科学化、规范化、标准化管理，建设互助诚信、团结协作、利益同享、风险共担、沟通交流的机制，创造优秀的联盟文化。

4.3.3 编制图书馆行业性的著作权授权指导原则

国际图联著作权与法律事务委员会（CLM）主席 Marianne Scottsuo 曾指出："许可日益成为规范电子资源使用的法律补充手段，全球图书馆界将拥有一整套许可使用的原则以指导许可协议的谈判。"现在，已经有了适用于不同范围的图书馆授权指导原则。比如，面向国际范围的指导原则有国际图书馆联盟联合体（ICOLC）发布的《电子信息的采购现状和典型实例声明》，国际图联（IFLA）制定的《许可原则》等；面向地区范围的指导原则有欧洲著作权用户平台（ECUP）发布的《数字化资源许可使用：如何避免落入法律陷阱》，东欧著作权用户平台（CECUP）发布的《关于电子文献用户权利的立场》，欧洲数字图书馆高级专家组发布的《欧洲数字图书馆解决方案》等；面向国家范围的指导原则有美国六个图书馆协会联合推出的《电子资源许可使用原则》，南非图书馆联盟联合体（COSALG）发布的《SASLi 电子资源许可原则》等；面向联盟范围的指导原则有美国东北图书馆联盟（NERL）制定的《NERL 电子期刊原则》，美国法律图

---

[1] 杨毅，周迪，刘玉兰．集团采购——购买电子资源的有效方式［J］．大学图书馆学报，2004（3）：6-9.

书馆协会董事会（AALL）发布的《电子资源许可原则》等。❶在我国，2006 年 CALIS 发布了《CALIS 引进资源工作规范》，2007 年全国高校图书馆工作委员会发布了《普通高等学校电子文献发展政策编制指南》。但是总体来讲，我国图书馆界对授权指导原则的探讨相对比较薄弱，这种缺失将可能导致图书馆在与权利人进行许可谈判时处于直接的不利地位。❷

4.3.4　建立和完善授权使用著作权的科学化程序

授权是整体的图书馆著作权管理工作的组成部分之一，而授权本身又是一项复杂的系统化管理过程。行业性的授权指导原则仅提供了图书馆向权利人表达诉求的载体和谈判磋商的抽象框架；实现授权的预设目标，还必须建立和完善授权程序，对授权活动开展科学化管理。比如，美国俄勒冈州立大学图书馆将每一个数字化项目分解成管理、著作权、数字成像、元数据、硬件/网页设计、选择等六项主要活动，其中著作权调查（包括著作权所有、核查归属等）是必选项目，并通过与出版商、作者和其他权利人的谈判获得合法权利。❸美国加州州立大学图书馆的授权管理被认为富有特色，其内容包含在图书馆馆长理事会（Council of Library Directors，简称 COLD）通过的图书馆电子资源采购项目当中。其一，做好目标定位，制定明确的战略目标与当前目标。其二，由图书馆馆长理事会、电子资源访问委员会、电子

---

❶ 宛玲，魏蕊．图书馆数字资源许可原则发展的现状与特点［J］．图书馆理论与实践，2009（9）：4-7.

❷ 程文艳．电子资源许可使用的发展脉络研究［J］．图书馆建设，2009（9）：31-34.

❸ 余倩．近两年国外数字图书馆资源建设中的著作权问题研究进展［J］．图书馆建设，2009（1）：24-27.

资源遴选小组组成资源采购组织架构，各负其职。其三，建立具体的可操作的电子资源遴选原则和剔除标准。其四，根据不同的使用情况，确定可接受的价格模式。其五，优化选择供应商开展授权谈判。❶ 对授权使用著作权的科学管理还没有真正纳入我国图书馆的发展战略之中，无论是对这项工作重要性的认识，还是管理组织、管理队伍、管理程序、管理制度与管理机制的建设，同国外先进图书馆相比都有较大差距。

4.3.5 选拔和培养从事图书馆著作权管理的人才

按照《日本图书馆法实施令》的规定，进行资料复制的图书馆必须配置司书或与司书相当的职员。❷ 依据美国《跨世纪千年著作权法》的规定，如果图书馆想在间接侵权中免责，不仅要按"通知—删除"规则办事，而且要指定一名代理人接受侵权指控通知，代理人的姓名将通过图书馆网站或美国版权局公之于众。❸ 由此可见图书馆员著作权素质的重要性。实践也表明，具有良好著作权素质的图书馆员，能有效地避免著作权风险。❹ 不仅如此，著作权管理人员作为一种图书馆新的专业化人才已经出现，著作权图书馆员这种新的专业岗位正在得到越来越多图书馆的设置。据 Pnina Shachaf 等 2006 年对美国 50 所图书馆网站的

---

❶ 刘兰，黄国彬，程慧荣．国外电子图书采购典型案例分析及其启示［J］．情报资料工作，2009（2）：107-110.

❷ 李国新．日本图书馆法律体系研究［M］．北京：北京图书馆出版社，2000：220.

❸ 薛虹．网络时代的知识产权法［M］．北京：法律出版社，2000：289.

❹ 鲍延明．日本图书馆界参与实施著作权法的研究与借鉴［J］．图书馆杂志，2006（7）：55-58，72.

调查研究，有 15％的图书馆设立了著作权图书馆员或者著作权委员会。[1] 与此相适应，著作权图书馆员的职责及任职条件、选拔、培养、考核等系列化配套制度和机制建立起来。目前，我国仅有国家图书馆在数字资源部专门设有“著作权管理组”，其他极个别图书馆只是在有关部门的职责中非常简单地提到了著作权管理问题。鉴于应对越来越多的图书馆著作权纠纷和处理日益复杂的著作权问题的需要，应该学习借鉴国际先进经验，结合国情与各图书馆的实际，有目的、有重点、有计划、有步骤地选拔培养专业化的、高层次的著作权人才，逐步建立和完善管理体系和激励机制。

4.3.6　设立图书馆授权使用著作权专项经费课目

著作权管理需要经费的支持。比如，根据《日本著作权法》的规定，公共图书馆出借声像资料，可以不经权利人许可，但是出借图书馆应向权利人支付一定的补偿金。[2] 有学者对国外部分图书馆作了调查，仅寻求授权的费用就包括信件邮寄费、雇员报酬、电话（包括长途电话）访问费、法律顾问咨询费、网络通讯费、其他办公费、数据库建设费等，还不包括支付给权利人的许可费。据统计，每种图书数字化授权费用平均为 51 美元。[3] 国内图书馆解决著作权管理经费问题可以采取两种途径：其一，广辟财源。比如，向相关部门申请专项的著作权经费，并争取将这

---

[1] 陈传夫，吴钢，孙凯，等．图书馆知识产权管理方案优化研究［J］．国家图书馆学刊，2009（2）：23-27.

[2] 李国新．日本图书馆法律体系研究［M］．北京：北京图书馆出版社，2000：220.

[3] 臧国全，刘宛珍．图书馆信息数字化产权许可研究［J］．情报资料工作，2006（5）：68-70.

部分费用列到图书馆运行管理预算之中；借鉴国外做法，从有关基金会得到数字资源建设方面的赞助；从事著作权资源开发活动，通过许可、转让图书馆享有权利的数据库、软件等资源，得到经济收入。其二，节约支出。比如，精确核算，降低著作权管理成本；通过图书馆联盟授权，减少使用费；与著作权集体管理组织合作，代理授权节约交易费用；优化授权方案，选择合理的定价模式等。

第5章 著作权行政管理和图书馆著作权保护

著作权行政管理是我国著作权法区别于其他国家著作权法的一个显著特点，是指国家著作权行政管理部门在贯彻落实著作权法律法规的过程中依据法定授权而实施的行政行为，目的是通过行政措施维护著作权利益关系的平衡，促进著作权事业健康、协调和可持续发展。《通知》要求国家版权、文化、教育行政部门和“扫黄打非”办公室认真履行监督职能，加强对图书馆使用著作权的管理，更好地发挥图书馆传播知识、传承文化、启迪智慧、保障人民群众基本文化需要的重要作用。在图书馆依法开展科学的、常态化的、富有成效的著作权行政管理，促进著作权利益关系的和谐，对相关行政部门与图书馆都是新的研究与实践课题。

5.1 著作权行政管理和图书馆著作权保护的关系

5.1.1 加强对图书馆著作权工作的监管是著作权行政管理部门的重要任务

我国《著作权法》第7条明确了著作权行政管理部门的法律地位，这就在司法保护之外为权利人的利益增加了一道新的保护墙。按照规定，国务院著作权行政管理部门主管全国的著作权管理工作，各地方人民政府的著作权行政管理部门主管本行政区域的著作权管理工作。图书馆是社会上收集、整理、储存、传播作品的最大机构，业务中涉及对著作权各种方式的使用，自然要受到著作权行政管理部门的监管。但是，在印刷和电子技术条件下，图书馆领域的著作权利益冲突并不激烈，因此不是著作权行政管理的主要对象。《通知》的发布，一方面表明在数字技术广泛深入应用的背景中，图书馆日益复杂的著作权矛盾和不断增多的权利纠纷正演化成一种不可忽视的社会问题，需要得到重视和解决；另一方面说明，在著作权行政管理部门的职能从偏重立法咨询向加强对重点行业、重点部位监管转变的新形势下，❶ 图书馆将成为著作权行政监管的重要机构，其著作权保护工作再不能游离于行政管理视野之外了。

5.1.2 图书馆著作权保护工作的发展有赖于相关行政管理部门的密切配合

著作权行政管理是社会管理，而非行业管理，需要形成各部门齐抓共管的氛围和完整的行政体系。除了著作权行政管理部门之外，其他行政管理部门也负有著作权行政监管的职能。《通知》就要求版权、文化、教育行政部门及“扫黄打非”办公室在对图书馆著作权工作的监管中积极配合，密切协作。相关行政部门的著作权行政管理职能来源于三个方面：其一，法律法规赋权。比如，《安徽省著作权管理工作办法》第 4 条第 2 款规定，新闻出版、文化、教育、科技、广播电视、公安、工商等行政管理部门，应在各自的职责范围内依法做好著作权管理工作。❷ 其二，管理业务交叉。比如，物价行政管理部门在制定图书馆服务收费项目和价格时，就应同著作权行政管理部门共同调研，以考量可

❶ 石宗源．提高认识、统一思想，转变职能、依法行政，进一步开创我国版权工作的新局面［J］．中国版权，2004（6）：5-11.

❷ 安徽省著作权管理办法［OL］．http：//www.34law.com/lawfg/law/1797/2590/law894325430989.shtml［访问时间］：2010-01-18.

能涉及的著作权问题。其三，行政隶属关系。比如，《北京市图书馆条例》规定，文化行政主管部门主管公共图书馆的工作，教育、科技等行政主管部门在各自职责范围内对学校图书馆、科学研究图书馆以及其他各类图书馆工作进行管理。❶ 毫无疑问，其中包括对图书馆使用著作权的监管。

5.1.3 图书馆的著作权保护工作需要得到著作权行政管理部门的监督和指导

在有的国家，图书馆与著作权行政管理部门联系紧密。比如，按照菲律宾著作权法的规定，国立图书馆馆长就是国家著作权行政管理长官。❷ 在美国，国家版权局（U. S. Copyright Office）隶属于国会图书馆。❸ 在我国，长期以来著作权行政管理部门和图书馆处于“老死不相往来”的状态，使得图书馆几乎成为著作权行政监管的一个盲点。现在，被称为“图书馆著作权危机”❹ 的权利纠纷日益增多，社会影响逐步加剧。其中固然有图书馆本身对著作权管理不足的问题，但是著作权行政管理部门监管的缺位同样是一个不可忽视的因素。面对受制于目前的客观条件，绝大多数图书馆仅仅依靠自身的努力短期内不可能建立完善的著作权管理体系和机制的现状，应该寻求外部力量，尤其是著

---

❶ 北京市图书馆条例［OL］. http：//law. baidu. com/pages/chinalawinfo/168/156/a791d8f41. html［访问时间］：2010-01-18.

❷ 吴佩江.《著作权法》中应增添强制使用许可条款［J］. 科技与法律，2001（3）：35.

❸ 美国版权局调整服务费用［OL］. http：//www. nlc. gov. cn/yifw/2009/0622/article1009. htm［访问时间］：2010-03-12.

❹ 秦珂. 图书馆版权危机和版权危机管理［J］. 图书情报工作，2010（1）：8-11，23.

作权行政管理部门的支持。著作权行政管理部门是政府管理著作权的专业机构，为图书馆开展著作权保护工作提供全面指导和服务是其义不容辞的责任。

5.2 著作权行政管理部门在图书馆保护著作权中的任务

5.2.1 在图书馆宣传普及著作权法律法规

在图书馆开展法律法规宣传教育，是保护著作权的基础性工作。因为加大执法力度是治标，强化宣传教育才是治本。❶《通知》要求行政管理部门加强著作权法律法规宣传教育，进一步提高图书馆著作权保护意识。著作权行政管理部门应按照《通知》精神，结合每年的“4·26 知识产权宣传周”活动，在图书馆开展深入的普法宣传教育，逐步形成尊重知识、尊重创造、尊重著作权、保护著作权的良好氛围。宣传教育应该多种渠道、多种形式、生动活泼、通俗易懂、结合图书馆的业务特点开展。比如，举办专题讲座、模拟法庭、专题征文、专题讨论，向图书馆和读者发放著作权法宣传手册、著作权保护手册、音像制品等。还可以设立专项基金，定期举办著作权法律法规知识竞赛和展览，吸引广大图书馆员与读者参与。

5.2.2 对图书馆开展著作权保护业务指导

在开展法律法规宣传教育的同时，应着重提高图书馆员管理著作权的能力，丰富管理著作权的实务经验。为此，著作权行政

❶ 石宗源．提高认识、统一思想，转变职能、依法行政，进一步开创我国版权工作的新局面［J］．中国版权，2004（6）：5-11.

管理部门应在图书馆开展著作权公共服务，加强对图书馆保护著作权业务的指导。比如，图书馆在采购、收藏各种介质的图书、期刊时所应尽的主要注意义务是购买合法出版物。❶ 图书馆要按照法律法规的要求，恪守中国版权协会制定的《关于〈打击盗版、保护正版、维权护法〉的倡议书》提出的“使用盗版为耻”的理念，❷ 防止盗版侵权出版物的入藏。但是，图书馆员往往并不具备鉴别合法出版物与非法出版物的专业知识，这就需要著作权行政管理部门、“扫黄打非”办公室等部门的指导。著作权行政管理部门要深入图书馆，了解图书馆业务活动的规律和特点，把握不同图书馆的需求，保证指导服务的针对性、差异性和有效性。

5.2.3 向图书馆提供著作权法律法规咨询

著作权行政管理部门提供法律咨询服务的目的是向咨询者解答其不了解或者存在疑惑的法律问题。比如，我国图书馆在与外国供应商签订电子资源许可使用合同谈判时，外国供应商往往有意地规避我国法律，选择更能保护其利益的本国法。❸ 但是，如果图书馆向著作权行政管理部门进行法律咨询，就会知道按照我国法律规定，图书馆享有选择适用我国法律和我国法院管辖的权利。这就是所谓的“应用法律的最高境界是使法律能为维护自身

---

❶ 原告殷志强诉被告金陵图书馆侵犯著作权纠纷一案［OL］. http：//www.civillaw.com.cn/jszx/elisorcase/content.asp? id=31094［访问时间］：2009-05-18.

❷ 中国版权协会反盗版委员会．关于“打击盗版、保护正版、维权护法”的倡议书［J］．中国版权，2002（6）：7.

❸ 张炜．电子出版物采访中数据库合同签订问题初探［J］．图书馆杂志，2006（1）：22-23，40.

权益服务”。法律咨询服务只有与图书馆的业务紧密结合才能起到好的效果，从而要求著作权行政管理工作者不仅要懂得著作权法律法规，还要具备必需的图书馆专业知识，这是对其能力素质适应性的考验，也提出了著作权行政管理队伍培训的新内容。

5.2.4 调解图书馆领域的著作权利益纠纷

《著作权法》第55条规定，著作权纠纷可以调解。行政调解是著作权行政管理部门监管职能的延伸和扩展，是著作权行政管理部门根据国家法律法规，本着自愿、平等、合作的原则，在分清责任、明辨是非的基础上，通过教育、磋商、说服、疏导等方式，使双方当事人相互理解、互谅互让，化解著作权矛盾的行为。[1] 随着权利人法制意识的增强与图书馆使用著作权技术手段的先进化、多样化，著作权利益纠纷增多，其中许多纠纷通过著作权行政管理部门的调解是完全能够得到妥善解决的。

5.2.5 纠正和查处图书馆侵权及违法行为

有法可依、有法必依、执法必严、违法必究是社会主义法制原则。《通知》要求文化、教育行政部门组织所属图书馆开展自查，发现存在的侵权行为，及时予以纠正；还要求各地版权、文化、教育行政部门及“扫黄打非”办公室要对当地图书馆的作品使用情况进行联合抽查、检查。对违法行为，著作权行政管理部门要依法查处，这寓意着图书馆必须把切实保护著作权当成重要问题来认真对待。按照规定，行政管理部门可以通过提醒、告诫等方式纠正图书馆的侵权行为。依据《著作权行政处罚实施办法》的规定，对于图书馆入藏的盗版出版物，或者安装的盗版软

---

[1] 龙新民．认清形势，统一认识，坚定信心，奋发有为，努力把我国版权工作提高到一个新的水平［J］．中国版权，2006（2）：5-9.

件，著作权行政管理部门将予以没收和销毁，还可以没收用于侵权的计算机、刻录机、光盘等设备和材料。如果图书馆的行为涉嫌构成犯罪，著作权行政管理部门将依照《行政执法机关移送涉嫌犯罪案件的规定》将案件移送司法机关处理。

5.2.6　在图书馆建立著作权管理自律机制

行业自律是保护著作权的重要举措，虽然没有法律的强制效应，但有着激发图书馆保护著作权的主动性和积极性的法律所不能替代的价值。“自律”可以“让图书馆变得好一点”[1]。《中国图书馆员职业道德准则（试行）》第 5 条内容是“尊重知识产权，促进信息传播”，把这种观念变成图书馆受到规范的自觉行动依赖于完善的著作权保护自律机制。《通知》要求，各地版权、文化、教育行政部门要指导图书馆建立著作权管理行业自律机制。这是对行政管理部门发挥监管职能的更高层次的要求，因为自律机制建设不是着眼于对著作权管理的某个局部环节的指导，或者对某几个关键因素的改善，而是要从思想认识、组织领导、制度建设、队伍培训、技术应用、合作保护等各方面建立起完整健全的著作权保护体系，使著作权保护真正融入图书馆业务之中，成为图书馆日常工作不可或缺的重要组成部分。

5.3　图书馆对著作权行政管理的配合

5.3.1　充分认识著作权行政管理的意义

著作权行政管理是贯彻实施国家知识产权战略，保障创新，

[1] 李超平．行业自律：我们面临的一个紧迫任务［J］．国家图书馆学刊，2006（4）：2-4.

协调国家、集体和个人权益的行之有效的制度，也是图书馆著作权保护必须依靠的制度。著作权行政管理部门不是图书馆发展的羁绊，而是保佑图书馆绕过险滩、冲过激流、顺利到达胜利彼岸的护航者。著作权行政管理部门依法对图书馆实施监管，不是挑刺，不是无中生有，不是找图书馆的麻烦，也不是多此一举；而是帮助图书馆查找和堵塞侵权漏洞，提高著作权保护水平，防止侵权可能给自身带来的诸多不利益性。所以，图书馆和著作权行政管理部门的关系不是水火不相融的，而应是亲密的合作伙伴。对著作权行政管理部门的监管活动，图书馆不应漠视，更不能消极抵触；而应该积极配合，大力支持。

5.3.2 学习和掌握著作权行政管理法规

由于《著作权法》只是笼统地规定了著作权行政管理部门的法律地位，因而《中华人民共和国行政处罚法》（以下简称《行政处罚法》）、《著作权行政处罚实施办法》就成为指导著作权行政管理部门依法行政的主要法律文本。或许有人认为，在图书馆宣传普及《著作权法》、《著作权法实施条例》、《条例》等法律法规是必要的；如果要求图书馆员学习掌握《行政处罚法》、《著作权行政处罚实施办法》的内容则大可不必，因为这些法律规范的主要是行政管理部门的行为。其实不然，既然图书馆不可避免地要接受行政部门的著作权监管，就要了解这些部门权力的由来，执法的范围、程序、方法及相关的法律后果和图书馆享有的获得救济的权利，这不仅是配合行政管理的需要，而且是维护图书馆自身权益的需要。

5.3.3 加强与行政管理部门的联系沟通

我国图书馆应该与著作权行政管理部门建立长期稳定的工作关系。一方面，使行政管理部门能全面、及时、准确地了解图书馆在作品收集、整理、储藏、传播利用等各个环节保护著作权的情况，监督、指导法律法规的贯彻落实。另一方面，通过与著作权行政管理部门的沟通交流，图书馆可以掌握最新的立法动向，较全面地了解整个图书馆界保护著作权的现状，学习借鉴其他图书馆保护著作权的先进经验。

5.3.4　建立与行政管理部门的合作制度

图书馆与著作权行政管理部门的合作关系有必要得到制度的保障。其一，联席会议制度。图书馆和著作权行政管理部门要出席对方召开的有关重要会议，了解对方的工作计划和安排落实措施，交流相关认识。其二，要事通报制度。对于涉及著作权的重大业务活动，图书馆要事先告知著作权行政管理部门，听取意见。在发生著作权纠纷时，图书馆要积极地向行政管理部门说明情况，请求指导和帮助。对于有关图书馆著作权行政监管的重要事项，著作权行政管理部门也应及时地向图书馆通报。其三，信息员联络制度。著作权管理是专业性、技术性、政策性很强的复杂性工作，图书馆应指定专人负责，并作为与著作权行政管理部门之间的联络员。

5.3.5　要确保著作权行政监管达到目的

图书馆要采取各种措施使著作权行政管理部门的监管工作取得实效，达到目的。其一，图书馆要提前了解著作权行政管理部门监管的任务、范围、方法，做好资料准备和其他配合工作。其二，向著作权行政管理部门全面、准确、详细地反映图书馆保护著作权的真实情况，对于存在的问题不掩不盖，不护短，不怕揭丑。其三，虚心听取著作权行政管理部门实施监管的反馈意见，就相关问题进行咨询。其四，针对著作权行政监管中发现的问题和薄弱环节，提出对策措施，落实责任，积极整改。其五，每次涉及著作权保护的重大业务完成和著作权行政监管工作之后，都要认真写出总结报告，存档备查，并报送著作权行政管理部门。

第二部分

图书馆著作权管理的几个问题

第6章 图书馆著作权政策建设

在现代信息技术逐步广泛与深入应用的背景下，开展有效的著作权保护已经成为推动图书馆在法制化轨道上健康顺利发展的不可或缺的一项重要方略。制定和公告著作权政策是图书馆保护著作权的简便而有效措施之一，其意义不仅在于表明图书馆对待著作权问题的态度，也不只是向用户提供使用电子资源的行为指南，以及设立对侵权问题的处理原则和程序；更在于通过其规范权利人、图书馆、用户之间的权利、义务与责任来维系各方利益关系的相对平衡，促进著作权资源在图书馆的科学配置和使用绩效的提高，为和谐图书馆构建与职能的充分发挥创造有利的条件。❶ 我们于 2009 年 4～5 月，分别以“版权公告”、“著作权公告”、“版权声明”、“著作权声明”、“图书馆＋版权公告”、“图书馆＋版权声明” 在 “百度”、 “Google” 中搜索，共得到北京大学、清华大学、浙江大学、中国农业大学、中山大学、中国科技大学、郑州大学、北京师范大学、复旦大学、哈尔滨工业大学、湘潭大学、山东理工大学、西安建筑科技大学、河南理工大学、宁波大学、五邑大学等高校图书馆以“版权公告”、“版权声明”、“使用通告”、“使用通知”、“使用规定”、“管理办法”、“相关说明”、“特别说明”等为题的电子资源著作权政策 86 份，然后对其格式、架构、内容以及制定和执行中的有关问题进行综合分

❶ 秦珂，赵宾．图书馆版权危机的特点、诱因及其管理中存在的问题分析［J］．图书馆学研究，2009（10）：71-74.

析，提出建议。

6.1　著作权政策内容调查

6.1.1　依据和目的

86 份著作权政策中，只有北京大学、山东大学和浙江体育职业技术学院的著作权政策明确指出其依据是《著作权法》、《条例》等法律法规（占 3.49%），有 20 份（占 23.26%）的依据是学校同电子资源供应商签订的协议（因为如果违反约定将受到处罚），63 份没有指出其依据来源（占 73.25%）。对于著作权政策的目的，有 55 份著作权政策的理解正确而全面，认为是“保护知识产权，维护学校声誉，保证广大用户的合法权益”（占 63.95%）。其他著作权政策在该问题上的表述都有欠缺，7 份认为是“保护学校和用户的利益”（占 8.14%），10 份认为是“保护作者和出版者利益”（占 11.63%），1 份认为是“保护用户的利益”（占 1.16%），13 份没有说明制定著作权政策的目的（占 15.12%）。

6.1.2　用户的权利

86 份著作权政策中，只有北京大学、东北师范大学、山东轻工业学院的著作权政策对“合法用户”作了具体界定：指本校实名（或者真实）的师生员工、留学生、访问学者、进修教师等。82 份著作权政策尽管没有给出“合法用户”的概念，但是从其内容的表述可以推定指的是“本校的用户”（占 95.35%），另外 1 份指出“电子资源只提供给校园网的用户”（占 1.16%）。86 份著作权政策中，有 12 份要求用户“依据著作权法规和本著作权政策行使权利”（占 13.95%），51 份规定用户“按本著作权政策行使权利”（占59.30%），还有23份没有明确用户的权利（占26.75%）。86份著作权政策中，2份对合理使用的内涵作了解释（占2.32%），7份（8.14%）对合理使用的目的与规则进行了规定（比如个人学习、教学或是研究目的，使用中要注明信息来源等）。86份著作权政策中，只有1份对电子资源合理使用的情形作了列举，较为详细，可操作性强（占1.16%）。

6.1.3 禁止性规定

6.1.3.1 使用目的限制

86份著作权政策中，65份规定不得将电子资源用于“商业牟利”（占75.59%），其中5份对“商业目的”作了举例（占5.84%），包括：直接利用网络数据库进行商业服务或者支持商业服务，直接利用网络数据库内容汇编二次产品提供商业服务，或者对电子文档转售、转发、转让、重新出版等。

6.1.3.2 用户代理限制

86份著作权政策中，66份规定“任何单位和个人不得私设代理服务器为校外用户代理服务，也不得将校园网账号出租、出借、泄露给校外人员”（占76.74%）；其中又有41份规定“校内单位若由于特殊需要设置代理服务器，一定要事先得到图书馆允许，并且保证该服务器不得允许校园外IP通过它访问图书馆购买的电子资源”（占47.67%）。

6.1.3.3 软件工具下载限制

86份著作权政策中，74份禁止用户使用“网络蚂蚁”、Flashget、CuteFTP、NetAnt、影音传送带等工具下载电子资源（占86.05%）。

6.1.3.4 系统和批量下载限制

86份著作权政策中，73份禁止用户超过正常阅读速度，系统、连续、集中、批量下载电子资源（占84.88%）。其中35份对“正常阅读速度”作了解释（占 40.70%）：指“阅读一篇文献的速度至少需要几分钟”。对于“系统下载”的标准，多数著作权政策没有提及，19 份规定“不得对整卷电子期刊全文下载”（占 22.09%），1 份认为下载单册电子文献的量不得超过其篇幅的 1/3（占 1.16%）。对于集中下载的标准，2 份著作权政策规定下载量不得超过 100 篇/小时（占 2.32%），1 份规定下载量不超过 100 篇/半小时（占 1.16%），各 1 份分别规定下载量不得超过 30 篇/次、50 篇/次（各占 1.16%）。还有的著作权政策以单位时间内的请求次数作为判断集中下载的依据，各 1 份分别要求用户的下载请求不超过 60 次/小时、30 次/小时（各占 1.16%）。以西南石油大学图书馆的著作权政策对系统和集中下载规定得最为详细：网络数据库检索，每次检索结果不得超过 300 篇；正常阅读检索结果，阅读全文时每篇文章应该在 2～3 分钟；每次连续下载检索结果（包括全文打印）不超过 10 篇。如果需要 10 篇全文以上的下载，每下载 10 篇文章后应该有 5～10 分钟的间隔。如需要 30 篇全文或更多的下载，则应通过图书馆向数据库商提出书面申请。

此外，1 份（占 1.16%）著作权政策规定：“未经许可禁止将下载的资料在各种服务器上保存，禁止将检索或下载的资料发布在 listserv、网站或电子邮件上。”1 份著作权政策规定图书馆不支持对馆藏录音带、录像带、计算机磁盘、光盘的复制活动（占 1.16%）。2 份著作权政策规定禁止盗用 IP 资源（占 2.32%）。

6.1.4 违规问题处理

86 份著作权政策中，2 份规定将组成由图书馆、计算中心、相关院系参加的调查小组对违规问题展开调查处理（占 2.32%），21 份规定由图书馆协助相关部门调查（24.42%），13 份规定图书馆有单独的处理权（占 15.17%），46 份规定图书馆初步处理后视情况报请学校相关管理部门作进一步的处理（占 53.49%），另有 4 份没有规定有权对违规问题处理的主体（占 4.64%）。86 份著作权政策中，有 15 份规定违规用户应于 3 个工作日内到图书馆接受调查（占 17.44%）。

对违规问题的处理方式呈现出多样化、复合化。有 10 份著作权政策规定，违规问题发生后，图书馆和有关部门将监督删除用户计算机中违规下载的文献（占 11.63%）。有 24 份要求违规用户提出书面陈述或检查（占 27.91%），有 40 份规定要通报批评（占 46.51%），有 46 份规定视情况报请学校有关部门给予警告等纪律处分（占 53.49%），有 2 份要求违规用户公开道歉（占 2.32%），还有 3 份规定将给违规用户以经济处罚（占 3.49%）。另外，有 4 份对违规处理的规定非常笼统（占 4.64%），仅表述为“根据情节严重程度作相关处理”。还有 4 份著作权政策完全没有对违规问题处理的内容（占 4.64%）。

停止或者限制违规用户对图书馆资源的使用权是普遍采取的处罚措施。1 份著作权政策规定停止违规用户图书借阅权 2 个月（占 1.16%），1 份规定为 3 个月（占 1.16%），25 份规定为 6 个月（占 29.07%），1 份规定该处罚期限为 2～6 个月（占 1.16%）。对于电子资源的使用权问题，1 份著作权政策规定冻结违规用户的网络账号 1 个月（占 1.16%），19 份规定为 2 个月（占 22.09%），3 份规定对多次违规的用户永久冻结其网络账户（占 3.49%）。1 份规定禁止违规用户在图书馆电子阅览室上网 2 个月（占 1.16%）。29 份规定将限制或者停止违规用户对 IP 的使用权限（占 33.73%），其中 6 份还规定将停止或者限制违规用户所在单位的 IP 使用权（占 6.98%）。

6.1.5 法律后果及免责

86 份著作权政策中，有 60 份规定违规用户对其所造成的纠纷承担完全的法律责任（占 69.77%），其中 7 份要求违规用户对给学校造成的经济损失负责（8.14%）。86 份著作权政策中，有 11 份明确规定图书馆、学校不为用户的违规行为承担任何连带法律责任（占 12.79%）。1 份规定图书馆对因为黑客攻击、服务器故障等不可抗力造成的数据损失，享有免责权利（占 1.16%）。1 份规定图书馆对于未完全解决著作权问题的信息产品的服务，在利用地点、利用时间、利用数量和利用方式上有加以限制之责（占 1.16%）。1 份著作权政策规定，图书馆尽量争取但不保证其网站为向用户提供便利而设置的外部链接的准确性和完整性（占 1.16%）。3 份提请权利人采取告知策略，如果其对图书馆发布的作品有异议可以向图书馆通报，图书馆将立即删除或阻断对该作品的链接（占 3.49%）。

6.1.6　其他内容

有 2 份著作权政策向用户提供了数据库供应商的一般授权原则和范围（占 2.32%）。5 份著作权政策原则性规定了对图书馆本身著作权的保护问题（占 5.81%）。1 份著作权政策规定了用户所享有的图书馆因不可抗力而停止对其服务的补救请求权（占 1.16%）。

6.2　问题与思考

6.2.1　对著作权政策的重视程度

整体上分析认为，著作权政策的重要性还没有受到我国高校的充分重视。其一，从在“百度”、“Google”中收集到的著作权政策数量可以推定，绝大多数高校还没有这项政策。一项针对 104 所“211 工程”大学图书馆的著作权管理调查也表明，只有

53所（占50.96%）制订了著作权政策。❶ 其二，86份著作权政策中，4份是图书馆下属的数字资源部、网络中心等部门制订发布的（占4.65%），77份由图书馆制订发布（占89.53%），只有北京大学、浙江大学、山东大学、东北师范大学、焦作大学等5所学校的著作权政策是以学校的名义制订发布的（占5.82%）。著作权政策制订发布的主体不同，则其效力就有差别，同时体现着对该问题的重视程度。其三，著作权政策要随着实践的发展与时俱进，得到适时的补充修订。但是在86份著作权政策中，只有4份得到过更新（占4.65%）。比如，浙江大学在发布了《关于进一步规范全文网络数据库使用的通知》（浙大校办［2003］10号）之后，又出台了《关于进一步规范全文网络数据库使用的补充通知》（浙大校办［2004］8号）。

6.2.2 著作权政策的贯彻执行

本次调查结果表明，有8所学校（占9.30%）都曾因为用户的违规而导致供应商对学校采取警告、冻结IP访问权限、委托律师提出法律质询等处罚（可以认为，没有发现的违规行为，或者没有公布出来的违规事件更多）。用户的违规行为主要包括私设代理服务器、短时间内超量全文下载、盗用他人校园网账号违规使用、整体系统性地下载电子文献等。违规问题的发生不能完全归结于没有著作权政策，或者著作权政策的不完善；然而，不能不说与著作权政策的贯彻执行不力有着密切的联系。其一，许多高校图书馆和相关部门对用户是否能看到、读懂、弄通、理解著作权政策的问题都不十分关心，往往是制订发布之后就完事大吉。其二，图书馆只是把著作权政策当成读者出现违规使用电

❶ 符玉霜．我国图书馆知识产权管理的现状、问题与建议［J］．国家图书馆学刊，2009（2）：28-32，74.

子资源的问题后予以惩戒的手段，而非着眼于用户自律性的真正提高。有的高校在发布著作权政策后违规现象仍然屡禁不止，甚至在对违规用户的处理通报后，受到供应商警告、处罚的事件还是层出不穷，这正说明了用户著作权教育的薄弱。因为相当部分的用户根本就不了解更不掌握使用电子资源的著作权规则和法律界限。近年来，我国各级、各类型图书馆学术团体和一些图书馆以论坛、讲座、培训、交流等形式开展的著作权教育活动不少，但是基本都是针对图书馆员的，面向用户的著作权知识宣传教育并不广泛，更不深入。虽然早有学者建议在文献检索课中加入著作权知识，但在实践中遇到了教材、师资、教学计划安排以及教学实习实训等诸多困难，总体效果不理想。这是图书馆用户教育要解决的一个重要问题。

6.2.3　著作权政策的格式与架构

格式的不科学、条款顺序安排的混乱、段落的不清晰，会有杂乱无章之感，影响用户对著作权政策的理解；架构不完整，则著作权政策的内容就会不全面，将给实施及相关问题的处理带来许多不确定性。部分著作权政策的结构合理，有条理，层次感强，框架相对完整（比如北京大学、北京师范大学、广东培正学院、青岛滨海学院的著作权政策）；而另有许多著作权政策的格式与架构明显不合理、不完整，往往只有一个段落，甚至简略到几十个字（比如浙江科技学院图书馆针对数字视听节目的著作权政策），造成主要内容缺失。著作权政策的格式、架构虽无统一的标准，但是通常应该按下列顺序安排条款和内容（仅针对高等院校图书馆来讲）：著作权政策的题名；依据和目的；电子资源的类型与使用范围；合法用户的界定；使用电子资源的合法性要求；供应商的授权范围；保护学校（图书馆）自身著作权的原则；合理使用电子资源的权利与义务；违规行为和判定标准；违规问题的处理（机构、程序、方式等）；用户的申诉权利；违规的法律后果；学校（图书馆）对用户使用电子资源的合理注意与教育义务；学校（图书馆）的责任与免责；未尽事宜的处理；著作权政策的解释权等。相比而言，86 份著作权政策中以 2008 年 1 月 8 日北京大学第 674 次校长办公会议通过的《北京大学校园网电子资源使用管理办法》的格式、框架最好。

6.2.4 著作权政策内容的表述

著作权政策面向的是绝大多数不具备著作权知识的用户，所以在表达上（特别是对某些专业术语）应尽可能准确，通俗易懂，避免歧义。这方面的问题主要是：其一，表述不全面。比如，只有 5 份著作权政策直接涉及了学校（图书馆）本身著作权的保护问题（占 5.81%），其余 81 份著作权政策规制的只是对图书馆购买的电子资源的使用（占 94.19%），那么用户在使用图书馆自主开发并享有著作权的电子资源违规后依据什么来处理呢？其二，表述模糊。比如：对“电子资源只提供给校园网的用户”的表达就容易使人产生“校外用户在校园网内使用本校电子资源是否被允许”的疑问。又比如，许多著作权政策规定电子资源的传播范围是“校园网内”，那么本校合法用户将下载后的文献带回家里（校园网之外）使用是否可以呢？其三，没有表述。比如，合作研究单位的“校外人员”能否使用本校的电子资源，对这类与本校有业务联系的“校外人员”使用“本校”的电子资源如何规范，在有分校区的情况下“校园网”的合理覆盖范围怎样判定等问题，86 份著作权政策都无明确的规定。另外，图书馆购买或者自己开发的电子资源都可能会有不同的授权使用条件，因此除了要有规范所有类型的电子资源使用的统一的著作权政策，还应有针对特定的电子资源的专门的著作权政策。从调查的结果看，只有 4 所学校是这么做的（占 4.65%）。比如，北京大学除了制定有《北京大学校园网电子资源使用管理办法》之外，就 CADAL 电子图书、Elsevier SDOS 数据库等电子资源也发布有专门的著作权政策。必要时还可以针对特定的技术方法制订著作权政策，比如陕西理工学院就制订有《图书馆 BBS 相关说明》。

6.2.5　图书馆行业学会的作用

实践表明，美国、英国、日本等国家的图书馆学术团体都在影响著作权法的制定与实施中发挥了无法替代的积极作用。其中制订和颁布行业性的著作权政策，对图书馆与用户就著作权资源的使用进行规范和指导就是一个重要的体现。比如，美国研究图书馆协会的《电子资源许可原则》认为，图书馆员有义务教育用户，使他们了解在现行著作权法的范围内的权利和应承担的责任。英国联合信息系统委员会的《电子环境下的合理使用指南》则对图书馆和用户使用电子资源的合理行为作了界定。建议中国图书馆学会下属的图书馆法律与知识产权研究专业委员会和各专业系统图书馆学会研究制订行业性的著作权政策，作为统一规范图书馆保护著作权的指南，并为各图书馆制订适合本馆的著作权政策提供模板。其一，由图书馆学术团体组织制订统一的著作权政策可以解决图书馆队伍中因为著作权人才匮乏而造成著作权政策存在的格式不合理、架构不完整、内容不全面等问题。其二，86 份著作权政策中，有 26 份从结构到内容几乎完全相同（占 30.23%），说明图书馆著作权实践有许多共性的问题，具有接受统一的著作权政策的可能性与必要性。

附录

北京大学校园网电子资源使用管理办法

（校发［2008］4号）

第一条　为规范北京大学校园网电子资源（以下简称“校园网电子资源”）的使用，维护北京大学及校园网电子资源出版商的合法权益，依据《中华人民共和国著作权法》的有关规定，制定本办法。

第二条　合法用户在使用校园网电子资源时，应遵守法律法规和学校规定，并遵循合理使用的原则。

第三条　校园网电子资源指国内外出版商发行的、由北京大学图书馆（含医学图书馆、各院系分馆、资料室）购买了校园网使用权（或院系使用权）的网络正式出版物，包括数据库、电子期刊、电子图书、多媒体资源等。

第四条　合法用户指本校实名的师生员工、留学生、访问学者、进修教师等。

第五条　合理使用指合法用户出于个人教学和科研的目的，在校园网内以正常速度检索、浏览、下载或打印电子资源，并符合图书馆与国内外出版商在合同中的约定，或者符合法律法规的规定。

第六条　校园网电子资源的合法用户在使用校园网电子资源时，严禁实施下列行为，如有下列行为，均属违规：

1. 超过正常阅读速度，连续、集中、大批量下载校园网电子资源，例如在一小时内下载超过百篇以上的文献；

2. 使用软件工具下载校园网的电子资源；

3. 以营利为目的将所获得的校园网电子资源提供给校外

人员；

4. 未经北京大学图书馆许可，向非合法用户提供代理服务或大批量的数据、文献传递；

5. 将校园网电子资源的合法使用权限提供给其他非合法用户使用，包括将校园网账号出租给校外人员使用；

6. 其他违反法律、法规及学校规章制度的行为。

第七条 对违规行为，图书馆将会同计算中心、相关院系等组成临时调查小组进行调查并予以认定。

第八条 临时调查小组将调查和认定结果在报学校主管领导审批同意后，视违规行为的情节轻重，给予违规者相应处理。

1. 违规者须向图书馆提交书面陈述和检查，并应在图书馆和所在单位等负责人的监督下删除违规下载的数据、文献；

2. 将视情节轻重，对违规者处以停止借书权限两个月至半年；

3. 如违规情节严重，图书馆对违规者及违规行为予以通报批评；

4. 对实施第六条第三、第四和第五项规定的违规者，视情节严重程度，暂停其校园网网关账户 1 个月，直至永久关闭校园网网关账户。

第九条 因违规行为给学校造成经济损失的，包括使用校园网电子资源的代理服务器造成大量国际流量费等，由违规者赔偿。

第十条 违规行为受到警告或处理后仍继续实施违规行为者，永久关闭其校园网网关账户。

第十一条 因违规行为而引起知识产权纠纷的，由违规者自行处理，并承担由此产生的一切法律责任。

第十二条 本办法由图书馆负责解释。

第十三条 本办法经 2008 年 1 月 8 日第 674 次校长办公会讨论通过，自发布之日起施行。

图书馆电子资源著作权政策

（供参考）

制订和公告著作权政策是图书馆保护著作权整体对策的重要组成部分。为了规范权利人、图书馆、读者之间的权利、义务与责任，维系各方利益关系的相对平衡，促进电子资源在图书馆的科学配置和使用绩效的提高，特制订本著作权政策。

第一章　总　则

第一条　本政策依据《中华人民共和国著作权法》、《中华人民共和国著作权法实施条例》、《计算机软件保护条例》、《信息网络传播权保护条例》等法律法规制订。

第二条　本政策适用于合法读者对图书馆电子资源的使用。合法读者是指本校实名的教师、职工、学生（包括留学生）、访问学者、进修教师等。在特定情况下，合法读者包括与本校有教学、科研业务联系的外单位及个人（其他类型图书馆可以根据情况定义自己的合法读者范围）。

第三条　电子资源包括本图书馆购买、受赠，或者以资源共享等方式建立的拥有使用权的电子馆藏，比如包盒型电子出版物、网络出版物、数据库、电子图书、电子期刊、多媒体资源等。电子资源还包括图书馆自己开发的具有经济增值功效的电子产品/制品，比如数据库、计算机软件、录音录像制品等。

第四条　“校园网”是指学校的“地域范围内”的网络区域（包括分校区）。“图书馆局域网”是指“图书馆物理建筑内”的网络范围。

第二章　读者的权利与义务

第五条　合法读者使用图书馆电子资源必须遵守著作权法规和本政策相关条款。

第六条　合法读者使用电子资源的目的限于学习、科研、欣赏，不得将获得的电子资源用于转让、出售、编辑出版等任何形式的商业目的。

第七条　合法读者的下列行为被视为合理：对本馆的电子馆藏进行检索；对检索结果进行阅读，或者作符合著作权法要求的整理加工；打印检索结果；下载检索结果到本人的计算机上；将检索结果传输到其他“校园网内”合法读者的电子信箱中（其他类型图书馆可以根据情况定义该条款）。

第八条　电子资源的传播和使用范围仅限于校园网内。对于供应商授权只允许在图书馆建筑内使用且不得下载的电子资源，读者应遵循相关授权协议规定使用电子资源（其他类型图书馆可以根据情况定义自己的电子资源传播范围）。

第九条　对于下载后携出校园网外使用的电子资源仅限于合法读者本人使用，必要时可以向有业务联系的单位或者个人提供使用，但是本校合法读者必须保证电子资源的著作权安全问题（其他类型图书馆可以根据情况制订本条规定）。

第十条　读者使用电子资源要标明原权利人姓名、作品名称和出处。

第十一条　本图书馆不提供电子产品与制品的刻录、出租等服务（除非权利人有明确授权，或者是本图书馆享有著作权的数字作品/制品）。

第三章　禁止性规定

第十二条　读者不得对电子资源作系统下载，或者整体下载。“系统”、“整体”指的是集合电子作品/制品整体内容的80%以上。

第十三条　合法读者不得对电子资源作集中、超量下载。“集中、超量下载”的标准是100篇/小时。

第十四条　对于第十二条、第十三条的界定标准，如果供应商有具体授权，则应遵循授权条件。

第十五条　禁止下列行为：将网络账号出租、出借、泄露给校外人员；私设代理服务器（校内单位若由于特殊需要设置代理服务器，一定要事先得到图书馆允许，并且保证该服务器不得允许校园外IP通过它访问图书馆购买的电子资源）；使用“网络蚂蚁”、Flashget、CuteFTP、NetAnt、影音传送带等工具下载电子资源（其他类型图书馆可以根据情况制订本条规定）。

第四章　违规问题处理

第十六条　图书馆有权对读者的违规行为在职权范围内作出处理。必要时，图书馆将会同校内有关职能部门组成电子资源著作权管理小组，对读者的违规与侵权行为进行调查（其他类型图书馆可以根据情况制订本条规定）。

第十七条　对于一般的未受到权利人指控的违规行为，一经发现，将口头责成改正，并将不良记录收藏在案。

第十八条　对于二次（包含二次）以上的未受到权利人指控的违规行为，一经证实，将给以书面警告，并停止其网络账号1个月，同时停止使用图书馆电子阅览室1个月。屡教不改者，停止其电子资源永久使用权。

第十九条　对于受到权利人指控的违规行为，责令当事人在事发2天内向图书馆作出书面解释及检查，图书馆将在本馆网站上予以通报。同时，停止当事人网络账号3个月，电子阅览室使用权3个月，印刷型资源借阅权3个月。

第二十条　对于受到权利人指控 2 次（包括 2 次）以上的违规读者，图书馆将提请学校相关部门给予警告、记过等纪律处分，并停止其网络账号、电子阅览室使用权、印刷型资源借阅权 6 个月，情节严重者永远停止其馆藏资源使用权（其他类型图书馆可以根据情况制订本条规定）。

第五章　免责条款

第二十一条　对于因违规行为给图书馆、学校造成的所有名誉、经济损失，由违规读者完全负责（其他类型图书馆可以根据情况制订本条规定）。

第二十二条　图书馆和学校不为读者的任何违规行为承担法律责任（其他类型图书馆可以根据情况制订本条规定）。

第二十三条　对由于黑客攻击、计算机病毒侵害、系统故障、自然灾害等原因造成的违规行为，读者不承担任何责任。

第二十四条　读者不为使用图书馆提供的包含著作权瑕疵的电子资源发生的违规和侵权问题负责。

第二十五条　本政策解释权归图书馆

第二十六条　本政策自发布之日起施行。

第7章 图书馆对读者使用电子资源的著作权管理

信息技术广泛深入应用引发的与数字著作权相关的矛盾和冲突，成为图书馆网络化、数字化进程中不可回避而必须解决好的问题。近年来，部分图书馆相继陷入著作权纷争，甚至作为被告诉诸法律，使我们越来越清楚地认识到，著作权保护已经成为影响和谐图书馆构筑的非常重要的因素之一。分析发现，若干侵权事件的起因源于读者对数字著作权的违规使用。在数字著作权保护的法律环境中，如果图书馆不能对读者利用著作权的行为进行有效的管理，要想完全化解著作权风险几乎是不可能的。❶ 我们于 2009 年 4 月至 5 月，在“百度”、“Google”中搜索并分析了部分高校图书馆电子资源著作权政策 86 份，了解到若干侵犯著作权事件的来龙去脉，本书就结合这次调查结果，谈谈对读者的著作权管理问题。

7.1 读者违规使用数字著作权的主要类型

7.1.1 集中超量下载

2004 年 4 月 28 日，某高校学生在检索 SPIE 数据库时连续短时间内超量下载全文，致使该校 IP 被国外数据库供应商关闭。❷

---

❶ 秦珂．数字图书馆版权保护导论［M］．北京：气象出版社，2005：3.

❷ 关于进一步规范全文网络数据库使用的通知［OL］．http：//libweb. zju. edu. cn/newportul/resource/copyrt. jsp［访问时间］：2009-05-08.

2005 年 6 月 6 日，另一所高校某学院的三个 IP 发生了违规使用 AIP 数据库的事件，在很短时间内连续超量下载 AIP 大量全文，致使图书馆受到出版商的警告，数据库商冻结了该 IP 对 AIP 的访问权。❶ 在所分析的 86 份电子资源著作权政策中，73 份禁止读者连续、集中、批量下载电子资源（占 84.88%）。对于集中下载的标准，各著作权政策的规定并不完全相同，有规定下载量不得超过 100 篇/小时，或者下载量不超过 100 篇/半小时；还有规定下载量不超过 30 篇/次，或者不超过 50 篇/次。另有的著作权政策以单位时间内的请求次数作为判断集中下载的依据。

7.1.2　系统整体下载

2007 年暑假开始之后，某高校相继收到国外三大数据（CA 网络版、ACS 和 SDOS）供应商的邮件，告知该校 IP 中有连续下载同一刊物的整期（册）文献的现象，属于恶意下载，因此被停止使用三大数据库。❷ 在所分析的 86 份电子资源著作权政策中，73 份禁止用户系统下载（占 84.88%）。对于“系统下载”的标准，多数著作权政策没有提及，19 份规定“不得对整卷电子期刊全文下载”（占 22.09%），1 份认为下载单册电子文献的量不得超过其篇幅的 1/3（占 1.16%）。就“系统使用”标准，部分国家法律有明确规定。比如，美国《著作权法》第 108 条（d）款规定，图书馆应读者的要求可以对作品复制，但是复制不超过受著作权保护之集合作品或期刊的一篇文章，或对任何受保

---

❶ 电子资源版权公告［OL］. http：//lib. zzu. edu. cn/portal/portal/media-type/html/group/guest/pape/news. psml? metainfoId = ABC0000242［访问时间］：2009-05-08.

❷ 图书馆关于版权的公告［OL］. http：//library. dhu. edu. cn/pages/news. aspx? id=440［访问时间］：2009-05-08.

护作品的复制只涉及一小部分。[1] 1978年美国著作权作品新技术利用委员会（CONTU）在《馆际借阅协议中的复制指南》里提出了著名的1—1—5—5的规定[2]：图书馆采用馆际互借代替订购期刊，其复制必须符合1年之内复制1种期刊近5年所发表的论文不超过5篇的标准。如果超过此标准则被认定为系统复制，不属于合理使用的范围。

7.1.3 软件工具下载

2006年12月5日，某高校国家重点实验室学生使用Mobipocket Reader软件定制了AIP数据库的RSS服务，因Mobipocket Reader软件的功能，启用了tools-setting-enews中的smart extraction选项，使得过量下载AIP数据库letters杂志的205条记录文摘，导致该校IP被数据库供应商封闭。[3] 在所分析的86份电子资源著作权政策中，有74份禁止用户使用“网络蚂蚁”、Flashget、CuteFTP、NetAnt、影音传送带等工具下载电子资源（占86.05%）。

7.1.4 代理服务下载

某高校学生通过图书馆的代理服务器批量下载了著名的西文电子期刊全文库——JSTOR中的数千篇文献，导致了JSTOR立刻封锁了该代理服务器的访问权限，给其他读者带来不便。而

---

[1] 益思科技法律事务所．美国著作权法与图书馆相关部分介绍［OL］. http：//www. is-law. com/seminar/［访问时间］：2008-10-18.

[2] 刘志刚．电子版权的合理使用［M］．北京：社会科学文献出版社，2007：236.

[3] 关于进一步规范全文网络数据库使用的通知［OL］. http：//libweb. zju. edu. cn/newportul/resource/copyrt. jsp［访问时间］：2009-05-08.

且，JSTOR 委托律师向该校图书馆提出法律质询，损害了该校的声誉，并带来 2 万多元庞大国际通讯费的损失。图书馆在多方权衡之下，不得不停止了该代理服务器的开放。❶ 在所分析的 86 份著作权政策中，66 份规定“任何单位和个人不得私设代理服务器服务”（占 76.74%）；其中又有 41 份规定“校内单位若由于特殊需要设置代理服务器，一定要事先得到图书馆允许，并且保证该服务器不得允许校园外 IP 通过它访问图书馆购买的电子资源”（占 47.67%）。

7.1.5 冒用他人账号下载

2009 年 1 月 15 日，某高校理学院的一位学生冒用他人校园网账号，导致两起过量下载美国化学文摘的侵权事件，致使图书馆受到出版商的警告，并冻结了该校部分 IP 对 ACS 的访问权限。2009 年 3 月 10 日，该高校某法学院的一名学生将校园卡借给外单位人员使用，使其通过校园网卡进入图书馆电子阅览室，违规整卷整期下载数据库中的两种杂志，致使图书馆受到出版商的严重警告，并禁止该校下载权 14 天，出版商要求图书馆作出详细调查和解释，并警告如果再有违规事件，将被禁止下载权 30 天。❷ 86 份版权政策中，66 份规定“不得盗用、冒用他人网络账号，也不得将校园网账号出租、出借、泄露给校外人员”（占 76.74%）；2 份明确规定个人对账号、密码负有管理之责（占 2.32%）。

---

❶ 关于电子资源版权保护的公告［OL］. http：//lib. semi. ac. cn：8080/imfowww/news/detail/newsbasp? infoNo = 717［访问时间］：2009-05-08.

❷ 关于进一步规范全文网络数据库使用的通知［OL］. http：//libweb. zju. edu. cn/newportul/resource/copyrt. jsp［访问时间］：2009-05-08.

7.2 读者违规使用著作权的主观原因

7.2.1 故意侵权

判断使用电子资源的恶意侵权，法律上没有统一的标准。对恶意侵权的认定，目前主要是在购买数据库时由图书馆和供应商约定，即如果读者下载电子资源的数量、质量超过了合同中的标准，则可被认为是恶意侵权。❶ 实事求是地讲，故意实施恶意侵权的读者只是少数，他们并非不了解著作权法规则和供应商的授权范围，并非不知悉图书馆发布的电子资源著作权政策的内容，只是存在侥幸心理，出于主观需要（比如为了节省时间），在明知违规、违法的情况下而置相关规定于不顾，甘冒侵犯他人合法权益而被追究责任的风险，实施侵权行为：或者是集中超量、系统下载，或者是使用软件工具下载，或者将下载的电子资源作不恰当的编辑、出版、传播、转让，或者用于其他商业目的。

7.2.2 无知侵权

学术研究的合法性要求知识的使用者要了解、掌握相关的著作权知识和保护技能。但是，绝大部分读者不具备著作权知识，缺乏对著作权法律与法规的了解，头脑中没有著作权的概念，著作权保护意识淡薄，更不用说具备了较高的尊重与保护著作权的主动性、积极性，表现在实践中就是不能正确借助新技术来对数字著作权进行科学、合法的使用。盲目的、不受法律和规则约束的行为，风险自然不可避免。这种类型的读者，主观上并非存在

---

❶ 秦珂，赵宾．图书馆版权危机的特点、诱因及其管理中存在的问题分析［J］．图书馆学研究，2009（10）：71-74.

侵权的故意和动机，只是由于保护著作权素质的缺乏与无知才造成了侵权事件的发生。

7.3　读者违规使用著作权的客观原因

7.3.1　对著作权政策的重视程度不够

著作权政策的核心功能是协调权利人、图书馆、读者之间的利益关系，对读者起到的是“广而告之”的作用，即告诉读者如何使用著作权、保护著作权和侵权的法律后果。著作权政策还有“请勿侵权”的意思，这对可能实施的侵权行为是一种严正警告，并且有利于驳斥所谓的“善意侵权”。尽管还没有翔实的数据来反映我国图书馆著作权政策建设的全貌，但是大多数图书馆还没有这项政策应当是不争的事实。一项针对 160 所公共图书馆、高校图书馆、科研图书馆、专业图书馆的调查表明，制订了著作权政策的只有 64 所（占 40.00%）。具体来看，国家图书馆和 4 所省级公共图书馆制订了著作权政策。在所调查的 104 所“211 工程”高校图书馆中，制订了著作权政策的有 53 所（占 50.96%）。❶ 我们对 86 份高校电子资源著作权政策的分析表明，即使已经发布的著作权政策也存在着效力不够、贯彻不力、格式不科学、架构不完整、表述不准确等突出问题。

7.3.2　对著作权的管理措施不到位

在印刷和电子技术环境中，著作权并不是图书馆适应外部环境的不可或缺的要素，著作权管理也不是我国图书馆非常重要的

---

❶　符玉霜．我国图书馆知识产权管理的现状、问题与建议［J］．国家图书馆学刊，2009（2）：28-32，74.

工作，多数图书馆都没有管理著作权的部门和制度体系。因为受制于技术的局限性，图书馆即使在利用传统著作权中有某种程度的侵权，也不至于对权利人利益构成大的威胁，所以承担的法律风险相对较小。现代信息技术的介入使著作权保护在图书馆适应外部环境中的重要功能得到了挖掘，成为图书馆自适应因素体系中重要的一员。❶ 在新的法律形势下，如果没有完善的著作权管理制度和相关的措施，对读者利用电子资源的管理就会出现漏洞，给企图违规者以可乘之机，也会使图书馆承担连带责任。比如，按照著作权法的要求，图书馆有义务和责任采取技术手段来保护电子资源不被非法利用与传播，而目前读者的违规行为在一定程度上正是由于技术措施不到位、不完备造成的。

7.3.3 对读者的著作权教育工作薄弱

电子资源的利用必须以其扩散为前提，即必须由生产者（出版商）或者供应商向使用者转移。这种转移以其得到安全保障为条件，而利用者较高的著作权素质是维护电子资源在传播和利用中的安全性的综合性对策体系的重要组成部分。具有良好著作权素质的人，能正确处理知识创造、传播、利用之间的关系，具有较强的保护著作权的主动性，能严格遵守著作权规则，能敏锐地感知、发现与认真探讨新出现的著作权问题，并采取符合法律规范的解决办法。❷ 如果不能从真正提高读者保护著作权的能力出发，立足于读者使用数字著作权的实践开展著作权教育，那么图书馆保护著作权的努力最终不会取得满意的效果。我国各级、各

❶ 秦珂．数字图书馆版权保护导论［M］．北京：气象出版社，2005：67.

❷ 秦珂．知识经济环境中对图书馆员开展知识产权教育的必要性［J］．图书馆学研究，1999（5）：35-37.

类型的图书馆学术团体和部分图书馆虽然已经开展了形式多样、内容丰富的著作权宣教工作，但是大都是针对图书馆员对信息资源的收集、整理和传播业务的，而面向读者利用著作权特点的教育活动却不多，教育形式也比较单一，效果不理想。

7.4　图书馆对读者使用著作权的管理

7.4.1　国际社会对开展读者著作权管理重要性的共识

对读者使用电子资源时所涉及的著作权问题进行有效管理具有现实性、必要性和紧迫性，这在国际图书馆界早就达成了共识。比如，1994 年美国研究图书馆协会（Association of Research Libraries）就著作权法和知识产权发布原则声明，认为图书馆员有义务教育读者，使他们了解在现行著作权法的范围内的权利和应承担的责任。1997 年 1 月，美国图书馆协会在其发表的《关于数字信息环境下合理使用指南的立场声明》中指出，图书馆在复杂多变的知识技术领域，需要对读者进行指导。1997 年 3 月，美国全国人文科学同盟（National Humanities Alliance）下属的图书馆和知识产权委员会提出了《在数字化环境下管理知识产权的基本原则》，指出图书馆应当培养一种尊重著作权的环境，向其成员提供有关的资料，保证有合适的澄清使用各种资料的著作权问题的途径。在保护著作权的问题上，图书馆和读者应该是战略伙伴，读者不能认为保护著作权只是图书馆的事而漠不关心，更不能认为反正有图书馆承担责任而去恣意侵犯著作权。读者应该认识到，图书馆的利益就是自己的利益，如果图书馆成为被告，自己的利益也必然相应地要受到损害，这已被多起侵权事件所证实。另一方面，图书馆应该研究读者利用著作权出现的新问题和规律性，把对读者的著作权管理当成新技术背景下的一项新的业务纳入日常工作范围，通过采取多种有效的对策，使之科学化、规范化、常态化。

7.4.2 同读者签订使用电子资源的著作权保护协议

以订立契约的方式来对读者使用著作权的行为进行管理并非新生事物，而是许多国家图书馆的普遍做法，只不过我国图书馆界对此相对陌生。比如：1996 年英国宣布将著作权的有效期限从 50 年提高到 75 年后，英国国家图书馆文献提供中心（DSC）就马上作出规定：对未公开发表的博士论文等较敏感的著作权问题，同读者签订协议，读者对保护著作权作出必要的承诺后方可复制。❶ 对读者使用著作权开展契约化管理，往往也是法律的要求。比如，依据澳大利亚法律的规定，图书馆在为读者复制文献之前，读者应向图书馆提出申请，申请内容要符合法律要求，并对保护著作权作出必要之承诺。图书馆应告知读者该文献复制件依据著作权法规定而制作，提醒读者保护著作权。❷ 英国《著作权、外观设计和专利法》（Copyright，Designs and Patents Act 1988，简称 CDPA）规定，对于不符合法律要求的复制申请，图书馆不应为读者提供复制服务。否则，图书馆将为侵犯著作权负责，同时该复制物被视为违法复制品。❸ 著作权保护协议和图书馆发布的著作权政策具有许多功能上的共同点，但是也有重要的区别。同著作权政策相比，著作权协议的最大作用是使图书馆得

---

❶ 李树国．中外版权法与图书馆［J］．国家图书馆学刊，2000（2）：39-44.

❷ 益思科技法律事务所．澳洲著作权法与图书馆相关部分介绍［OL］．http：//www.is-law.com/seminar/［访问时间］：2008-10-18.

❸ 益思科技法律事务所．英国著作权法与图书馆相关部分介绍［OL］．http：//www.is-law.com/seminar/［访问时间］：2008-11-18.

到了读者对保护著作权的真实承诺，这种具有法律效力的契约不仅对读者使用数字著作权的行为起着强大的控制效应，而且可以在发生纠纷时作为图书馆免责的武器。签订著作权协议在程序上并不复杂，简单易行，只需读者在注册时签署一份由图书馆事先拟定好的包括电子资源的类型、合法用户的界定、使用电子资源的合法性要求、供应商的授权条件、读者的权利与义务、违规行为和判定标准、违规问题的处理和法律后果等内容的格式合同，凡是不签署协议的读者，图书馆就不为其提供电子资源服务。

7.4.3　制订与发布使用电子资源的著作权政策

现在，越来越多的图书馆制订和发布了电子资源著作权政策，有的将其置于图书馆网页的显著位置，对读者保护著作权起到了提醒与警示的作用。还有的图书馆把著作权政策与著作权协议的功能结合起来，只有读者在网页上“确认”接受著作权政策的前提下，才能进行下一步对电子资源的使用操作，这实际上是同读者签订了一份电子形式的著作权保护契约。然而，经过调查，我们认为图书馆著作权政策需要在以下方面得到改进：第一，提高著作权政策制订和发布主体的权威性。比如，高校的著作权政策最好是用学校的名义制订发布，而不以图书馆及其下属部门的名义制订发布。第二，著作权政策要与时俱进，要随着图书馆著作权实践的深入得到及时的补充和修正。第三，著作权政策在形式上要有科学的格式，在内容上要有完整的架构，使其条理分明，易读、易懂、易接受，并防止必需的和重要的条款的缺失。第四，对著作权政策内容的表述，要做到清楚、准确，不产生歧义。比如，对“校园网”的范围就要进行明确的界定，特别是在有分校区的情况下，更应指出校园网所覆盖的区域。另外，供应商对不同的电子资源的授权条件可能不同，所以在总的电子资源著作权政策之外，还应针对特定的电子资源制订著作权政策。

7.4.4 面向读者开展广泛深入的著作权宣教工作

著作权宣传教育主要包括三个方面的内容。第一，综合介绍著作权知识。包括著作权的内涵、著作权制度的起源与发展、著作权的主体与客体、著作权的类型、邻接权、著作权的归属与行使、著作权的侵权和救济等。第二，结合实际，介绍著作权保护与图书馆及读者利益的关系、图书馆使用著作权的国内外立法、图书馆中不同类型资源的著作权保护的特点、图书馆与读者签订著作权协议的意义、图书馆著作权政策的内容、读者在使用著作权中的注意事项等。第三，解答读者利用电子资源中的著作权困惑。比如，欧洲“知识产权帮助网站”就设有知识产权咨询台，由法律专家回答读者提出的著作权问题。该网站还收集了400个有关著作权问题的关键词，翻译成3种语言，连接了多个著作权分支领域，通过指示词，引导读者去查找。图书馆要不断创新著作权宣教工作的机制与做法。第一，把著作权教育包含在图书馆发展规划之中。比如，国家图书馆在“十一五”规划中就提出“探讨解决著作权问题的可行方法”[1]。第二，形式多样。比如，举办讲座、学术研讨会、发宣传手册、板报评介、馆报宣传、有奖答题、在图书馆学期刊发表专门文章等。第三，采用新技术。比如通过网页、电子邮件宣传著作权知识。第四，补充内容。比如可以在高校文献检索课中加入著作权知识。这项工作尽管早有学者在做，但是在师资、教材、技术设备、教学计划安排、实习等方面遇到不少困难，开展得不普遍，更不深入。

---

[1] 符玉霜．我国图书馆知识产权管理的现状、问题与建议［J］．国家图书馆学刊，2009（2）：28-32，74.

7.4.5　严肃处理违规使用电子资源的侵权事件

对读者违规使用电子资源侵权事件的处理方式呈现出多元化、复合化的特征，包括：要求违规读者提出书面陈述或检查、通报批评、纪律处分、公开道歉、经济处罚，以及停止违规读者的图书借阅权、冻结其网站账号、封闭违规读者及其单位的 IP 等。对电子资源的违规和侵权使用涉及单位、部门和广大读者的利益，对此不能态度暧昧、息事宁人，更不能掩护妥协，而应该旗帜鲜明地按规则办事，依法办事。否则，侵权者就会因为逃过一劫而暗自庆幸，事后再去干违规之事。

第8章 图书馆著作权危机管理

随着经济的繁荣、文化的进步、法律的创新与科学技术的发展，图书馆生存的内外环境有了悄然的变化，影响图书馆和谐的因素逐渐增多且相互之间的关系日益复杂，矛盾和利益冲突加剧，危机隐患与危机发生的频度显著提高。图书馆著作权危机是指各种原因所造成的在图书馆领域内著作权利益关系失衡而可能给图书馆声誉、形象、服务、管理以及经济利益带来影响的非常规事态，是当代图书馆危机的主要类型之一。但是，在关于图书馆危机管理的研究中，却鲜有涉及著作权危机的探讨和理论成果，这同实践形成了明显反差。著作权危机管理是图书馆管理的新型范畴，学会预防和处理著作权危机对图书馆领导者及有关从业者来讲都是一堂必修课。

8.1 图书馆著作权危机的特点

8.1.1 著作权危机和技术创新的联系性

从某种角度认识，著作权制度是技术的产物。技术越是发展，就越针对著作权法的创新提出新的课题。同样，技术在图书馆应用得越广泛、越深入，就越是能在著作权利益分配与平衡中诱发新的矛盾，产生著作权纠纷，导致著作权危机。比如，在美国发生的“liams & Wilkins Co. 诉 United States 案”、“American geophysical Union，et al. 诉 Texaco Inc. 案”等[1]都是因为图书馆使用新技术复制文献所造成。比如在我国发生的“吴锐等诉超星、北京理工大学（图书馆）案”[2]、“中国大百科全书出版社诉超星、广东省立中山图书馆案”[3]、“樊元武诉上海图书馆、清华大学、清华同方光盘股份有限责任公司、《中国学术期刊(光盘版)》电子杂志社、清华同方知网（北京）技术有限公司案”[4]、“殷志强诉金陵图书馆侵犯著作权纠纷案”[5]、“何湖苇等诉浙江省图书馆侵权纠纷案”[6]、“何海群等诉北京交大（图书馆)、中国人大（图书馆）案”[7]、“李昌奎诉超星图书馆系列

---

❶ 王青，陈凌云．中美版权法之公益图书馆豁免制度比较［J］．图书馆杂志，2008（9）：2-5.

❷ 超星侵权案深度调查：涉嫌假冒国家 863 计划［OL］．http：//tech. sina. com. cn/i/2007-05-29/07591532995. shtml［访问时间］：2009-05-18.

❸ 北京市第一中级人民法院民事裁定书（2002）一中民初字第 6241 号［OL］．http：//bigy. chinacount. org/public/detail. php? id＝5547［访问时间］：2009-05-18.

❹ 上海市第一中级人民法院知识产权判决书（2005）沪一中民五（知）初第字 306 号［OL］．http：//www. chinalawedu. com/news/17800/179/2006/10/zh12401957297201600225606-0. htm［访问时间］：2009-05-18.

❺ 原告殷志强诉被告金陵图书馆侵犯著作权纠纷一案［OL］. http：//www. civillaw. com. cn/jszx/elisorcase/content. asp? id＝31094［访问时间］：2009-05-18.

❻ 最高法公布 100 件全国知识产权司法保护典型案例．http：//www. ybww. com［访问时间］：2008-12-31.

❼ 韩玲．《白领高手》作者诉北京交大、中国人大网络侵权［OL］. http：//www. china. court. org/html/article/200503/17/154755shtml［访问时间：2009-05-18.

案”❶，以及“北京三面向版权代理有限公司诉重庆市涪陵区图书馆侵犯网络著作权纠纷案”❷ 等，都是数字复制、网络传播等新技术应用产生的图书馆著作权危机。

8.1.2 著作权危机的发生频度的增高性

在录音录像技术、广播电影电视技术、静电复制技术问世之前，国际范围内的涉及图书馆的著作权纠纷并不激烈，更是罕有相关的著作权案件（并非没有这类案件）。但是，当这些模拟技术出现并在图书馆得到应用之后，图书馆就明显地感到来自著作权的制约，因为以这些技术使用文献的法律风险越来越大。特别是随后的数字技术的开发与应用，更是在图书馆界引发了一次又一次的“著作权震憾”。如果我们对“陈兴良诉中国数字图书馆有限责任公司案”、“知识产权专家诉‘书生’案”、“黄延复诉方正电子有限责任公司案”、“蒋星煜诉中国学术期刊电子杂志社、清华同方知网（北京）技术有限公司案”中“图书馆”成为被告尚能理解的话（因为这些“图书馆”的实质是“数字公司”❸），那么对在其他相关案件中浙江省图书馆、广东省立中山图书馆、上海图书馆、重庆市涪陵区图书馆以及若干所大学图书馆等公益性的图书馆成为被告则感到有点匪夷所思了。公益性图书馆屡屡成为被告是目前著作权危机的重要特点之一。

---

❶ 超星侵权案深度调查：涉嫌假冒国家 863 计划［OL］．http：//tech. sina. com. cn/i/2007-05-29/07591532995. shtml［访问时间］：2009-05-18.

❷ 重庆市高级人民法院民事判决书（2008）渝高法民终字第 146 号［OL］．http：//ipr. chinacourt. org/public/detail-sfwsphp? id＝23096［访问时间］：2009-05-18.

❸ 郑成思．“数字图书馆”还是“数字公司”［OL］．http：//www. civillaw. com. cn/article/default. asp? id＝24709［访问时间］：2008-07-03.

8.1.3　著作权危机的直接导因的多样性

图书馆著作权危机的直接动因多是由于使用具有著作权意义的信息资源的方法不当。一方面，用数字技术使用文献的方法灵活多样，其合法性有时难以把握。特别是在法律规定不甚明确以及对文献内容进行拆装、重组、移位、抽取等方式的使用时，风险明显加大。另一方面，数字技术条件下的侵权往往是同时涉及数种权利，这样图书馆为“复合性侵权”付出的代价就可能更大。正因为利用著作权技术方法的多样性、灵活性，才使得侵权因素多元化。不仅如此，随着人们著作权意识的增强，因为作品署名不当、对寄存文献管理不善等引发的著作权纠纷在图书馆也逐渐多了起来。

8.1.4　著作权危机的影响的逐步加剧性

著作权危机的影响正在不断加剧。其一，图书馆著作权危机的社会影响广泛。比如“何湖苇等诉浙江省图书馆侵权纠纷案”。其二，给图书馆带来的经济损失较大。比如“北京三面向版权代理有限公司诉重庆市涪陵区图书馆侵犯网络著作权纠纷案”。其三，对图书馆的声誉和形象造成负面效应。在多起著作权危机中，图书馆被判向原告公开道歉，或者被权利人提出法律质询。

8.2　图书馆著作权危机的类型

8.2.1　入藏侵权产品发生的著作权危机

根据过错责任原则，图书馆在不知情的情况下被动购入侵权资料虽不承担法律责任，但是不得提供服务。图书馆应防范侵权资料以主动或者被动的方式流入馆藏之中。图书馆对入藏的侵权资料应停止使用、封存或者销毁。在“殷志强诉金陵图书馆侵犯著作权纠纷案”中，法院认为：“图书馆在采购、收藏各种介质的图书、期刊时所应尽的主要注意义务是购买合法出版物。”❶

8.2.2 开发馆藏不当发生的著作权危机

1995年起，某高校图书馆编制了名为《英文药学刊物导读》的内部刊物，其中摘译了该馆订阅的英国PJB公司出版的Scrip中的内容，供本校教师和兄弟院校交流使用。1999年6月起的4个月内，PJB公司的Scrip项目负责人向该高校图书馆发来一系列的电子邮件，就《英文药学刊物导读》涉及的著作权问题提出交涉。这次“危机”后来经过相互沟通得到化解，但是却给图书馆工作者以深刻的启发和教育。❷“北京三面向版权代理有限公司诉苏州图书馆案”的焦点，也在于苏州图书馆不恰当地将该公司享有著作权的《销魂一指令》数字化并上载到网络。❸该案发生于2007年，图书馆对馆藏的数字化复制应该受到《条例》第7条的规制。个别图书馆对馆藏音像制品、软件的出租、刻录及网络传播也存在明显的著作权风险。❹

---

❶ 原告殷志强诉被告金陵图书馆侵犯著作权纠纷一案［OL］. http://www.civillaw.com.cn/jszx/elisorcase/content.asp?id=31094［访问时间］：2009-05-18.

❷ 夏训明．知识产权与高校图书馆［J］．图书馆杂志，2008（6）：39-41.

❸ 法院旁听活动实施方案［OL］．http://www.szlida.net/Article/ShowInfo.asp?InfoID=6637［访问时间］：2009-05-18.

❹ 江向东．我国著作权法的修改及其对图书情报工作的影响［J］．情报学报，2003（4）：500-506.

8.2.3　供应商责任连带引发的著作权危机

在“吴锐等诉北京世纪超星信息科技有限责任公司案”中，北京理工大学图书馆的超星图书馆由于使用了未经授权的图书而被连带告上法庭。《每日经济新闻》认为，各地图书馆因购买超星的盗版图书馆而成为一座随时可能喷发的火山。[1] 在“中国大百科全书出版社诉超星案”、“樊元武诉上海图书馆、清华大学、清华同方光盘股份有限责任公司、《中国学术期刊（光盘版）》电子杂志社、清华同方知网（北京）技术有限公司案”、“殷志强诉金陵图书馆侵犯著作权纠纷案”、“何湖苇等诉浙江省图书馆侵权纠纷案”、“何海群等诉北京交大、中国人大案”、“李昌奎诉超星图书馆系列案”等案件中，广东省立中山图书馆、上海图书馆、金陵图书馆、浙江省图书馆、北京交通大学（图书馆）、中国人民大学（图书馆）、青岛理工大学（图书馆）、贵州大学（图书馆）等无论是作为单独被告，还是第一被告，或者连带被告，其根源都是供应商没有解决好授权问题。

8.2.4　信息导航不当引发的著作权危机

“北京三面向版权代理有限公司诉重庆市涪陵区图书馆侵犯网络著作权纠纷案”中，在一审法院判定被告涪陵区图书馆不承担法律责任的情况下，重庆市高级人民法院二审认定：涪陵区图书馆通过江西新余电信网站链接属于北京三面向版权代理有限公司享有著作权的《销魂一指令》的行为属于“深度链接”。“（2008）渝高法民终字第 146 号”指出：涪陵区图书馆作为网站的运营者和内容服务提供者，在与其他网站设立链接而提供内容

---

[1] 超星侵权案深度调查：涉嫌假冒国家 863 计划［OL］. http://tech. sina. com. cn/i/2007-05-29/07591532995. shtml［访问时间］：2009-05-18.

服务时，应当知道其行为构成侵权的可能性，但是涪陵区图书馆未尽到注意义务，在未得到作品权利人许可的情况下，直接通过网络链接使用涉案作品，且未向权利人支付报酬，侵犯了权利人的信息网络传播权和获得报酬权。❶

8.2.5 读者违规行为引发的著作权危机

2004年4月28日，某高校学生在检索SPIE数据库时连续短时间内超量下载全文，致使该校IP被国外数据库供应商关闭。❷ 2007年暑假开始之后，某高校相继收到国外三大数据（CA网络版、ACS和SDOS）供应商的邮件，告知该校IP中有连续下载同一刊物的整期（册）文献的现象，属于恶意下载，因此被停止使用三大数据库。❸ 某高校学生通过图书馆的代理服务器批量下载了著名的西文电子期刊全文库——JSTOR中的数千篇文献，导致了JSTOR立刻封锁了该代理服务器的访问权限，给其他读者带来不便。而且，JSTOR委托律师向该校图书馆提出法律质询，损害了该校的声誉，并带来2万多元庞大国际通讯费的损失。❹ 读者违规使用著作权的行为还有使用未经授权的软件工具、冒用他人账号下载电子资源等（详细内容请见第7章）。

---

❶ 重庆市高级人民法院民事判决书（2008）渝高法民终字第146号［OL］. http：//ipr. chinacourt. org/public/detail-sfwsphp? id=23096［访问时间］：2009-05-18.

❷ 关于进一步规范全文网络数据库使用的通知［OL］. http：//libweb. zju. edu. cn/newportul/resource/copyrt. jsp［访问时间］：2009-05-08.

❸ 图书馆关于版权的公告［OL］. http：//library. dhu. edu. cn/pages/news. aspxid=440［访问时间］：2009-05-08.

❹ 关于电子资源版权保护的公告［OL］. http：//lib. semi. ac. cn：8080/imfowww/news/detail/newsbaspinfoNo=717［访问时间］：2009-05-08.

8.2.6　帮助侵权可能导致的著作权危机

帮助侵权是指参与、教唆、帮助他人实施侵犯著作权的行为。比如，为了解决著作权问题，超星数字图书馆实行了一种互联网上的版税解决方案，即在中国版权保护中心的监督下制作发行超星读书卡，其中的 15% 作为使用费来付给作者和出版社，读者通过购买超星读书卡就可以解决电子图书馆的阅读和下载问题。这种做法被许多图书馆接受。表面上看，这是一种法定许可行为，即不经权利人同意使用其作品，但是向其支付报酬。然而，在我国著作权制度中，图书馆并非“法定许可”的权利主体，把受著作权保护的作品数字化并放到网上供阅览和下载的行为是在法律的边缘上行走，容易导致法律纠纷❶。在这种服务模式中，图书馆有帮助供应商侵权之嫌。

8.2.7　精神权利纠纷所导致的著作权危机

在“崔世勋诉辽宁省图书馆、黑龙江省图书馆、吉林省图书馆侵犯署名权纠纷案”中，崔世勋诉称 2003 年 12 月，由辽宁省图书馆、黑龙江省图书馆、吉林省图书馆主编，辽海出版社出版发行的《东北地区古籍线装书联合目录》一书，遗漏了其署名，侵犯了其署名权。法院审理后认为，崔世勋为《东北地区古籍线装书联合目录》的编委，要求三被告图书馆在已经印制的该书中增加崔世勋为编委的修正页，附入该书，并发送给全部参加该书编撰的单位；同时判决三被告图书馆在《中国图书馆学报》、《古籍整理研究学刊》上发表向崔世勋道歉的声明，并在重印《东北

---

❶ 邵葵 .2002 年我国图书馆数字化建设中的著作权管理现状调查 [J]. 图书馆杂志，2002（12）：14-17.

地区古籍线装书联合目录》时增加崔世勋为编委。❶ 在“周诚望诉辽宁省图书馆、黑龙江省图书馆、吉林省图书馆侵犯署名权纠纷案”中，原告的诉求与崔世勋的诉求基本相同。❷

8.2.8 保存作品原件引发的著作权危机

寄存文献是图书馆馆藏体系的重要组成部分。然而，对寄存文献实体管理不善，或者对寄存文献的著作权利用不当，都可能引发著作权危机。特别是在图书馆与寄存者之间没有订立书面的保管和著作权使用合同，或者合同约定不明的情况下，著作权危机更容易发生。在这方面，“李明德等诉南通市图书馆确认著作权、返还财产纠纷案”就是个典型的例子。❸

8.3 图书馆著作权危机的防范

8.3.1 思想防范

“自律”可以“让图书馆变得好一点”❹。相对于经费危机、

❶ 黑龙江省哈尔滨市中级人民法院民事判决书（2006）哈民五初字第2号［OL］. http：//ipr. chinacount. org/public/detail. sfws. php? id＝8706［访问时间］：2009-05-18.

❷ ③周诚望诉辽宁省图书馆等作品署名权纠纷案［OL］. http：//vip. chinalawinfo. com/newlaw2002/slc/slc. asp? db＝fnl&gid＝11751［访问时间］：2009-05-18.

❸ 李明德等诉南通市图书馆确认著作权、返还财产纠纷案［OL］. http：//www. fsou. com/html/text/fnl/1175760/117576075. html［访问时间］：2010-06-03.

❹ 李超平. 行业自律：我们面临的一个紧迫任务［J］. 国家图书馆学刊，2006（4）：2-4.

资源危机、服务危机、人才危机，我们对图书馆著作权危机的发生演变特点、规律及其危害性认识不够，这是目前图书馆在著作权危机面前缺乏完整对策的原因。解决问题的前提是通过多种渠道与形式来提高图书馆员和读者的著作权意识和保护著作权的能力，即提高自律性。比如，从 2005 年开始，岭南大学每年都在新生中宣传著作权知识，列举侵权行为，请各位学生关注。❶ 实践证明，在图书馆员和读者中开展著作权教育，能有效避免侵权事件及著作权危机的发生。❷ 然而，著作权保护意识并非著作权危机意识，理性的危机意识是一种宝贵的精神财富，是科学开展危机管理的基础。在提高图书馆员和读者保护著作权意识的同时，要强化著作权危机意识的教育和正确、完整危机观的培养。危机教育要注重对象的普遍性、内容的针对性与过程的长期性。要通过专家演示、情景模拟训练、以案说法等方式增强图书馆员对著作权危机的心理准备与知识储备，提高处置危机的能力。同时，评估图书馆在不同原因导致的著作权危机面前的运行情况和适应性，发现问题，予以改善。

8.3.2　组织防范

一项调查显示，我国绝大多数图书馆还没有建立危机管理组织，即使已成立的危机管理组织在真正应对危机中也难以发挥其功效。❸ 大量研究表明，图书馆危机管理小组（LCMT）在危机

---

❶ 杨继贤．图书馆界和教育界在香港版权修订条例中的诉求及取得的成果［J］．图书馆建设，2008（7）：33-38.

❷ 鲍延明．日本图书馆界参与实施著作权法的研究与借鉴［J］．国家图书馆学刊，2006（7）：55-58，72.

❸ 章艳宇．论我国图书馆危机管理机制的不足及其完善［J］．世纪桥，2008（6）：143-144.

管理中有着独特而重要的作用。[1] 在著作权保护日渐趋强的法律环境中，我国图书馆应建立以馆长负责制为中枢的危机管理常设小组，或者将其职能包含在图书馆整体的危机管理组织之中，但是应有专门的人员来负责此项工作。比如，美国密歇根州立大学（Michigan State University）图书馆就设有著作权图书馆员岗位。[2] 建立常设机构可以保证危机管理工作的及时性和连续性，对危机处理的经验教训进行有效总结、分析与借鉴。著作权危机管理小组应由图书馆中较高职位的管理人员和各专业部门的负责人以及专职著作权管理人员、信息管理者、新闻发言人等组成。对危机管理小组成员要进行培训，使他们具备专业能力、组织忠诚度和压力管理等三种能力。[3] 馆长（副馆长）是“首席危机官”，在著作权危机管理中担负着不可推卸的责任。由于著作权危机管理涉及不同的专业领域，因此图书馆还应聘请法律、技术、公关、管理等方面的专家建立危机管理顾问组织，为危机管理提供咨询决策服务。危机管理小组不能只是图书馆的一种装饰，或者只在危机到来时才启用，而应采取措施使其运作常态化、规范化。

8.3.3 制度防范

我们不能把图书馆著作权危机的责任完全归罪于法律的不合理，更不能完全归罪于权利人的“私欲”，而应该首先“检讨”

---

[1] 罗春贤，谢阳群，胡昌平．图书馆危机管理计划［J］．中国图书馆学报，2007（4）：32-35.

[2] 蒋永福．关于图书馆版权危机的思考［J］．图书馆学研究，2003（9）：49-52.

[3] 罗春贤，谢阳群，胡昌平．图书馆危机管理计划［J］．中国图书馆学报，2007（4）：32-35.

我们自己的行为是否合理与合法。❶ 行为要受到制度的调整，制度的缺失与不完善是图书馆著作权危机的重要隐患。防范著作权危机必须在制度层面贯彻危机管理的思想。图书馆需要逐步建立健全的著作权危机预防制度包括：《图书馆著作权政策》、《图书馆馆藏著作权瑕疵防范与鉴别制度》、《图书馆使用著作权授权协议签订制度》、《读者利用馆藏资源著作权保护警示制度》、《图书馆收费服务成本核算制度》、《图书馆馆藏著作权状态评价制度》等。要针对不同的技术方法建立相应的著作权规则，比如，《图书馆链接设置规则》、《图书馆提供 BBS 服务著作权保护细则》等。还要建立著作权危机的问责制度，包括《图书馆著作权危机责任认定制度》、《图书馆著作权危机管理问责及奖惩制度》等。

8.3.4 机制防范

要使著作权危机管理收到理想的效果，必须建立若干科学正确的、高效率的应对机制。第一，计划机制。危机管理包括减少（Reduction）、准备（Readiness）、反应（Response）、恢复（Recovery）等四个阶段。所以，著作权危机管理应该建立在完备的应对计划（应急预案）之上，目的是对可能发生或者已经发生的危机事件进行预测、监督、控制和协调。在国际图书馆界，危机预案越来越受到重视，牛津大学图书馆、澳大利亚国家图书馆、哈佛大学图书馆的预案都有其特色。❷ 我国部分图书馆也制定了危机管理预案，比如首都师范大学图书馆的《突发事件应急预

---

❶ 蒋永福．关于图书馆版权危机的思考［J］．图书馆学研究，2003（9）：49-52.

❷ 王磊，高波．国外图书馆危机预案制定现状及启示［J］．大学图书馆学报，2008（3）：79-83.

案》、新疆财经学院图书馆的《灭火应急疏散预案》等;❶ 但是几乎还没有针对著作权危机管理的预案。第二，预警机制。凡事预则立，不预则废。准确预见，是危机管理的第一步。❷ 基于经验教训，应建立图书馆危机预警系统，对著作权危机可能发生的原因、方式等进行分析，开展超前管理，降低危机发生的突然性和意外性。为此，要构建一套科学、完整、操作性强的评价体系，对图书馆管理著作权危机达到的水平和存在的风险进行评估。第三，合作机制。联盟化是国际图书馆界应对危机的一个特点，这方面的组织如 M25 Consortium of A cademic Library（英国伦敦地区学术图书馆联盟)、The in land Empire Libraries Disaster Response Network（内陆帝国图书馆灾难响应网络）等。由于各个图书馆本身缺乏应对著作权危机的所有类型的必要资源(人才、技术、信息等)，所以有必要在合作基础上以资源共享来解决这方面的问题。第四，技术机制。技术不仅能保护著作权，而且受到著作权法保护。然而，个别读者之所以能够以超量集中下载、系统整体下载、超范围传播等违规方式使用馆藏资源，就在于图书馆没有完全尽到以技术措施保护著作权的义务与责任。

8.4 图书馆著作权危机的消解

8.4.1 正面应对，快速反应

图书馆危机必然带来相应的损失，危机管理的直接目的就是

---

❶ 章艳宇．论我国图书馆危机管理机制的不足及其完善［J］．世纪桥，2008（6）：143-144.

❷ 李治．危机管理第一步：准确预见［OL］．http：//wwwqg. com. cn/articles/zazhiwenzhai/20070212135817750. htm［访问时间］：2009-05-18.

降低组织的人、财、物等损失。❶ 从危机本身的特点来看，危机爆发的突发性和极强的扩散性决定了危机应对必须要迅速、果断。因为危机的破坏性随着时间的推移而呈非线性爆炸式增长❷。通常认为，“24 小时”是危机反应速度极限，处理危机要遵循“24 小时”法则。❸ 著作权危机发生后，图书馆不能抱着侥幸的心理，任由事态发展，或者惯性思维，拖泥带水，慢条斯理，力求四平八稳。危机管理小组应在最短的时间内介入危机，控制事态，降低损失。在“杜修贤诉中国国家图书馆侵犯著作权纠纷案”❹ 中，国家图书馆采取先入为主的策略，迅即行动，同当事人积极沟通，并表明希望和平解决问题的态度，最终使危机得到化解。

8.4.2　以诚相待，谈判磋商

在“李昌奎诉青岛理工大学侵犯著作权案”中，作为唯一被告的青岛理工大学图书馆采取了真诚相待的态度，并努力斡旋，促成李昌奎与超星公司谈判达成和解协议，使李昌奎撤诉。❺ 以

---

❶ 罗春贤．图书馆危机管理二维框架及其实现［J］．中国图书馆学报，2009（2）：59-64.

❷ 滦福田．危机管理 6F 原则之二：Fast（迅速反应）原则［OL］. http：//www. mie168. com/CEO/2006-03/142890htm［访问时间］：2009-05-18.

❸ 危机管理九大法则［OL］．http：//www. bokee. net/company/weblog. viewEntry/585177. html［访问时间］：2009-05-18.

❹ 杜修贤诉中国国家图书馆侵犯著作权纠纷案［OL］．http：//www. bizteller. cn/trade/news/newSearch/newsContent/66622479. html［访问时间］：2009-06-20.

❺ 超星侵权案深度调查：涉嫌假冒国家 863 计划［OL］．http：//tech. sina. com. cn/i/2007-05-29/07591532995. shtml［访问时间］：2009-05-18.

诚相待是处理危机的一项重要原则。当危机发生后，当事人、公众与媒体最不能容忍的或许并不在于事件本身，而在于对问题的拖延、故意说谎、误导公众，或者隐瞒真相。❶ 著作权危机发生后，图书馆要拿出解决问题的诚意，要站在对方立场上思考问题，无论危机的原因如何，责任归于何方，都要对当事人的遭遇表示同情与安慰。另外，对著作权危机的处理不仅要着眼于解决直接的利益问题，而且要根据当事人的心理特点采用恰当的情感联络策略，满足其深层次的心理和情感需求，这有助于危机的解决。

8.4.3 媒体友好，引导舆论

"苏图事件"的实质是围绕我国著作权制度中复制权限的合理使用规定与文物保护条例中相关规定的不一致产生的争执，特别是善本文献著作权归属与读者的复制权利问题。❷ 在该事件中，学术批评网率先发表批评图书馆的文章，随后著名论坛"天涯社区"和传统媒体《南方都市报》的导引更是把图书馆推上了舆论的风口浪尖。在危机中采取媒体友好策略，可以化解媒体对危机事件的过分关注，逐渐将媒体视线引向其他方面，使负面报道慢慢平息；或者是创造新的关注焦点，使媒体舆论转向；❸ 还可以对抗噪声、阐释缘由、化利为害。危机管理中，图书馆不能

---

❶ 王丰国. 企业危机管理策略分析［OL］. http：//www.emcn.com/Article/200702/1151942.html［访问时间］：2009-05-18.

❷ 龚文静. 版权保护与社会公共利益之间的矛盾——苏州图书馆复制权之争引发的新思考［J］. 图书馆理论与实践，2008（2）：5-7.

❸ 林景新. 寻找中国式企业危机管理的思维路径［OL］. http：//blog.163.com/wyjp/blog/static/58021001200862855632188/［访问时间］：2009-05-18.

采取“鸵鸟政策”，刻意回避媒体，而要准备充分的资料应对媒体访问，要避免向媒体挑战，要统一信息发布口径。在日常工作中，图书馆要同媒体建立长期合作关系，不断加深友谊。图书馆要特别重视对网络媒体的公关，因为相对于传统媒体，网络媒体的影响力度要大得多。

8.4.4　把守底线，合理抗辩

在“樊元武诉上海图书馆、清华大学、清华同方光盘股份有限责任公司、《中国学术期刊（光盘版）》电子杂志社、清华同方知网（北京）技术有限公司案”中，针对原告的指控，上海图书馆辩称：“图书馆系‘中国知网’用户，并非‘中国知网’分站；图书馆未提供‘中国知网’网上支付功能，仅在图书馆内部为读者提供在线浏览；图书馆在接到律师函后予以充分重视，并得知期刊社已按规定向原告支付了报酬。”❶ 在“殷志强诉金陵图书馆侵犯著作权纠纷案”中，金陵图书馆辩称：“图书馆向读者收取的费用是打印成本，不包含原告作品价值的成分，不构成著作权法意义上的营利。”❷ 这两家图书馆的抗辩都得到了法院的充分支持。有学者指出，合理抗辩是解决图书馆数字著作权问题的重要途径。❸ 在处理著作权危机中，图书馆要坚持“核心立场”

---

❶ 上海市第一中级人民法院知识产权判决书（2005）沪一中民五（知）初第字 306 号［OL］. http：//www.chinalawedu. com/news/17800/179/2006/10/zh12401957297201600225606-0. htm［访问时间］：2009-05-18.

❷ 原告殷志强诉被告金陵图书馆侵犯著作权纠纷一案［OL］. http：//www. civillaw. com. cn/jszx/elisorcase/content. asp? id＝31094［访问时间］：2009-05-18.

❸ 陈传夫，曾明. 信息获取侵权抗辩事由研究——兼论图书馆侵权抗辩对策［J］. 图书馆理论与实践，2006（2）：1-4.

法则与“最高利益”法则，对涉及图书馆和广大读者利益的原则问题毫不动摇，积极抗辩，争取最大权益。

8.4.5 寻求干预，权威支持

在处理危机的进程中，图书馆要注重寻求第三方干预（third party in tervention）。“第三方”往往是图书馆的上级领导部门、图书馆学术团体，以及有关方面的专家。第三方对著作权危机干预的目的在于起到催化、协调和认同等三种作用。催化作用是指第三方能在争执双方之间营造一种建设性的气氛，软化双方立场；协调作用是指通过第三方的工作确保谈判能够进行下去，并达成解决问题的协议；认同作用是指利用第三方的权威性发布信息，介绍图书馆对解决危机的态度和做法，澄清某些问题。就我国图书馆的现状来讲，在第三方的角色中，中国图书馆学会下属的“图书馆法律与知识产权研究专业委员会”应该积极介入图书馆的著作权危机管理，发挥权威效应。

8.4.6 尊重事实，承担责任

专家指出，在危机管理中的基本建议就是承认错误，并且尽量不要表现出过于自我保护，推脱责任。[1] 著作权危机发生后，面对权利人的责难，图书馆不要企图逃避责任，对于权利人再小的诉求与损失也要认真对待，把权利人的利益放在重要位置。图书馆要及时向权利人赔礼道歉，并在查明问题后向权利人作出合理补偿。否则，图书馆可能会有更大的损失。

---

[1] 不能逃避，不能躲藏：危机管理的新原则［OL］. http：//blog. sina. com. cn/s/blog5bdc64230100ckcm. html［访问时间］：2009-05-18.

8.4.7　处理善后，重塑形象

危机管理有句至理名言，就是“最危险、最容易犯错误的时候，往往是看似过去，而实际尚未过去的时候”[1]。著作权危机渐缓或者消解后，图书馆不能有丝毫的麻痹与懈怠，不能高枕无忧，不能认为从此万事大吉，如果“好了伤疤忘了疼”，只可能使危机重演。针对危机给图书馆员心理和图书馆形象造成的影响，图书馆要开展危机学习，深入分析危机发生的原因，总结应对危机的经验教训，并对管理、技术、组织、机制和队伍建设、读者教育等进行改革，提升图书馆保护著作权的能力和水平。这样，就可变危机为机遇，重塑图书馆尊重知识创造，维护权利人利益的形象，避免危机的再次发生。

附录

图书馆著作权管理工作细则

（供参考）

图书馆工作和著作权保护有着内在的关联性。从某种角度认识，保护著作权就是保护图书馆自己。因为保护著作权有利于增强图书馆员和读者的法制意识，防范与化解著作权风险，营造图书馆发展的良好氛围，有助于图书馆履行社会职能和提高馆藏绩效，还有助于促进著作权资源向图书馆的流动与科学配置。

---

[1] 魏加宁．危机管理十大禁忌［OL］．http：//news.cnfol.com/090112/1011598532474600.shtml［访问时间］：2009-05-18.

第一章　总　　则

第一条　图书馆郑重声明，尊重智力创造，尊重著作权，保护著作权，同一切侵害著作权的现象作斗争。

第二条　图书馆认真执行《中华人民共和国著作权法》、《中华人民共和国侵权责任法》、《中华人民共和国著作权法实施条例》、《计算机软件保护条例》、《信息网络传播权保护条例》、《著作权集体管理条例》、《最高人民法院关于审理涉及计算机网络著作权纠纷案件适用法律若干问题的解释》等法律法规，并严格按照与权利人达成的著作权使用协议办事。

第三条　图书馆是著作权制度的“均衡器”，具有协调著作权利益关系的重要作用，图书馆把著作权工作纳入议事日程，并使之常态化运作。

第四条　图书馆具有保障公众的信息获取权与受教育权的不可替代的功能，将在合法范围内为读者争取最大的使用著作权的利益。

第五条　图书馆扮演着使信息增值的角色，对自己享有著作权的作品/制品予以保护，并采取多种方式和措施使之发挥最好的社会效益和经济效益。

第二章　著作权管理组织

第六条　著作权管理组织是图书馆开展著作权管理的常设机构。借鉴国际图书馆界的先进做法和国内外图书馆应对著作权危机的经验教训，成立“图书馆著作权管理小组”。

第七条　著作权管理小组由馆长、副馆长、各部门主任和有相关著作权管理知识与经验的人员组成，必要时邀请馆外公共媒体、著作权顾问和学术团体参加。

第八条　参考国内外部分图书馆的做法，在著作权管理小组中设专人（可以是兼职）负责日常的著作权管理事务。

第九条　著作权管理小组的职能之一是制订著作权管理计划（评价、教育、交流、预案、协议、研究等），负责计划的实施、检查、反馈。

第十条　著作权管理小组的职能之二是负责起草制订著作权管理规章制度。

第十一条　著作权管理小组的职能之三是负责对著作权协议的审查。

第十二条　著作权管理小组的职能之四是开展著作权保护宣传教育。

第十三条　著作权管理小组的职能之五是组织开展馆藏著作权状态及使用授权策略和风险的评价。

第十四条　著作权管理小组的职能之六是开展著作权保护研究，促进学术交流。

第十五条　著作权管理小组的职能之七是应对著作权危机，开展著作权危机管理。

第十六条　著作权管理小组的职能之八是对新技术应用与新业务开展的风险性进行著作权评估。

第十七条　著作权管理小组的职能之九是认真总结著作权管理的经验教训，并向馆务委员会汇报工作。

第十八条　著作权管理小组每学期都要有工作计划，每学期定期召开两次会议，特殊情况下（比如著作权危机爆发）应随时召开会议。

第十九条　为了保证著作权管理小组正常运转，应建立相应的配套机制和制度。

第三章　著作权协议签订

第二十条　著作权协议不仅是调整权利人、图书馆、读者之间利益关系的法律文本，从法律风险角度考虑，更是维护图书馆、读者权利的依据。因此，图书馆无论是入藏传统载体文献，还是入藏电子文献，都必须在协议中单独设置著作权授权条款，或者另行签订授权合同，称之为“著作权授权协议”。

第二十一条　协议签订前，应对供应商的合法性和诚实守信程度进行调查与评价，考察其是否有过不良记录。要审查供应商是否有权利人的授权或者是著作权集体管理组织的授权，要了解其是否受到过著作权行政管理部门的处罚或者奖励。

第二十二条　协议签订前，要了解供应商是否遇到过著作权纠纷，是哪方面的纠纷，通过什么途径、以什么方式得到了解决。

第二十三条　在协议中，图书馆应坚持缔结一个集中的合同定义条款，以避免各方对法律术语理解上的歧义。

第二十四条　在读者定义条款中，要对读者的数量、类型和作品的传播范围进行明确的界定。

第二十五条　使用方式条款中，要明确图书馆享有的浏览、保存、下载，以及编辑、长期存档等权利。

第二十六条　协议中要明确购买模式与价格条款，明确支付的费用中已经包含了著作权使用费。

第二十七条　协议中必须要求供应商提供统计数据，以研究馆藏资源利用与著作权使用费支出之间的关系。

第二十八条　协议中要载明，在未经图书馆书面同意的情况下，禁止供应商将协议转让给第三方，以免发生著作权纠纷。

第二十九条　协议中必须要求供应商作出其提供的产品没有著作权瑕疵的担保。对于因为著作权瑕疵出现的问题，由供应商完全负责解决，并承担所有法律责任。

第三十条　协议中要明确，图书馆在尽到合理注意义务与技术保护义务的前提下，不为读者的侵权行为负责。图书馆不为由于战争、自然灾害、黑客入侵、系统故障等造成的著作权问题承担责任。

第三十一条　协议经著作权管理小组审查认可后才能由相关负责人签署实施。

第四章　著作权保护业务

第三十二条　图书馆多个业务环节（比如采编、流通、电子阅览、文献传递、参考咨询、信息导航、BBS服务、技术管理等）都存在着著作权保护问题，应针对不同岗位与技术的不同特点建立著作权保护制度。

第三十三条　著作权管理小组要向各岗位工作人员编制下发著作权管理手册，作为开展著作权管理的守则。

第三十四条　著作权保护施行岗位负责制。对于发生了侵权行为，受到权利人指控，并经查实的，将给责任人以必要的处罚。

第三十五条　对于有著作权授权协议的馆藏资源，图书馆要按协议约定严格办事。对于没有协议的馆藏，特别是电子馆藏的使用，图书馆要按照《中华人民共和国著作权法》第二十二条第（八）项、《中华人民共和国侵权责任法》第三十六条、《信息网络传播权保护条例》第七条、《计算机软件保护条例》第十六条、第十七条、第二十八条，《最高人民法院关于审理涉及计算机网络著作权纠纷案件适用法律若干问题的解释》等法规中的相关规定执行。

第三十六条　图书馆要严格按照《信息网络传播权保护条例》第十四条、第十五条、第二十条、第二十一条、第二十二条关于“避风港”的规定办事，尤其是要建立完善的“通知—删除”机制。

第三十七条　按照《信息网络传播权保护条例》第七条的规

定使用馆藏资源，要认真界定作品传播范围、作品的著作权状态、收藏权和所有权、精神权利保护、濒临损毁、存储格式已经过时等问题。要按照第十条第（四）款的要求，采取技术措施防止馆藏资源的超范围传播与违规下载。

第三十八条　图书馆按照《信息网络传播权保护条例》第七条的规定使用馆藏资源，不得从中得到直接或者间接的经济利益与物质利益。

第三十九条　对于提供BBS、博客、链接等特殊技术服务，图书馆要慎思谨行，要准备应对可能发生的著作权问题。

第四十条　使用本图书馆所购买的随书光盘之前，应仔细阅读并理解其所附带的说明，按说明要求正确使用。对于没有附带说明的随书光盘，只能按照《信息网络传播权保护条例》第七条、第十条第（四）款的规定条件使用。图书馆要创造条件，设置专门的随书光盘电子阅览室，对随书光盘集中管理和使用。

第四十一条　图书馆不向任何个人和单位（除非法律法规有明确规定）提供包含有作品内容的光盘，以及计算机软件等电子资源的出租、刻录等服务（除非得到权利人授权，或者是本图书馆享有著作权的作品/制品）。

第四十二条　对于拟作非法定合理目的的馆藏资源的使用，图书馆要通过多种方式获得授权，并签订书面的著作权使用或者著作权转让协议。

第四十三条　图书馆要加强同著作权集体管理组织的联系，注重发挥著作权集体管理渠道在图书馆获得授权中的积极作用。

第四十四条　如果图书馆有自主著作权的作品/制品，应该积极申请加入相应的著作权集体管理组织，通过集体授权提高其使用效益。

第四十五条　对于图书馆自行组织开发的著作权作品/制品，图书馆应事先同具体的创作者（自然人图书馆员）签订协议，以明确其是法人作品（单位作品）还是职务作品。

第四十六条　对于图书馆自行开发的职务性质的普通作品/制品，著作权由创作者（自然人图书馆员）享有，但是图书馆有权在其业务范围内优先使用。作品/制品完成两年内，未经图书馆的同意，创作者（自然人图书馆员）不得许可第三人以与图书馆使用的相同方式使用该作品/制品。

第四十七条　对于图书馆自行开发的计算机软件以及法律有特别规定的作品/制品，创作者（自然人图书馆员）只享有署名权，其他著作权归图书馆享有，图书馆视情况给予创作者（自然人图书馆员）精神、物质和经济奖励。

第四十八条　对于图书馆与馆外单位或者个人合作开发的作品/制品，或者图书馆委托馆外单位、个人开发的作品/制品，要在协议当中明确著作权的归属和行使问题。

第四十九条　著作权管理小组对重要著作权事务的处理过程要详细记录、存档、备考。

第五章　馆藏著作权评价

第五十条　馆藏著作权评价是图书馆按照著作权法既定的内容对实体馆藏和电子馆藏所涉及的著作权因素开展的评价活动，尤其是对电子馆藏著作权的评价正在成为新技术条件下图书馆的一项必不可少的工作。

第五十一条　馆藏著作权评价包括狭义和广义两个方面。狭义的著作权评价仅指对已有馆藏或拟入藏馆藏著作权状态的评价，广义的著作权评价还包括对权利人提出的授权条件、图书馆获得的权利种类、行使权利的风险以及相应的组织管理工作的评价。图书馆要把这两方面的评价结合起来开展。

第五十二条　为便于馆藏著作权评价的开展，应从著作权角度对馆藏资源类型进行划分。包括：受到著作权法保护的馆藏、不受著作权法保护的馆藏、未按法律规定获得著作权保护的馆藏、处于公有领域的馆藏、开放性馆藏、图书馆享有著作权的馆藏等。

第五十三条　馆藏著作权评价的内容包括：馆藏价值的评价（社会价值的评价、经济价值的评价）；馆藏著作权状态的评价（著作权取得方式的评价、著作权保护期的评价、馆藏作品类型的评价、著作权归属的评价、技术和管理信息评价）；获得权利种类评价（主要是信息网络传播权、复制权、发行权、演绎权、版式设计权、专有出版权、信息管理权、精神权利等）；授权条件评价（权利行使范围评价、使用限制评价、授权模式评价等）；著作权风险评价（法律适用风险评价、部分特殊类型资源的使用风险评价、著作权具体使用方式的风险评价等）。

第五十四条　原则上图书馆开展的任何基于新技术的新的基础业务和服务活动都要经过著作权风险评价后实施。

第五十五条　馆藏著作权评价要灵活采用单独评价，或者组合评价的方式进行，比如直观评价法、类比评价法、调查评价法、咨询评价法、委托评价法等。

第五十六条　馆藏著作权评价要采取科学的程序与步骤，包括明确馆藏著作权评价要达到的目的、选择拟评价的馆藏对象、著作权信息调查、授权条件分析、优化授权方案、协议谈判和协议执行、撰写馆藏著作权评价报告等。

第五十七条　图书馆要加强对馆藏著作权评价的领导、组织、规划和管理，建立馆藏著作权评价准则体系，积极开展馆藏著作权评价实践。

第六章　读者著作权管理

第五十八条　图书馆承担的著作权责任在很大程度上是因为读者利用作品中的违规行为而引起，如果说不能对读者利用馆藏资源的行为进行有效的著作权管理，要想避免侵权几乎是不可能的。国内外图书馆实践表明，特别是在数字技术条件下，必须把对读者的著作权管理放在突出重要的位置来对待。

第五十九条　读者登记注册时，应向其发放《图书馆著作权政策》，使之了解政策内容。对于利用电子馆藏的注册读者，图书馆应尽可能与其签订书面的著作权保护协议。

第六十条　对于未发表过的学位论文、手稿等敏感资料的使用，读者必须事前向图书馆作出保护著作权的书面承诺。

第六十一条　图书馆要在每种电子馆藏的页面上附加格式化的著作权政策，只有完全接受的读者才能进行下一步的利用操作。

第六十二条　图书馆要按照法规要求，完善著作权技术保护措施，防止计算机系统被侵入和数据被盗用、被篡改，防止电子馆藏被读者作不合理的传播和复制。

第六十三条　图书馆应通过制度、技术等多种方式对读者利用馆藏资源的行为进行监督，对违规行为给予及时发现和制止。

第六十四条　图书馆应对读者使用电子资源的信息进行完整保有 60 日。在侵权行为发生后有关部门介入调查时，或者应权利人要求提供时，应将这些信息及时、准确、完整地予以提供。

第六十五条　图书馆按照“通知—删除”程序删除，或者断开被控侵权材料后，又接到服务对象的通知要求恢复的，如果服务对象的通知符合法定要求，图书馆应该予以立即恢复。

第六十六条　针对 BBS 服务、博客服务等风险较大的服务活动，图书馆要制定特别的读者著作权管理方法。

第六十七条　开展读者利用馆藏资源的诚信管理，对违规行为记录存档，并对违规行为进行坚决查处。

第七章 著作权素质教育

第六十八条 图书馆员和读者的著作权素质影响着著作权管理的效果，著作权教育的目的就是要使更多的人知法、懂法、学法、守法、用法与护法。

第六十九条 著作权管理小组每年度要通过问卷答题、网络调查、座谈交流、知识竞赛等形式对馆员与读者的著作权素质进行一次深入调查，发现问题，提出对策，作出详细的著作权素质教育计划。

第七十条 由于馆员和读者使用馆藏资源的目的不同、方式不同、权限不同、责任不同，因此著作权素质教育一方面要针对不同的对象分别进行，另一方面要把二者结合起来开展。

第七十一条 对图书馆员著作权素质教育的途径主要是派出进修学习、业务讲座、学术交流等。从本馆实际出发，着重是抓好业务学习活动，要定期或不定期地请有关著作权问题专家给全馆人员讲解著作权的基本问题、著作权与图书馆的关系、传统图书馆和数字图书馆著作权问题的差别、著作权危机理论和案例、著作权保护法规、著作权终身教育、著作权保护对策等问题。

第七十二条 相对于图书馆员的著作权素质教育，对读者著作权教育的方法与形式应该更加多元化、简便化、实用化。

第七十三条 要建设好图书馆网站，通过网站宣传著作权知识，解答读者困惑。

第七十四条 要通过文献检索课开展著作权教育，争取学校在政策、经费、师资培养、教材建设、考试考核等方面的支持。

第七十五条 图书馆要着重加强对新注册读者的著作权教育活动。

第七十六条 图书馆员要注重在服务中加强对读者利用馆藏资源行为的指导，纠正其不良行为和习惯。

第七十七条　图书馆要向读者发放著作权保护宣传单、著作权保护手册，要通过板报、馆报等开展著作权教育活动。

第七十八条　图书馆应在文献传递、文献下载、文献复制等处设置警示标志，提醒图书馆员和读者保护著作权。

第七十九条　图书馆要不断创新著作权教育的方法、手段、内容、制度和机制，逐步提高著作权教育的水平。

第八章　著作权危机管理

第八十条　图书馆著作权危机是指各种原因所造成的在图书馆领域内著作权利益关系失衡而可能给图书馆声誉、形象、服务、管理以及经济利益带来影响的非常规事态，这是当代图书馆危机的主要类型之一。

第八十一条　著作权危机管理是图书馆管理的新型范畴，学会预防和处理著作权危机对图书馆领导者和图书馆员来讲都是一堂必修课。

第八十二条　图书馆著作权危机管理的日常工作由著作权管理小组承担，在处理危机的过程中称之为“著作权危机管理小组”。

第八十三条　图书馆著作权危机重在预防，其措施包括思想预防、组织预防、制度预防、机制预防等四个方面。

第八十四条　在思想预防方面，要着重加强对图书馆员的著作权危机教育，并把著作权危机教育和著作权素质教育结合起来，培养馆员完整、正确、科学的危机观。要通过专家演示、情景模拟训练、以案说法等方式增强图书馆员对著作权危机的心理准备与知识储备，提高处置危机的能力。

第八十五条　在组织预防方面，要发挥著作权管理小组的预警、评估、咨询、公关、协调等职能。

第八十六条　在制度预防方面，图书馆要逐步建立《图书馆著作权政策》、《图书馆馆藏著作权瑕疵防范与鉴别制度》、《图书馆使用著作权授权协议签订制度》、《读者利用馆藏资源著作权保护警示制度》、《图书馆收费服务成本核算制度》、《图书馆馆藏著作权状态评价制度》等。要针对不同的技术方法建立相应的著作权规则，比如《图书馆链接设置规则》、《图书馆提供 BBS 服务著作权保护细则》等。

第八十七条　机制预防包括五项内容。一是计划机制。要建立《图书馆著作权危机应对预案》。二是预警机制。要构建一套科学、完整、操作性强的评价体系，对图书馆著作权危机管理达到的水平和存在的风险进行评估。三是合作机制。图书馆本身缺乏应对著作权危机的所有类型的必要资源（人才、技术、信息等），有必要在合作基础上以资源共享来解决这方面的问题。四是技术机制。图书馆要尽到以技术措施保护著作权的义务与责任。五是问责机制。要建立《图书馆著作权危机问责办法》，追究引发著作权危机的当事人和部门负责人的责任。

第八十八条　著作权危机发生后要采取正确的方法予以消解，其基本原则是“正面应对，快速反应”、“以诚相待，谈判磋商”、“媒体友好，引导舆论”、“把守底线，合理抗辩”、“寻求干预，权威支持”、“尊重事实，承担责任”等。

第八十九条　著作权危机过后，要针对危机给图书馆员心理和图书馆形象造成的负面影响开展危机学习，深入分析危机发生的原因，总结应对危机的经验教训，并对管理、技术、组织、机制和队伍建设、读者教育等进行改革，提升保护著作权的能力和水平，变危机为机遇，重塑图书馆尊重知识创造、维护著作权的形象，避免危机的再次发生。

第九十条　国内图书馆界著作权危机的频发，透视出著作权危机管理人才的匮乏。“著作权危机管理人才”是比“著作权保护人才”更高层次的人才类型，他们不仅具有良好的保护著作权的意识和能力，而且具备科学的、整体化的危机管理观念与胜任危机管理工作的素养，能敏锐地感知、发现著作权危机信号，并作出正确的判断和管理行为，有效防止危机的发生，或者将危机带来的损失降到最小程度。图书馆应注重对著作权危机管理人才的选拔与培养。

第九章　著作权保护研究

第九十一条　图书馆著作权保护是著作权法规实践的一个专门领域，应该以其特有的理论成果为指导依据。

第九十二条　图书馆应积极支持对著作权保护理论的研究，在政策、人员、技术、设备、资金等方面给以适当倾斜。

第九十三条　著作权管理小组要把握技术创新、学术进展和立法动态，根据图书馆实践需求制订长、中、短期的图书馆著作权保护研究规划和具有可操作性的实施对策。

第九十四条　图书馆著作权保护理论研究的重点领域包括：著作权保护与图书馆的关系；新技术对著作权保护的影响；新技术条件下图书馆的著作权地位和法律责任；图书馆技术特点变化与其著作权问题的关系；著作权对图书馆业务和服务工作的制约；馆藏著作权评价的基础理论、方法和组织管理；图书馆授权模式创新；著作权制度的发展对图书馆的意义；图书馆数字著作权管理系统；读者使用馆藏资源的著作权管理；图书馆领域中的权益分配理论和制度；图书馆使用著作权授权协议的签订与履行；图书馆著作权危机的特点、成因、防范与化解；图书馆著作权保护经验交流和借鉴；图书馆著作权保护联盟；图书馆保护著作权的自律性对策等。

第九十五条　图书馆要及时总结著作权管理的经验教训，促进馆内岗位之间、部门之间以及同其他图书馆之间的沟通交流。

第三部分

图书馆使用著作权制度的立法变革

第9章 著作权补偿金制度在图书馆的建构

著作权资源一般以市场规律来配置，在著作权作品的外部性导致市场调节失灵时，就只能靠法律制度来解决相关的问题。这一点在近年来通过法律创新、自律强化、技术保护等途径化解图书馆数字著作权冲突的过程中得到了印证。然而，合理使用、法定许可、授权许可等著作权制度的变革似乎并不能使图书馆中存在的交织、复杂的涉及著作权利益的矛盾得到妥善协调，这就有必要把目光投向其他法律制度的建构与适用，尤其应该对著作权补偿金制度予以重视和研究。

9.1 著作权补偿金制度的理论基础

9.1.1 著作权补偿金制度的立法背景

权衡公益和私权的关系是著作权法的基本考量。由于著作权的根本目的不在于奖励作者，而在于保障公众从作者的创作中受益，❶ 因此传统著作权法把分散的、零星的私人复制当成例外情况来规定，这也得到了权利人的普遍认可。然而，20 世纪后半叶，当录音录像技术、静电复印技术出现并被广泛应用之后，私人复制的合理性受到了质疑，因为成本低廉的、操作便捷的、高品质的、个别的、少量的复制在社会总体上看就导致了大量复

❶ 吴汉东．版权合理使用制度研究［M］．北京：中国政法大学出版社，1996：47.

制，从而给权利人的利益造成损失。[1] 1955 年、1965 年，德国最高法院对 Grundig Reporter 案及 Personalausweise 案的判决推动了一种新的协调权利人与私人复制法律关系的制度的诞生，这就是"著作权补偿金制度"。据统计，目前世界上有 50 多个国家建立了著作权补偿金制度，联合国教科文组织和世界知识产权组织在相关文件中建议成员国以补偿金的方式对复制权进行救济。

9.1.2　著作权补偿金制度的理论基础

法律是社会关系的调节器，也是社会利益的平衡机制。[2] 在著作权补偿金制度产生之前，著作权授权使用制度与合理使用制度为平衡权利人和公众的利益关系起了重要的作用。[3] "授权使用"（Authorized Exploitation）是著作权制度的基本原则，"合理使用"（Fair Use）则是这项原则的特别例外；整部著作权法就是在寻求"授权使用"与"合理使用"之均衡。[4] 如果授权使用的成本过高，或者合理使用过于弱化权利人的利益，那么平衡就被打破了，就需要研究确定新的平衡支点。著作权补偿金制度的意义就在于为找到这个支点提供了新的理论方法。用美国法律经济学家、诺贝尔奖获得者科斯的"权利配置说"[5] 来解释，著作权补偿金制度认为权利人对其作品享有的专有权与公众享有的

---

[1] 张今．私人复制与著作权补偿金［J］．中国版权，2005（5）：23-25.

[2] 黄晓．补偿金制度：数字环境下的必然选择［J］．中国版权，2004（3）：12-15.

[3] 黄瑶，禹思清．著作权补偿金制度在我国的确立模式——以解决 P2P 文件共享技术侵权问题为视角［J］．电子知识产权，2008（7）：22-24.

[4] 章忠信．著作权补偿金制度之初探［OL］．http：//www. copyrightnote. org/paper/pacos. doc［访问时间］：2008-12-05.

[5] 黄晓．补偿金制度：数字环境下的必然选择［J］．中国版权，2004（3）：12-15.

使用权都具有“相对性”，法律对某种权利的绝对保护必然损伤另一种权利，不如转而达成妥协，通过合理的机制使权利人从授权不能而使法律赋予的权利落空变成得到切实的经济补偿，公众也在不必承担风险而使用作品得到自己所需的同时给权利人以应有的回报。这种双赢的结果正是著作权制度历来所追求的目标。

9.1.3 著作权补偿金制度的作用机制

从权利性质看，补偿金将权利人在私人领域已名存实亡的复制权转化成了报酬请求权❶，权利人无权拒绝他人进行的依著作权法所规定的合法范围内的复制行为，使用者亦无法主张其未用于复制目的而拒绝支付补偿金。❷ 所以，著作权补偿金制度的机理不在于“权利和义务相适应”的“形式公平”；而在于权利人获得合理补偿，进而鼓励创作，使全社会受益的“社会公平”❸。各国著作权补偿金制度的运作和分配都依照基本相同的模式：补偿金先支付给某个中央管理机构或组织，再由这个组织按照法定或者约定的方案在各个权利人代收组织之间进行分配，然后再由代收组织依照预先设计好的程序与方法将所征收到的补偿金分派给各位权利人。❹

补偿金制度的最大特点是“双向限制性”：一方面极大地制约了权利人的权利行使，使其绝对权利降格成为一种获得合理报

---

❶ 张今．私人复制与著作权补偿金［J］．中国版权，2005（5）：23-25.

❷ 曹世华．论数字时代的版权补偿金制度及其导入［J］．法律科学，2006（6）：143-151.

❸ 王迁．数字环境下私人复制补偿金制度的前景［J］．中国版权，2005（2）：21-22.

❹ 黄瑶，禹思清．著作权补偿金制度在我国的确立模式——以解决P2P文件共享技术侵权问题为视角［J］．电子知识产权，2008（7）：22-24.

酬的权利；另一方面又使公众利用作品的行为受到限制，使法律原本认同的许多合理使用行为变成了法定许可。其目的是使著作权资源得到优化配置，使著作权利益得到科学分配。补偿金制度还具有良好的灵活性，理论上可以对复制、录制行为之外的其他作品利用方式也建立补偿机制。补偿金制度不仅是著作权法在新技术发展环境中逐步完善的结果，而且必将应对更新技术的挑战。目前，一些国家的补偿金制度正在从模拟复制、模拟或数字录制向数字化复制、网络传播等领域延伸，以期得到适合于数字著作权保护要求的改造和完善。

9.2　部分国家的著作权补偿金制度

9.2.1　德国的著作权补偿金制度

德国于 1965 年起实施补偿金制度，是这项制度的鼻祖。德国的著作权补偿金包括复印版税和录制版税两大部分。复印版税的征收对象主要是包括图书馆在内的复印技术使用者和复印服务商。1985 年德国修订著作权法，开始对复印设备制造商、进口商、销售商和空白复印载体征税，从而为复印版税的收集开辟了新的道路，并被部分国家效仿。在录制补偿金方面，德国对录制载体和录制设备同时征税，可以主张报酬的权利人包括作者、音像载体制作者、电影制片者、艺术表演者等。

9.2.2　美国的著作权补偿金制度

美国的复印版税采取个别收费的办法向复印者征收。对于录制补偿金，征收的对象主要是数字化录音、录像的设备制造者、载体生产商和有关服务的从业者。1992 年，美国颁布《家庭录像法》，禁止生产、进口或销售没有安装“系列复制管理系统”

的数字化录制设备，对数字录制设备和数字录制载体设置了纳税条款。1995年，美国又颁布了《录音制品数字表演权法》，将制作录音制品的强制许可制度延伸到数字化传输中，使相关权利人从使用者那里得到了补偿金。

9.2.3 日本的著作权补偿金制度

1992年，日本开始实施《个人录音补偿金制度》，规定为个人使用之目的，用数字录制设备和数字录音载体制作唱片的人应当向著作权人、表演者和有关的录制者给予补偿金。受到该制度规范的数字录制设备和录制载体由日本内阁的指令来确定。1999年7月，日本又实施了《个人录像补偿金制度》，规定消费者使用数字录像设备、载体录制图像作品时，有义务向著作权人和邻接权人支付补偿金。这次由内阁指定的设备和载体为DV方式与D—VHS方式的数字录像设备及数字录制载体。

法国、奥地利、瑞典、瑞士、英国、西班牙、丹麦等国家都建立有著作权补偿金制度。应该说，以平衡公共利益和私人利益关系为核心，以协调社会公平与效率为目标的补偿金制度日益成为当今国际著作权立法的重要趋势。

9.3 著作权补偿金制度在图书馆的适用性

9.3.1 图书馆在数字著作权立法中的困境

图书馆界把走出著作权困境的希望更多地寄托于法律制度的调整。但是，新的数字著作权立法使图书馆在强大的著作权面前并没有看到前方的星光，相反却使图书馆活动可能陷入更加困惑与迷茫之中。就图书馆合理使用权利来讲，适用的范围非常严格，使得能够被使用的作品及使用方式都极为有限，这在《条例》第 7 条“公共文化机构合理使用”条款中得到了充分的体现。一方面，《条例》第 7 条把图书馆等公共文化机构合理使用作品的权利局限在“馆舍内”，但是即使没有这项规定，图书馆通常也可以在“馆舍内”以数字化方式使用作品，因为这是图书馆必定要求权利人授予的基本权利，否则图书馆购买作品就可能失去了原本的目的。另一方面，对于图书馆等公共文化机构在“馆舍内”合理使用数字作品的权利，《条例》第 7 条从多侧面进行了限制，其中部分问题的法律界限是由图书馆员自身所具备的知识、能力、经验很难判清廓明的，这就使得图书馆在决定是否行使这项权利时处于两难的境地。而且，《条例》还把最能发挥图书馆数字技术特点的数字复制外借、数字馆际互借排除在了合理使用范围之外。因此，《条例》第 7 条的规定，与其说是拓展了图书馆的权利，不如说是对图书馆权利的新制约。在这种法律背景下，需要创新立法理念、立法原则和立法技术，为图书馆基于数字技术的业务活动开辟新的使用著作权资源的法律道路，著作权补偿金制度作为波及越来越广泛的立法思潮应该受到我们的关注。

9.3.2　图书馆引入著作权补偿金制度的合理性

图书馆是著作权制度中的一种“均衡器”[1]，承担着保护著作权和促进著作权资源配置与使用的双重任务，其在著作权利益链条上的中介地位使得利益平衡的著作权立法思想在图书馆领域得到实现和具体化，这也是著作权法保护图书馆的法律基础。[2]

---

[1] 马海群．论公共图书馆的发展与著作权法的修改［J］．国家图书馆学刊，2000（4）：24-29.

[2] 黄先蓉．著作权法保护图书馆的理论研究［J］．中国图书馆学报，2000（3）：33-37.

但是，日新月异的技术革命使得图书馆这个利益“均衡器”发生了强烈的振荡，尽管权利人、图书馆都站在各自的立场上亮明了观点，甚至立法者有时对判断对立双方认识的正确性感到非常棘手，但是“均衡器”的确是失衡了，这才有了从法律、技术、自律等方面为解决相关问题的努力。著作权补偿金制度具有使图书馆这种利益“均衡器”恢复平衡状态的功能，其体现了“使用作品付酬”的法的基本正义原则，符合《伯尔尼公约》创设的权利设置“三步检验法”的立法传统，强调了利益主体的平等性，预防了因经济地位的悬殊而使不同的权利人针对同一类作品获得报酬的区别，以及不同的图书馆以同种方式使用同类作品支付补偿金的差异。另外，著作权补偿金制度可以使作品的效用通过图书馆的扩散活动得到实现和提升，权利人不必在授权、监督、调查、公正、诉讼、仲裁等事务中浪费精力、财力等方面的成本，图书馆与读者也免去了侵权之虞，使权利人与图书馆发生直接冲突的可能性降低。所以，图书馆具有使著作权补偿金制度生根的土壤、发育所需要的养分以及开花结果的空间，补偿金制度在这个领域是可以作为的。

9.3.3 图书馆相关制度的实践经验

如果从使权利人得到图书馆使用其作品经济回报的角度认识，那么以“公共借阅权制度”为代表的“著作权补偿金制度”早在全球 40 余个国家的图书馆得到实践，并为诠释图书馆的利益平衡功能作了注脚。虽然公共借阅权制度和著作权补偿金制度的立法动机、规范作品的利用方式和作品范围、补偿金的来源、补偿金的收取标准与分配原则及方法有着较大的区别，但是理论基础、本质、目的和运作机制是相同的，具有异曲同工之效，核心都是以“经济补偿”为手段来配置使用著作权资源。现在有的国家的公共借阅权制度已经涉足图书馆对数字作品的使用（比如，1999 年 2 月 25 日，德国联邦最高法院判定，图书馆可以不经权利人同意，以传真或电子邮件方式发送作品，但是必须向权利人支付相应数额的补偿金。根据这项判定，联邦政府与各州政府同著作权集体管理组织在 2000 年 5 月就部分类型作品数字化利用的补偿金问题缔结了协议)，传统的著作权补偿金制度也使部分数字录制设备受到规制（比如，德国于 2003 年 9 月修订著作权法，将补偿金制度的适用范围扩展至数字复制设备及空白数字存储媒体)。因此，完全能够借鉴公共借阅权制度与著作权补偿金制度的立法理念和原则，创建针对图书馆以数字方式使用作品的著作权补偿金制度。或者说，传统的公共借阅权制度、传统的著作权补偿金制度的立法与司法实践和学术研究为设置“图书馆数字著作权补偿金制度”已经进行了前期的积累，需要的则是在理性与科学态度基础上的创新。

9.4　建立图书馆数字著作权补偿金制度的意义

补偿金制度既同图书馆有关，又不完全符合图书馆的特点，尤其是图书馆以数字方式利用作品的情况。在图书馆建立补偿金制度，不是要照搬现有模式，而是要借鉴其立法思想。就目前图书馆在著作权面前所处的境况而言，应该更多地看到补偿金制度的积极效应，向立法机关提出建议，使其在图书馆领域得到适用与创新。

9.4.1　在图书馆建立补偿金制度是构筑新的利益平衡机制的需要

图书馆在著作权制度中的利益均衡功能的发挥有赖于著作权在图书馆中限制与反限制关系的和谐。如果说著作权限制体现了著作权法对作品使用者法定利益的保障，那么反限制则确保了权利人对其私人专有利益的维护。只有著作权限制和反限制在图书馆实现了真正的互动与协调，才能使利益平衡机制得以维系，才能使著作权问题得以解决。在图书馆引入补偿金制度，一方面可以弥补纯粹的合理使用而对权利人利益弱化的缺陷，另一方面又可以通过科学的制度设计不致使图书馆和社会背上沉重的经济负担，使著作权资源及其相关利益得到合理配置，从而实现著作权限制与反限制的统一。

9.4.2 在图书馆引入补偿金制度是现实法律制度比较选择的需要

学术界从调整著作权制度的角度提出了诸多解决图书馆数字著作权问题的观点。比如：有学者认为，应该扩大图书馆合理使用的范围。但是，从著作权不断扩张的立法路向看，图书馆无法寄希望于降低著作权保护水平，从法律制度中获得更多的合理使用的特权。即使未来的数字著作权立法，给图书馆合理使用的权利也不会十分宽泛。另有学者建议在图书馆引入公共借阅权制度。然而，公共借阅权制度的核心尽管也是经济“补偿”，但其目前规范的主要还是图书馆对纸质图书的公共外借，不能涵盖对作品的数字化利用。同时，在我国现阶段对公共外借这种大众普遍需求的服务施行公共借阅权制度，还会引起其他多种负面效应。反观补偿金制度，将图书馆复印、录制等利用行为纳入其调制的范畴，加之有些国家的补偿金制度本来就是针对数字技术而设立的，所以更贴近图书馆工作的实际，更宜于得到符合图书馆使用数字著作权特点的改造。所以，相比较而言，补偿金制度是解决图书馆数字著作权问题的最佳选择。

9.4.3 引入补偿金制度是图书馆业务法制化的需要

在图书馆工作中不仅要按照法律法规的要求切实保护著作权，而且图书馆工作本身也需要著作权法的保护。著作权法对图书馆的保护是通过明确规定图书馆在对作品利用中的权利、义务和责任来实现的，这是许多国家著作权制度的普遍做法。比如：有的国家的著作权法或著作权保护行政规章对图书馆的公共外借、超期罚款等行为赋予了相应的法律地位，这就使图书馆从事这些业务有了抵御著作权挑战的强有力武器。而在我国著作权制度中却找不到公共外借的合法名分，超期罚款也往往被认为是侵犯权利人出租权的行为。面向现代信息技术条件下的图书馆建设和读者服务的需要，图书馆对作品的数字化利用亟待寻求法律的庇佑。否则，图书馆的行为就失去了法律的约束，就会背负着巨大的著作权风险而无法顺利发展。通过建立和实施著作权补偿金制度，可以使图书馆的数字化复制、网络传输、搜索引擎查找、超链接和数据库建设等业务有法可依，为构筑数字信息服务体系营造良好的法律环境。

9.4.4 在图书馆引入补偿金制度是提高著作权使用效率的需要

如果不施行补偿金制度，按照现行著作权法的规定，图书馆对作品的数字化利用就要严格按授权程序办事，这就必会因各种缘由大大增加图书馆和权利人著作权交易的成本，甚至由于真正的权利人无法寻找或辨别，或国家与国家之间的法律冲突等使授权阻断。在正常情况下，使资源配置的效率最大化的问题由市场来决定，但是在市场决定成本高于法律决定成本时，这个问题就只能由法律制度来协调了。在解决图书馆数字著作权保护的问题上，这个制度就是补偿金制度，因为补偿金制度的本质是法定许可，一方面其并不割裂权利人与图书馆的经济联系；另一方面简化了授权程序，明显降低了双方在著作权交易中的支出，使授权的效率和成功率都得到明显的提高。

9.5 图书馆数字著作权补偿金制度体系

在没有实行传统的公共借阅权制度和传统的著作权补偿金制度的情况下，在我国为图书馆建立数字著作权补偿金制度的呼吁短时期内或许不会得到立法机关、权利人、社会公众以及相关补偿金支付义务主体的认同；即使这项制度能够得以确立并付诸实践，也必然会遇到各种困难。这除了开展著作权普及教育，加强对补偿金制度的宣传外，还在于从国情出发对这项制度进行科学的设计。

9.5.1 补偿金规范的作品利用方式

为了与公共借阅权制度相区别，尤其是为了解决图书馆的数字著作权问题，补偿金制度规范的应该是图书馆对作品的数字化复制、网络传播等行为。按照 1999 年 2 月 25 日德国联邦最高法院的认定，只要图书馆复制的目的符合著作权法的要求，即使权利人不同意，图书馆也可以传真复制品或电子邮件发送其作品，但是必须向权利人支付相应数额的补偿金，而且在作品以电子形式发送之后，图书馆应立即清除复制品的数字化文件。补偿金制度还应该对图书馆的音像制品外借行为予以规范，以摆脱出租权对音像服务的制约，这在其他国家早已有了先例。比如：日本著作权法一方面规定权利人享有出借专有权，另一方面又规定该项权利在图书馆的适用受到限制，图书馆外借音像制品无须事先取得权利人的许可，但是使用后必须向权利人支付一定的补偿金。

9.5.2　补偿金的来源

在国外，著作权补偿金主要来源于向复印者、复印服务提供者、录制设备和录制载体的制造商、进口商或销售商征税。与这些主体不同，图书馆的主体性质是公益性的，如果向图书馆直接征收补偿金，会使图书馆不堪重负，也有违国家的公共政策。补偿金应该来源于图书馆的设置者，按照“谁设置，设投入”的原则，各级政府应担负起支付补偿金的义务和责任；而图书馆作为依照政府授权行使相应公共职能的机构，不应为政府行为付费。在实施了公共借阅权制度的国家，补偿金由政府承担就说明了这一点。现在，经济并不发达的非洲小国毛里求斯也实施了公共借阅权制度，说明以“财力有限论”来否定政府应该承担的职责是站不住脚的。而且，许多国家正是由于实施了公共借阅权制度，才为有偿借阅活动提供了法律保障，增强了图书馆自身的造血功能。仅仅从补偿金的数额来讲，数字著作权补偿金可能会大大低于公共借阅补偿金，因为数字技术和网络环境虽然增加了侵权的机会，但同时扩展了作品市场，而技术的发展又使权利人保护著作权的能力得到内在的加强，这就可能使数字著作权补偿金的收费标准相对于公共借阅权的补偿标准来讲，不是提高，而是降低。

9.5.3　补偿金的管理机构

补偿金制度必须由具体的机构来管理和实施。比如：复印版税在美国的管理机构是“著作权结算中心”（CCC），在德国是“文字作品著作权集体管理组织”（VG—WORT）；在日本，录制版税由“家庭录音报酬管理协会”（SARAH）和“家庭录像报酬管理协会”（SARVH）专门管理。著作权集体管理组织在补偿金管理中的垄断性、权威性大都由法律明确规定。比如：德国著作权法规定，复印版税必须由著作权集体管理组织代收；在俄罗斯新著作权法中规定的以法定许可方式利用著作权和邻接权的情形，无一例外地都必须由著作权集体管理组织收取和分配报酬。我国的著作权集体管理机制尚不健全，应加快这方面的建设步伐。另外，图书馆界应该团结起来，仿照相关团体的做法，积极组建图书馆著作权联盟开展工作，这对补偿金制度的充分调研、科学立法、有效实施都是必要的。

9.5.4 补偿金的补偿机制

补偿机制存在着许可权体系和报酬请求权体系两种选择。图书馆补偿金制度宜选择报酬请求权体系，其特点是强调“补偿”，权利人没有禁止使用权，其核心权利为获得报酬权。在许多国家施行的公共借阅权制度采用的就是报酬请求权体系。我国《著作权法》和有关数字著作权保护的行政规章、司法解释都采用了许可权体系，赋予权利人在作品数字化、网络传播方面的绝对权利，建议从服务性质与社会使命出发，通过建立补偿金制度对图书馆做出例外的规定，变权利许可体系为报酬请求权体系。

9.5.5 补偿金的收取标准

著作权补偿金的收取标准在不同国家的法律制度中存在着明显差别。比如：在录制补偿金方面，德国是以每一录音及录像设备或录制载体规定固定金额的方式收取补偿金，而美国和日本则以销售定价的一定比例作为收取补偿金的标准。科学的补偿金收取标准应该以市场为基础，而不应由传播工具来决定。也就是说，收费标准必须以作品的被利用为充分条件，同作品被使用的种类、数量、时间等问题挂起钩来，这样才能体现出著作权法的公平和正义。就图书馆补偿金而言，可以借鉴公共借阅权制度“固定税费、适时调整、定点抽样、综合测算”的做法，相对精确地计算出图书馆以数字化复制、网络传播、链接等方式利用作品应付的金额，这在技术监控措施日益完备的今天是可以做到的。

9.5.6 补偿金的分配

补偿金的分配对象、分配办法和分配标准在不同国家的补偿金制度中并不相同。参考国外的做法，图书馆著作权补偿金的分配应该包括三大块：一是著作权集体管理组织管理补偿金的合理成本。二是对作者、表演者、出版者等权利人的补偿。三是建立基金会，比如作者养老基金（包括人寿保险和医疗保险等）、社会基金（补助生活困难的作者）、科学基金（支持优秀作品的出版）等。补偿金的分配原则是“保证管理成本、侧重智力创作、兼顾社会利益、法律明确规定、严禁随意分配、加强监督控制”。根据世界贸易组织（WTO）管理的《与贸易有关的知识产权协议》（TRIPs 协议）中的国民待遇原则，补偿金还应分给符合条件的外国作者。

9.6 相关问题的解决

9.6.1 克服思想认识上的羁绊

著作权补偿金制度是作为实现权利人经济利益和保障作品最终使用者利益的一种折中解决办法而出现的。[1] 如果把这项制度适用于图书馆，应该讲，无论是权利人还是图书馆，都不会将之当成首选的最佳方式，因为权利人提出“技术引起的著作权问题由技术来解决”，认为可以通过数字著作权管理系统来保障其最

---

[1] 张今．私人复制与著作权补偿金［J］．中国版权，2005（5）：23-25.

大利益；而图书馆指出在数字时代应继续保留其合理使用权利所具有的立法优先地位，要求无障碍地、以最小的成本分享著作权资源。但是，现阶段的技术发展水平、应用能力、普及程度还不足以承担起保护每位权利人作品著作权的重任，防不胜防的破坏、规避技术措施的解密行为会轻而易举地使权利人的期盼在瞬间化为乌有。对于图书馆，法律不可能使其合理使用权利得到无休止的扩张，即使权利范围有所拓宽，也往往以受到严格限制为前提。不仅如此，得到著作权法保护的技术措施还会使图书馆原本享有的合理使用权利蜕化成一纸空文。这种状况的结果是私人利益和公共利益都无法得到有效的实现。与其被动困守于技术和现行法律筑就的城池，不如另辟蹊径突破围城。在图书馆建立数字著作权补偿金制度不失为一个值得考虑的立法选择，当然不能照搬公共借阅权制度、著作权补偿金制度的旧有模式。尽管国际著作权条约没有把征收著作权补偿金当成发展中国家的一项义务来规定，但是对这项制度漠视和一味抵制却是不可取的做法，因为我们首先要解决的是国内著作权资源使用中的法律问题。

9.6.2　健全著作权补偿金的集体管理机制

著作权法的各个制度之间是密切相关、休戚与共的。著作权补偿金制度实施的效果，在很大程度上就决定于著作权集体管理制度的健全与否。因为补偿金的收取和分配都需要著作权集体管理组织的协调与运作。比如，各国著作权法大都规定，补偿金由著作权集体管理组织先收取，再分配给权利人，当然也有由权利人授权著作权集体管理组织代为处理者。补偿金收取后，或者由著作权集体管理组织直接支付给权利人，或者由相关的权利人团体再作下一步的分配。大部分实施著作权补偿金制度的国家，在该项制度建立之前已经存在着许多保护权利人利益的集体管理组织，在专门的著作权补偿金管理中心成立后，这些集体管理组织加入其中，由管理中心收取、分配著作权补偿金。❶ 著作权补偿金制度在我国适用的最大问题还是集体管理机制的不完善，已经和正在积极筹建的著作权集体管理组织可以作为收取补偿金的机构，但是在运作时应充分考虑到数字技术对著作权管理产生的影响，充分利用数字技术对著作权授权、作品使用监督的各种可能性，节约交易成本，提高工作效率，切实帮助权利人实现其经济利益。

9.6.3　认真处理补偿金制度与技术措施的关系

技术的发展对著作权补偿金制度的适用产生了影响，并引发了争议。比如，欧盟的态度非常明确，那就是要对所有数字作品征收补偿金，而美国则希望建立直接从使用者那里征收作品使用费的体制。也就是采用密码、电子水印等与网络技术相结合的著作权管理系统，使权利人根据作品使用状况和使用形式制定适当的价格，然后向使用者征收。对权利人来说，这是一种能获得更大利益的思路，还可以加强著作权管理业务的竞争，使模糊的权利分配更加明晰。❷ 这种观点或许可以作为反对在图书馆建立数字著作权补偿金制度的理由，因为相对于分散的、技术水平差距明显的、不易控制的私人使用，通过技术措施掌控图书馆对作品的使用情况要容易得多，况且不断提高的图书馆现代化水平也提供了使用著作权管理系统的可能性。但是，反观人类几次技术革命，权利人对自身权利的担忧、对于技术的反抗都没有阻碍技术的发展，而我们希望可以产生一种技术手段来一劳永逸地维护权

---

❶ 于婷．数字网络技术与版权保护［J］．中国版权，2008（3）：26-28.

❷ 曹世华．论数字时代的版权补偿金制度及其导入［J］．法律科学，2006（6）：143-151.

利人利益的梦想似乎并不必然会实现。❶ 所以，并不能预见，最终究竟会采用技术措施限制作品的传播和复制还是运用各种技术手段对作品实行全面开放。

从理论上讲，著作权法对技术措施的保护与导入著作权补偿金制度，并不是互不相容的。因为技术措施的保护在于确保权利人对作品保护的有效性，而著作权补偿金制度的作用则在于处理使用者利用作品对权利人所造成的特别损害。事实上，多数已经导入著作权补偿金制度的国家，也都同时存在这两种制度，只要复制补偿金仍然远远低于复制对权利人造成的损失，技术措施的使用就不能成为著作权补偿金制度不得确立的理由，即便是技术措施达到了有效保护权利人权利的效果时，补偿金制度也不是完全没有存在的空间。❷ 第一，解决著作权问题的路径应该是多元化的，补偿金制度无非是为权利人维护自身权益提供了一种新的思路。第二，权利人依靠技术系统对著作权的“个别管理”（Individual Management）有其自身难以克服的局限性，比如权利人不具备授权谈判过程中所需要的法律知识，谈判经验不足等。第三，虽然图书馆以数字技术使用作品的行为需要得到技术措施的监督，并可以此为收取补偿金的依据，但是权利人就保护技术在图书馆这种“特殊”利益机构的行使需要得到法律的允许，或者要得到国家有关部门的授权，其补偿金的收取费率、收取模式、分配方法需要得到补偿金制度的规制，而非权利人可以单方面强加于补偿金支付主体的，因为对著作权的过度保护必会动摇著作权制度本身的根基——著作权的行使让位于社会的需求。

---

❶ 黄瑶，禹思清．著作权补偿金制度在我国的确立模式——以解决P2P文件共享技术侵权问题为视角［J］．电子知识产权，2008（7）：22-24.

❷ 黄晓．补偿金制度：数字环境下的必然选择［J］．中国版权，2004（3）：12-14.

9.6.4 长期的努力与博弈

在图书馆建立数字著作权补偿金制度将是一个长期的、复杂的博弈过程。国际经验表明，凡涉及图书馆著作权问题的立法都走过了曲折漫长的道路。比如，公共借阅权制度在英国从讨论到正式立法经历了 20 年的时间。又比如，从 1935 年美国书籍出版者国家协会、美国学术团体理事会和社会科学研究委员会达成《绅士协议》(Gentieman's Agreement)，提出图书馆复制的相关原则，到美国 1976 年著作权法专门为图书馆使用版权设置第 108 条，用了 40 年。[1] 所以，数字著作权补偿金制度在图书馆的立法并非可以一蹴而就，况且即使这项制度能够得到确立，也不是一劳永逸的。但是，可以预见，著作权补偿金制度必然是技术不竭创新中协调权利人与图书馆利益关系的最重要的法律制度之一，只要著作权制度没有消失，只要私人利益和公共利益存在失衡，就存在对补偿金制度的需求。现在的工作就是作耐心的、全面的、深入的调查研究及翔实论证，适时提出完备的立法依据。

---

[1] 翟建雄．美国版权法中图书馆复制权的例外规定——第 108 条的历史考察［OL］．http//article. chinalawinfo. com/article/jrtj/article-display. asp? ArticleID=40596［访问时间］：2008-10-18.

第10章

合理使用权与著作权的冲突和协调

从2006年7月1日算起，图书馆对《条例》第7条的实践已经有了4年的时间。《条例》第7条赋予了图书馆以数字技术合理使用著作权的权利，所以一定程度地拓展了开展信息服务的空间。然而，图书馆在运用《条例》第7条中存在着诸多问题也是不可否认的，其中就包括在特定情况下对《条例》第7条的适用会出现图书馆享有的合理使用权与权利人享有的著作权的冲突。

10.1 《条例》第7条的立法

10.1.1 《条例》出台的背景

加入世界贸易组织前夕，中国在修订后的《著作权法》中确立了信息网络传播权的法律地位，意味着著作权保护水平向国际水准靠拢迈出了重要的步伐。2004年，在第15届中美商贸联委会上，中国政府表示将尽快完成国内立法，早日加入WCT和WPPT。2005年7月，在第16届中美商贸联委会上，中国国务院副总理吴仪代表中国政府郑重承诺：2005年前，国家版权局将起草《条例》报国务院审议，国务院法制办将之列为2006年一类立法计划，2006年5月底前完成国务院审议工作，2006年6月向全国人大常委会提出中国加入国际互联网条约的议案。

2004年11月，国家版权局成立了《条例》起草工作领导小组，并委托中国社会科学院、中南财经政法大学、北京大学三个专家小组分别起草专家建议稿，国家版权局在充分吸收专家建议稿的基础上形成《条例》（送审稿）草案文本。领导小组召开了5次全体会议和3次专题座谈会，广泛征求最高人民法院、公安部、信息产业部、教育部、文化部、广电总局等部委的意见，听取出版界、网络产业、软件产业、图书馆以及权利人代表的要求。国家版权局还委托信息产业部电信研究院通信政策研究所完成了《互联网发展进程与网络环境下著作权保护状况调查报告》。在此基础上，国家版权局和国务院法制办联合形成了《条例》（送审稿），并于2005年10月26日向国务院正式报送。

进入2006年后，国家版权局配合国务院法制办针对《条例》（送审稿）召开了专题论证会，对条款逐条审议。2006年2～3月，国务院法制办又多次与业界、专家和相关部门座谈，并再次征求外方意见，国家版权局均参加了这些讨论。

2006年5月10日，温家宝总理主持召开国务院常务会议，审议并通过《条例》（草案）。随后，温家宝总理于5月18日签署国务院第468号令，颁布《条例》，于2006年7月1日起正式施行。

10.1.2　图书馆界参与《条例》立法的行动与呼声

信息网络传播权的行使与限制同数字时代图书馆社会职能的履行有着内在的密切联系，所以国际上在20世纪80年代末90年代初掀起了关于图书馆著作权问题的讨论。我国图书馆界对数字著作权的关注起始于20世纪90年代中期，经历了萌芽阶段、初步认识阶段、探索阶段、深入研究阶段等时期。有组织化是图书馆界对著作权问题研讨的一个突出特点，以中国图书馆学会为代表的图书馆界始终跟踪着《条例》的立法进程，并对《条例》的出台施加了卓有成效的影响。早在2001年《著作权法》颁布之前，中国数字图书馆工程建设联席会议办公室就在《中国数字图书馆工程资源建设中涉及著作权问题的有关建议》中建议：

在“合理使用”中，增加反映中国数字图书馆工程方面的条款，在立法方面对工程的建设提供保障。

在凡涉及报刊、广播等的条款中，增加公益性网站（能涉及所有网站当然更好）的法定许可。

在制定网络著作权使用报酬标准时，应考虑将中国数字图书馆工程和社会上的商业性网站加以区别，大幅度降低收费标准。

签订资源共建协议，通过法律行为来确定数字图书馆工程中的著作权归属。

2005年，中国图书馆学会第7届一次理事会审议通过了《关于网络环境下著作权问题的声明》，表明中国图书馆学会认同并支持国际图联关于著作权问题的如下立场：

和谐的著作权有利于每一个人；实现著作权平衡是图书馆的职能之一；数字作品与传统作品没有本质的不同；图书馆的公共借阅促进了知识和信息的传播与普及；图书馆不为第三方承担侵权责任。

声明呼吁我国著作权保护应该特别关注、妥善解决如下三大问题：著作权立法应充分行使国内立法权；实现信息网络传播权保护与限制的平衡；设计和制定简便易行的许可使用协议制度。

声明提出如下豁免条款：公益性图书馆局域网络信息传播相对于信息网络传播权的例外；公益性图书馆对学校教学所需教学资料的复制与网络传播豁免；公益性图书馆建设信息导航系统链接网络资源与网络传播豁免；公益性图书馆采取网络传输方式进行限量馆际互借的豁免；作为网络信息提供者的公益性图书馆因第三方侵权引发纠纷的责任豁免。

2005年10月30日，中国图书馆学会通过正式渠道向国务院法制办公室提交了《条例》（草案）的反馈意见，摘要如下：

《条例》（草案）第4条第（5）项规定，公共图书馆通过本馆的网络阅览系统供馆内读者阅览本馆收藏的已经发表的作品，可以不经权利人许可，不向其支付报酬，但该阅览系统不得提供复制功能，并且应当能够有效防止提供网络阅览的作品通过信息网络进一步传播。中国图书馆学会认为，设置此豁免条款的出发点是允许所有非营利公益性图书馆享有这项特权。因此，关于"公共图书馆"的法律含义需要明确或者加以扩展才更为恰当。建议将《条例》（草案）中的"公共图书馆"改为"公益性图书馆"或者"非营利性图书馆"，从而使本条款的限制或例外适用于所有提供社会公益性服务的图书馆。

《条例》（草案）第 7 条规定，除权利人事先声明不许使用的外，公共图书馆符合下列全部条件的，可以不经其许可，通过本馆的网络阅览系统供馆外注册读者阅览本馆收藏的已经出版的图书，但应当指明作者姓名、作品名称和出处，按照法律规定支付报酬，并且不得侵犯权利人依法享有的其他权利。中国图书馆学会认为，该条款的进步意义在于为符合要求的图书馆提供馆藏图书的数字浏览设置了法定许可，便于读者通过图书馆的网络阅览系统远程阅读馆藏图书。不足之处是本条款关于图书馆将馆藏作品提供网络传播时支付报酬的规定过于简单，需要对图书馆支付报酬的方式、标准、计费因素加以细化。最值得细化一点的是"按照规定支付报酬"应该和图书馆收藏该作品纸质文本的复本数量挂钩。只有通过网络提供的数字文本超过了本馆收藏的该作品纸质文本的数量，或超过了本馆一般提供的借出阅览作品的数量，超过部分才谈得上"支付报酬"。

2006 年 2 月 24 日，中国图书馆学会收到国务院法制办公室发来的《信息网络传播权保护规定》（以下简称《规定》）（征求意见稿）后，在通过书面和专题研讨会两种方式征求了界内专家意见的基础上，向国务院法制办阐述了下列主要观点：

图书馆界内专家认为，从总体上看，《规定》（征求意见稿）

和《条例》（草案）相比，在平衡作者、作品的利用人和社会公众之间的利益关系方面出现了倒退，对社会公共利益的保障弱化了，对普通百姓知识和信息获得权利的保障弱化了，维护信息公平、信息保障的功能弱化了。

建议将《规定》（征求意见稿）第 4 条第（4）项修改为：图书馆通过本馆的信息网络向注册读者提供本馆收藏的合法数字化的作品，但应当能够防止该作品通过网络向注册读者以外的其他人提供。

《规定》（征求意见稿）第 6 条从表面上看行为主体大大扩展，包括了图书馆在内的所有自然人和法人，但实际上对作为公益性机构的图书馆公共传播已经没有意义。其一，图书馆的信息传播是“免费”的，但本条规定“应当按照规定支付报酬”，却又没有把需要支付报酬和图书馆购买的该作品的复本数（并发用户）挂钩。若此，图书馆如果通过信息网络向馆外注册读者传播馆藏作品，就需要对权利人“二次付酬”。如果是自然人或商业性公司，要求其传播既“免费”，又要“支付报酬”，除非是在做慈善事业，有谁会去做这样的事情？其二，公共图书馆的设置者是各级政府。在各级各类图书馆购书经费普遍短缺的情况下，在目前中国的社会经济发展水平上，各级政府是否准备为图书馆的网络传播“支付报酬”增拨专门的经费？如果不是，图书馆通过信息网络向社会公众传播知识和信息的功能在《规定》的制约下就会丧失。图书馆丧失了这样的功能，并不是图书馆利益的损失，实际上是政府维护信息公平、保障普通百姓知识和信息获得权利实现的责任的丧失，是一种维护面向大众的信息获得、信息享有的社会机制的丧失。其三，该条中规定的两个条件没有可操作性，事实上是没有给自然人或法人以法定许可或合理使用的豁免。怎样确定“已经脱销”并且“出版者拒绝重印、再版”？在“按需出版”渐成气候的趋势下，“脱销”现象还会存在吗？这一条表面上是权利限制条款，实际上任何人要想确定“已经脱销”并且“出版者拒绝重印、再版”所需要的成本，都要比直接获得作者授权更大。

正是由于以中国图书馆学会为代表的中国图书馆界的积极努力，才使得最后《条例》的部分条款呈现出有利于图书馆服务的一面，体现出图书馆不辱公共利益代言人的崇高使命。虽然《条例》对图书馆法律空间的扩展有限，但是图书馆界的呼声已经引起全社会的关注，这将有助于图书馆继续参与立法、引导立法。

10.2 《条例》第 7 条的法律界限

各国著作权制度对图书馆等公共文化机构合理使用数字著作权问题大致采取了“严格限制”或者“限制加反限制”的立法模式，前者以美国、日本法为代表，后者以欧盟、澳大利亚和加拿大法为代表。《条例》第 7 条借鉴“限制加反限制”的立法经验，在我国首次将图书馆等公共文化机构的合理使用权利延伸到了数字技术条件与网络环境之中，意义重大而深远。

10.2.1 《条列》第 7 条设定的权利行使主体

《条例》(草案) 第 4 条第 (5) 项仅规定“公共图书馆”是行使合理使用权利的主体。对该项规定的争议主要集中在两个方面：第一，对“公共图书馆”的界定问题。比如，中国图书馆学会认为，如果只把合理使用权赋予“公共图书馆”，就会把大学图书馆、科研图书馆等排除在外，不符合社会公众利用作品的实际情况，并通过解读有关国际组织对图书馆的定义，建议扩大“公共图书馆”的外延。还有图书馆学者认为，只要不从合理使用作品中营利的图书馆都应该成为这项规定的主体，提议把“公共图书馆”改为“图书馆因非营利性目的”。相对于《条例》（草案）第4条第（5）项的规定，1998年美国《跨世纪千年著作权法》(DMCA)使用了“非营利性图书馆”的概念，而在2000年澳大利亚《著作权法修正案（数字日程）》（the Copyright Amendment〈Digital Agenda〉）中更是直接使用了包容性最广泛的“图书馆”的表述。《条例》第7条最终授予所有类型的图书馆合理使用权，看来是接受了图书馆界的意见，并受到了其他国家立法的影响。由于档案馆、纪念馆、博物馆、美术馆等公共文化机构与图书馆具有类似的公共服务的职能，而且已经购买了部分数字作品，并对损毁、丢失或者存储格式已经过时的作品进行了数字化保存，于是《条例》第7条将合理使用的权利主体扩大到了这些机构。第二，公共文化机构合理使用数字著作权的立法依据问题。有学者认为，不论是我国《著作权法》还是《关于制作数字化制品的著作权规定》等法律法规，都没有授权图书馆等公共文化机构可以不经权利人许可对作品数字化或数字化后上网传播。但是应该看到，2001年10月《著作权法》没有设置对信息网络传播权限制的条款有其特殊的背景。一方面，信息网络传播权的立法涉及社会多方面的利益，需要在充分论证的基础上，对各种利益关系进行权衡、选择、取舍，不宜操之过急。另一方面，国际上对信息网络传播权的立法差异明显，尚没有十分成功的先例，理论研究存在明显分歧。所以，《著作权法》第58条规定，信息网络传播权的保护办法由国务院另行规定，这就为对该权利限制的立法留下了伏笔。《条例》第7条的另一个立法依据在于，世界知识产权组织《著作权条约》第10条的议定声明规定，允许各国运用立法自主权，把模拟环境中的合理使用规则延伸到网络空间，也可以建立适合于数字技术的新的权利限制条款。我国必将加入世界知识产权组织《著作权条约》，在著作权立法方面要遵从该条约的有关原则。

图书馆是一个上位概念，包括传统图书馆和数字图书馆，档案馆、纪念馆、博物馆、美术馆等公共文化机构也可以此方式分类。但是需要明确的是，《条例》第 7 条规范的是传统的图书馆、档案馆、纪念馆、博物馆、美术馆等公共文化机构以有限的数字技术方式合理使用作品的行为，这类机构有固定的工作场所，服务有时间、数量方面的限制，而并不对纯粹的以技术起家的“真正意义上”的数字图书馆、数字档案馆等利用作品的行为进行规范，在线远程传播、下载、导航、馆际互借等都不属于合理使用的范畴，传统图书馆应用数字技术从事的类似的利用作品的行为的合法性同样不受到《条例》第 7 条的承认。

10.2.2　《条例》第 7 条规定的作品使用范围

法律制度保护著作权的基本办法就是赋予权利人控制其作品的使用权，使其有能力在特定的地域内，许可或禁止用户对其作品的各种方式的使用。在模拟技术环境中，图书馆等公共文化机构把作品定向性地外借给特定的用户，这种“由点到点”的作品传播虽然在一定程度上可以成为用户购买作品的一种替代，但是并不对图书销售的潜在市场造成大的负面影响。所以，法律一般不对模拟技术条件下公共文化机构外借作品的范围以及并发用户数量进行限制，公共文化机构使用作品适用“权利穷竭原则”(在有的国家，权利人可以因为自己的作品被图书馆外借而从公共借阅权制度中得到经济补偿)。然而，在网络环境中，借助于数字技术，图书馆等公共文化机构对作品的传播方式是“由点到面”，作品的流通范围之大、受众之多，都非“由点到点”的传播方式可比，这时原本那种分散的、个别的，甚至是可以忽略不计的用户对作品的利用再不能不受到法律的制衡，因为“网络阅读集成效应”对权利人利益构成了威胁。1999 年，国家图书馆对网上用户进行了一次调查活动，有 17.82%的用户声称阅览

"网上图书"后，就不会再购买印刷型图书。❶ 有学者据此得出网络传播不会过大地影响图书销售的结论，但是事实上这已经制约了图书潜在市场的扩展；而且可以预测，随着网络的普及和网上信息资源的丰富，因能得到网络图书而不去购买印刷型图书的用户的比例会大大增加，这对权利人利益的损害不容低估。

《草案》第4条第（5）项把合理使用的范围限制在"本馆的网络阅览系统"和"馆内读者"。这种规定的问题是：第一，"本馆的网络阅览系统"既可以指限于图书馆局域网内的阅览系统，也可以指"本馆的网络阅览系统"延伸到的覆盖地域更大的系统。比如，在图书馆局域网之外而校园网之内的用户通过"图书馆的网络阅览系统"利用作品是否合理就应该得到界定。第二，如果能够明确"本馆的网络阅览系统"指的是"图书馆实体建筑内"或"校园网内"，即系统的地域范围得到界定之后，"馆内读者"自然是明确的，但是如果系统的地域范围不能从法律上得到划定，那么可以认为"馆内读者"并非专指"在图书馆实体建筑内的读者"，只要在图书馆登记注册（包括通过远程注册）的用户都可以认为是"馆内读者"。经过《条例》第7条修正后，"本馆的网络阅览系统"和"馆内读者"改为了"本馆馆舍内服务对象"的表述，即图书馆等公共文化机构以数字方式合理使用作品的范围是"物理馆舍"，这也是对美国DMCA的借鉴。

10.2.3 《条例》第7条框架内的使用作品方式

按照《著作权法》第22条第（8）项的规定，图书馆等公共文化机构合理使用作品的方式仅仅为"模拟复制"，即为"陈列或者保存版本"目的需要把作品从一个模拟载体复制到另一个模

---

❶ 刘青，黎宇贞．数字图书馆版权利益平衡机制探讨［J］．图书与情报，2007（1）：95-100.

拟载体。《条例》第 7 条则对图书馆等公共文化机构合理使用作品的方式作了扩展，包括“局域网传播”、“数字化复制”、“数字化复制加局域网传播”等三种。其中“数字化复制”又有“从模拟载体到数字载体的复制”与“从数字载体到数字载体的复制”两种类型；相应地，“数字化复制加局域网传播”又可以分成“从模拟载体到数字载体的复制加局域网传播”和“从数字载体到数字载体的复制加局域网传播”。

按照《条例》第 7 条的规定，“局域网传播”适用于图书馆等公共文化机构本馆收藏的“合法出版的数字作品”和“为陈列或者保存版本的需要以数字化形式复制的作品”。“合法出版的数字作品”是指有出版资质的出版机构出版的以数字载体存在的作品，国家禁止出版的作品不受保护，内容包括计算机终端可以读取的电子图书、电子期刊、光盘信息等。“从模拟载体到数字载体的复制”与“从数字载体到数字载体的复制”的限制条件是“作品已经损毁或者濒临损毁、丢失或者失窃，并且在市场上无法购买或者只能以明显高于标定的价格购买的作品”。对于“从数字载体到数字载体的复制”的作品，还必须是“存储格式已经过时”。无论是“从模拟载体到数字载体的复制”的作品，还是“从数字载体到数字载体的复制”的作品，都可以在“物理馆舍内”传播。按照《条例》第 10 条第（2）项、第（4）项的规定，图书馆等公共文化机构合理使用作品要保护权利人享有的“信息注明权”，要采取技术措施防止用户的非法复制。

10.2.4　《条例》第 7 条规范的作品载体类型

《条例》（草案）第 4 条第（5）项规定，图书馆合理使用的作品是“已经发表的作品”，没有对作品的载体类型予以限定，可以认为无论作品是以模拟载体存在，还是以数字载体存在，图书馆都能按合理方式使用；即不仅可以把原本以数字载体存在的作品在局域网内传播，而且可以把原本以模拟载体存在的作品数字化后在局域网内传播。但是，《条例》第 7 条对图书馆等公共文化机构合理使用的作品的原始载体分别作了“数字载体”和“模拟载体”的规定，适用于不同的条件。

对于《条例》第 7 条规定的原始载体就是“数字载体”的作品，图书馆等公共文化机构将其在局域网内传播一般无须经过数字化复制的步骤；但是对于“存储格式已经过时”的数字作品的局域网传播，数字化复制则可能是必经的技术程序。《条例》第 7 条中规定的原始载体是“模拟载体”的作品，是指“已经损毁或者濒临损毁、丢失或者失窃，并且在市场上无法购买或者只能以明显高于标定的价格购买的作品”。图书馆等公共文化机构在对这类作品进行局域网传播之前，要对其先行数字化复制。❶ 图书馆等公共文化机构“为陈列或者保存版本的需要”而数字化复制和局域网传播的作品，目前占的馆藏量虽然很少，但是随着时间的推移会逐渐增多，对其合理使用的价值将日益显现。

10.2.5 《条例》第 7 条未明确问题的解决办法

《条例》第 7 条存在着一些悬而未决的法律问题。比如，“作品收藏权”和“作品所有权”发生冲突时如何协调；什么是“间接经济利益”，什么是“直接经济利益”；以及“濒临损毁”、“存储格式已经过时”、“在市场上无法购买”、“明显高于标定的价格”的鉴别标准是什么等。在无法律依据的情况下，图书馆等公共文化机构对作品的使用难免出现随意性，或是冒着风险去试探法律的底线。比如，《条例》第 7 条赋予图书馆等公共文化机构合理使用的权利是建立在“本馆收藏权”的基础之上的，但是对

❶ 张慧霞.《信息网络传播权保护条例》有关图书馆的规定解读 [J]. 电子知识产权，2007 (1)：36-39.

于“寄存作品”的数字化使用是否能以“本馆收藏权”为理由呢？按照著作权原理，寄存在图书馆等公共文化机构的作品，所有权和著作权均属于作者本人，作者并不放弃对其作品的所有权与处置权，而且作者可以在国家法律范围内任意处置和变更这两种权利，图书馆等公共文化机构不得干涉。若寄存作品涉及个人隐私、名誉以及第三者的权益，图书馆等公共文化机构对其使用就更不能按自己的意志办事。如果在未与权利人协商的情况下，图书馆等公共文化机构就以“本馆收藏权”为由对这类作品进行数字化利用，权利人在得知此事后却以享有“所有权与处分权”予以否定，就会出现纠葛。又比如，如果图书馆出于保存版本的目的，用数字技术对认为是存储格式已经过时或认为是“孤本”的纸质作品进行复制，而权利人却认为该作品的存储格式没有过时或认为被复制的作品不是“孤本”，该怎么办呢？

《条例》第 7 条中有一项表述为“当事人另有约定的除外”的“特殊规定”。之所谓“特殊”，是因为同样是关于合理使用问题的规定，而《著作权法》第 22 条、《条例》第 6 条中都无相同或相似内容。这项规定的原本目的主要有两个：第一，如果图书馆等公共文化机构已经就收藏的作品的数字化使用问题与权利人达成了协议，那么应当遵守双方的约定。第二，图书馆等公共文化机构在《条例》第 7 条的法定条件内对作品的数字化使用，权利人没有“事先声明禁止权”，即侧重于对公共利益的保护。进一步分析，图书馆等公共文化机构可以利用这项规定，同权利人协商解决《条例》第 7 条中未明确规定的法律问题。

10.3 《条例》第7条框架内合理使用权与著作权的冲突

10.3.1 作品的网络发表

发表权是权利人“决定作品是否公之于众的权利”，是我国《著作权法》赋予权利人享有的著作人身权中的第一种权利，高于《伯尔尼公约》、《与贸易有关的知识产权协议》（TRIPs协议）的保护水平，凸显了发表权的重要地位。❶ 按照《关于审理著作权民事纠纷案件适用法律若干问题的解释》（以下简称《解释》）第9条的规定，“公之于众”是指权利人自行或者经权利人许可将作品向不特定的人公开，但不以公众知晓为构成条件。理论界认为，所谓“不特定的人”是指对权利人的作品没有法定或者约定保密义务的人，但不能以人数的多寡为判断标准，将作品向无保密义务的人公开即为发表。

《著作权法》对发表作品的方式、渠道、手段、范围等没有限定，只要符合“向不特定人公开”的条件就属于合法的发表。网络被称为“第四媒体”，将作品放在网络上传播，是将作品置于不特定的人或者特定的多数人在任何时间（相同时间或不同时间）、地点（相同地点或不同地点）可以接触的状态，所以应该视为“发表”。换句话说，把未发表的数字作品或者以传统载体存在的作品数字化后在网络上向不特定的人公开就是发表作品的一种方式。权利人享有自己或者经其许可将作品通过网络向不特定的人公开的权利，即“网络发表权”。

网络发表权同样具有“权利穷竭”的特征，行使一次即告用

❶ 王程．未发表作品的权利探析［J］．法商论丛，2009（6）：139-140.

尽，此后同一作品在网络上的传播不再构成发表。与传统发表权一样，网络发表权可以被继承行使，或者法律法规明确规定由权利人以外的自然人、法人或者其他组织来行使。

10.3.2 图书馆的合理使用权

法律之所以保护权利人对其作品享有的专有权，是因为社会期望从这种制度中得到实际的利益。于是，对著作权这种私权的行使在特定情况下应该让位于公共利益的需要，这是图书馆享有合理使用权的法理基础。但是，图书馆对传统著作权的合理使用一般仅限于对作品为“陈列”或者“保存”目的而进行的复制，比如《著作权法》第 22 条第（8）项的规定，权利人利益不会因此受到损害，更不会对图书馆工作领域的著作权利益平衡关系形成大的扰动。

面向网络环境，各国对立法作了调整，使得图书馆合理使用的权利有了延展。这又分成两种情况[1]：其一，规定图书馆为了保存版本的需要制作数字复制本的合理使用，基本没有规定网络传播的合理使用。其二，在规定图书馆为了保存版本的需要制作数字复制本的合理使用的同时，规定了有限的网络传播合理使用。《条例》第 7 条主要是参考了第二类立法经验，一方面赋予图书馆为保存和陈列目的合理的数字复制权利；另一方面图书馆能够在法定限制条件下将作品上载到馆舍内的局域网中传播，向用户提供使用。

无论是《著作权法》第 22 条第（8）项，还是《条例》第 7 条，对图书馆合理使用作品的对象都作了明确界定，即必须是“本馆收藏”；图书馆既不能以合理使用的名义为其他图书馆复制

---

[1] 张建华．信息网络传播权保护条例释义［M］．北京：中国法制出版社，2006：31-32.

本馆收藏的作品，也不能以馆际互借等目的为幌子去复制其他图书馆收藏的作品。至于什么是“本馆收藏”,《著作权法》和《条例》都未明确，一般认为“本馆收藏”泛指本图书馆的馆藏，即凡经过收登、分类、著录、编目、典藏等业务环节之后进入图书馆馆藏体系的文献资料，但是不以图书馆是否拥有对作品的所有权为依据；比如对于寄存文献，图书馆就不拥有所有权，但却是属于本馆馆藏无疑。

10.3.3 立法悖论与权利冲突

由于《条例》第 7 条用“和”字将“合法出版的数字作品”与“为陈列或者保存版本的需要以数字化形式复制的作品”作了并列表述，所以图书馆不仅可以对作品开展数字化保存，而且能够在法定条件下对作品进行“馆舍内”的有限的网络化传播，这是《条例》第 7 条比较于《著作权法》第 22 条第（8）项的最主要创新点。

如果说图书馆为陈列与保存版本的目的对作品数字化不会受到权利人质疑的话，那么图书馆按照《条例》第 7 条设定规则将作品上载到“馆舍内”的局域网中传播，则可能造成图书馆享有的合理使用权与权利人享有的著作权的冲突，引发法律纠纷，造成《条例》第 7 条适用障碍，这主要出现在图书馆对“未发表”作品使用的情况下。正如前文分析的，网络传播是发表的一种途径，图书馆没有征得权利人许可就将未发表的作品上载到馆舍内的局域网中传播，构成对发表权的行使。这样，矛盾就出现了：《条例》保护图书馆的合理使用权，《著作权法》保护权利人的发表权，那么何种权利该得到优先保护呢？《条例》的效力低于《著作权法》，图书馆的合理使用权能对抗权利人的著作权吗？如若不能，那么图书馆的行为是否构成对发表权的侵犯呢？图书馆又是否要为此承担法律责任呢？果真如此的话，让图书馆为认真遵守《条例》第 7 条的规定承担责任，又岂能讲得通呢？

或许，《条例》第 7 条的规定隐含着图书馆的合理使用权可以对抗权利人的著作权的立法用意，目的是保护公共利益，即只要是本馆的馆藏，图书馆就可以排除著作权的阻碍，将未发表的作品上载到馆舍内的局域网中传播而无侵权之虞。按照《条例》第 7 条的规定，即使权利人对其未发表作品有“未经许可，不得通过网络传播”的声明，也不会对图书馆的合理使用权有任何影响。但是，如果认为《条例》第 7 条是对发表权的一种限制，新的问题又会出现。因为我国对合理使用采取的是“规则主义立法模式”，合理使用由精确的清单构成，清单之外的著作权利用行为不会有合理使用的法律地位，所以图书馆一旦受到权利人的指控，还很难以合理使用为由免责。

10.4　法律调整与矛盾化解

在《条例》第 7 条的框架内，解决图书馆的合理使用权与权利人的著作权的冲突，最好的办法是对未发表作品的著作权开展合同化管理，这符合《条例》第 7 条中“当事人另有约定除外”的这项其他合理使用条款中所没有的特殊规定的要求。然而，在图书馆与权利人有合同约定的情况下，图书馆事实上放弃了自己的合理使用权利。对于所有权和著作权都归属于权利人的作品的利用（比如寄存馆藏），图书馆尤其要注重与权利人签订书面的管理合同。虽然按照我国《中华人民共和国合同法》的规定，对物的寄存可以采用非书面的合同形式，但是这不利于纠纷（包括著作权纠纷）的解决。所以，对于未发表的作品的著作权管理，图书馆一定要与权利人订立书面的合同。就寄存文献来讲，即使图书馆和权利人签订有针对文献实体的书面的保管合同，最理想的做法也应是在合同之外另行专门签订一份著作权使用合同。

立法造成的权利冲突要由法律法规的创新来解决。比如，能否确认图书馆在本馆馆舍内的局域网中传播未发表作品的行为构成“发表”的关键是判断“馆舍内的服务对象”是否属于《解释》第 9 条规定的“不特定的人”；如果不是“不特定的人”，则图书馆的行为并不构成对发表权的行使。又比如，图书馆将本馆未发表作品上载到馆舍内的局域网中传播还涉及与著作财产权的冲突问题，但是这种财产权的性质是什么，《条例》并不明确。因为图书馆虽然是通过网络传播了作品，但是作品在馆舍内的局域网中的传播并不符合“使公众在其个人选定的时间和地点获得作品”的信息网络传播权的特点。

完善著作权限制制度是重要的立法对策。比如，美国版权局曾在报告中指出：“考虑到公共利益，受保护的未发表作品也应受到法定著作权保护的某些限制，这些限制包括合理使用。”❶在德国，法律允许为了公共安全和司法的需要、残疾人的需要以及私人使用目的对未发表作品进行利用。❷一方面，我国应该借鉴国际立法经验，承认图书馆的用户在特定条件下合法接近并公平使用未发表作品的情形，使图书馆能够无权利障碍地在馆舍内的局域网中传播未发表的作品；另一方面，就《条例》第 7 条的规定，相关司法解释还应该明确其是对权利人发表权的一种限制。

法律法规要对作品著作权的继承行使问题作出更明确的规定。比如，按照《著作权法实施条例》第 17 条的规定，对于寄存在图书馆的作者生前未发表但未明确表示不发表的作品，其发

---

❶ 吴汉东．美国著作权法中合理使用的“合理性”判断标准［OL］. http：//www.civillaw.com.cn/article/default.asp？id＝7538［访问时间］：2010-05-18.

❷ 黄汇．论未发表作品的合理使用［J］．中国版权，2007（4）：54-56.

表权可以由继承人或者受遗赠人行使；在没有继承人又无受遗赠人的情况下，发表权由作品原件的所有人行使。由于图书馆只是寄存作品的保管人，而非所有人，因此不能擅自按照《条例》第 7 条的规定将其数字化后在馆舍内的局域网中传播。那么究竟谁才是行使著作权的合法主体呢？为了慎重起见，在这种情况下作品的著作权应由国家著作权行政管理部门行使，图书馆通过网络传播这类作品应事先征得著作权行政管理部门的同意。

第11章

图书馆合理使用制度立法的价值取向与模式

著作权是图书馆数字化建设和功能开发最大的法律障碍，其关键问题在于法律无法在权利的纷争与博弈中寻找到“平衡的准星”。利益平衡被奉为著作权制度的圭臬，然而图书馆人深切体会到，现在利益的天平倾斜了，权利制衡机制扭曲了，著作权重压之下的图书馆在数字化道路上谨小慎微、步履维艰，大有动辄得咎、随时可能落入“法网”之感。在数字时代，除非重构权利人和图书馆之间“合理谨慎的平衡”，图书馆所具备的不可替代的社会功能就可能在著作权扩张这条屡试不爽的规律中受到过强的抑制，以至被吞噬殆尽。我国图书馆合理使用制度的立法应该更多地照顾到公共利益，并借鉴国际经验，采取更加科学与灵活的立法模式。

11.1 公共利益在著作权法中的地位

平衡利益关系的原则是“相互利益最大化”，即先使最重要的利益得到保护，同时把与之冲突的利益的牺牲降到最低程度。基本人权是需要得到保护的“优先权利”，《世界人权宣言》、《经济、社会和文化权利国际公约》、《公民权利和政治权利国际公约》、《欧洲人权公约》、《美洲人权公约》等国际和地区条约都把言论自由以及寻求、接受、传递各种信息与思想的自由确定为基本的人权。在我国，言论自由权、文化教育权也通过宪法化成为赋予公民的基本权利，这在《中华人民共和国宪法》第 35 条、第 46 条、第 47 条中有充分的体现。

维护公共利益与保障基本人权有着直接内在的联系，为此，法律同时赋予公共利益“法益优先价值”。公共利益是相对于特定的个人利益而言的，是指权利人以外的不特定多数人的利益以及社会的整体利益。[1] 公共利益原则是著作权法的一个重要原则，在相当意义上，著作权法创设本身是源于公共利益的考虑。著作权法可以被看成是促进公共利益的手段，可以根据公共利益来定义。早在世界上第一部著作权法——《安娜法》中就将公共利益作为法令的基石。在国外有关司法实践中，法院主张权利人的利益服从公共利益的宪法要求。权利限制与宪法性权利联系起来，甚至被法院看成是宪法制度的一部分，体现了公共利益的优先价值。[2] 1948 年，美国最高法院坚持著作权法“对权利人的报偿是作第二位考虑的”。而在此之前的 1909 年，美国国会委员会在关于著作权法的报告中指出，作者对作品享有的自然权利是基于服务公共福利的需要。TRIPs 协议承认保护国内制度中“被强调的保护公共利益的目的”，规定成员可以采取必要的措施保护公共利益，著作权的行使不得损害公共利益。1996 年，WIPO 关于著作权的会议的一个重要成果就是确认了维护作者的权利和“更大的公共利益”[3]。在世界范围内引起广泛关注的英国知识产权委员会 2002 年 9 月公布的《知识产权与发展政策的整合》提出了“特权授予个人或单位应当完全是为了产生更大的公共利

---

[1] 刘平．说“社会公共利益”［J］．中国版权．2003（2）：52-53.

[2] 国家知识产权发展研究中心．规制知识产权的权利行使［M］．北京：知识出版社，2004：186.

[3] 冯晓青．论著作权法与公共利益［J］．法学论坛，2004（3）：43-46.

益"的立法定位。❶ 著作权是作者利益与社会公共利益之间的一种妥协。这是一种暂时的利益平衡，这种体系并非要以单个作者为基础。❷ 如果把保护著作权当成中间环节，那么通过推动全社会对知识的共享，促进社会整体的受教育水平和知识创新能力的提高才是著作权法的终极目标。

11.2 图书馆权利和公共利益的实现

著作权法中的公共利益表现为作品使用者的利益。❸ 具体到图书馆，作品使用者就是广大读者，公共利益体现为读者利益，实现公益利益必须保护读者的权利。所谓读者权利，是指作为读者的公民依法享有的在图书馆自由地获取知识、了解信息、得到各项服务的权利。至于读者权利包含什么样的内容，我国尚未有图书馆方面的法规予以界定。但是，可以从其他法律中去寻找类比性的规范求得变通。比如：从宪法中借用作为公民的平等权、批评与建议权；从消费者权益保护法中借用知悉真情权、安全保障权、自由选择权；从民法中借用物的占有、使用权等。❹ 综合诸多观点，平等获取知识权、自由选择知识权、知识服务保障权是读者最重要的权利。图书馆具有广泛的社会性、公众性，有学者提出图书馆学应该关注全社会的知识接受者与获取者——知识

---

❶ 乔生．信息网络传播权研究［M］．北京：法律出版社，2004：183-184，159.

❷ 安娜·勒帕热．数字环境下版权例外和限制概况［J］．刘板盛，译．版权公报，2003（1）：3-19.

❸ 张今．私人复制与著作权补偿金［J］．中国版权，2005（5）：23-25.

❹ 窦潮．读者权利若干问题的法律分析［J］．图书馆杂志，2005（1）：20-23.

受众❶（而不是仅指到图书馆的读者），就在于强调图书馆公共利益代言人的身份，以寻求更好的方法、途径，在更大的范围内实现公共利益。

图书馆保护和促进读者权益的义务与责任在许多文件中有明确的规定。联合国在 1949 年的《公共图书馆宣言》中，将公民享有图书馆服务列为基本人权之一。该宣言指出："每一个人都有平等享受公共图书馆服务的权利，而不受年龄、种族、性别、宗教信仰、语言或社会地位的限制。"该宣言在 1972 年和 1994 年两度修订，但都坚持体现了这一原则。国际图联 1999 年在荷兰海牙发表的《关于图书馆和智力自由的声明》强调，"图书馆应当使资料、设备和服务对所有用户都是平等存取的，没有因种族、信仰、性别、年龄或者其他任何原因的歧视性表现"❷。2002 年 8 月，国际图联在《格拉斯哥宣言》中再次宣布："不受限制地获取、传递信息是人类的基本权利"，全体会员应当"遵循《世界人权宣言》精神，支持、捍卫并促进获取知识自由的权利"。国际图联还在宣言中强调："维护获取知识自由是全世界图书馆和信息服务机构的主要职责。""图书馆和信息服务机构应起到发展及维护获取知识自由的作用，协助捍卫民主价值和世界人权。"这些原则得到了国际社会的广泛认同，目前全世界已有 60 多个国家和地区先后制定了 250 多部图书馆法，其中大多数都包含了上述原则。比如：日本《图书馆法》明确规定，图书馆应"在任何时间、任何地点、为任何人提供所需的资料"。英国在《公共图书馆、博物馆法》中要求图书馆"必须面向每一个希望

---

❶ 王子舟．论知识受众及其合法权益［J］．图书情报知识，2003（3）：2-6.

❷ 周心慧．对图书馆公益性与有偿性服务的思考［J］．国家图书馆学刊，2006（1）：34-36.

利用图书馆的人提供内容丰富并且有效的图书馆服务”。芬兰在1998年颁布的《图书馆法》中规定：“公共图书馆提供的图书资讯服务，其目标是提供全体民众平等的机会，供个人修炼。”❶图书馆行业的自律规范同样以保障读者平等的知识获取权、享受服务权为出发点和归宿。比如：美国图书馆协会在《图书馆权利宣言》中规定：“图书馆提供所有人关心、需要的图书及其他图书馆资料。图书馆资料不能根据作者的出身、经历或见解不同而受到排除”；“图书馆不能因为利用者的出身、年龄、经历、观点的不同而拒绝或限制其利用图书馆的个人权利”；“图书馆在公平的基础上向利用者提供设施、场地”。❷日本图书馆协会制定的《图书馆自由宣言》规定：“图书馆最重要的任务，就是为具有作为基本人权之一的认知自由权的国民提供资料和设施。”❸

保护图书馆自身的权利是实现公共利益的基础。图书馆权利，就是图书馆职业集团为完成自身所承担的社会职责所必须拥有的自由空间和职务权利。图书馆之所以需要这样一种权利，是因为现代图书馆原本就是社会基于知识自由的保障需要而选择的一种制度产品。选择这一制度产品的目的在于，通过它来保障公民由生存权、受教育权、思想自由权、休息权等宪法权利派生而来的知识和信息的获得权、接受权、利用权的实现。如果图书馆没有完成社会职责所必需的权利，公民的权利便无法圆满保障。若此，图书馆便失去了在社会系统中存在的必要和价值，社会便

---

❶ 赵云亭．捍卫公民获取知识与信息的权利是图书馆的职责［J］．图书馆建设，2005（4）：52-54.

❷ 李国新．图书馆权利的定位、实现与维护［J］．图书馆建设，2005（1）：1-4.

❸ 赵云亭．捍卫公民获取知识与信息的权利是图书馆的职责［J］．图书馆建设，2005（4）：52-54.

不需要动用公共资金来养育这一公共产品。图书馆对自身权利的集团性确认，被认为是图书馆对利用者发出的“誓约”，是图书馆对全体公民所宣示的“自觉意志”。图书馆权利，从根本上说是利用者的权利。❶ 图书馆权利的行使在许多情况下都直接或间接地与著作权有关，虽然读者从图书馆得到公益性服务的要求经图书馆集约后必然形成由图书馆代表的对作者群与相邻权人的权利的限制——它可能将相当部分的读者由作品商业市场吸引到图书馆来，这就改变了旧有的作者与读者关系的某种平衡——不干扰商业市场随机的、分散的“借阅”，经图书馆整合变成了日益扩大的读者群的有组织的无偿使用；❷ 但是传统图书馆的服务并不构成对权利人利益致命的或沉重的打击，规范外借、阅览等服务方式的法律制度能够适应作品创作的强度、频度，作品传播的速度、广度，作品利用的密度、深度的技术环境，从而保持了利益的平衡。同时，图书馆的“特殊”地位决定了各国著作权法都把其当成最终用户来对待的必然性，这样图书馆尽管具有传播信息的功能，却处于作品流通的末端，并不是著作权法关注的焦点，❸ 没有支付著作权使用费的压力，也很少受到其他著作权问题的干扰。在相当长的时间内，公益性服务的“量增”并未改变应当从微观、个人的角度而不是宏观、读者群的角度判断、肯定读者接触作品合理性的态度。这种将读者群化整为零的读者权利的合宪性判断，正是图书馆界常用的反推自身提供读者使用条件

---

❶ 李国新．图书馆权利的定位、实现与维护［J］．图书馆建设，2005（1）：1-4.

❷ 张力．合理使用、法定许可抑或其他——论数字图书馆使用作品的行为模式选择［J］．图书情报知识，2004（4）：15-19.

❸ 韦之．著作权产品最终用户的法律责任探讨［J］．著作权，2000（4）：10-12.

的服务行为，如复制馆藏文献、阅览室阅览、开架借阅与提供复制品等行为同样应豁免于作者权利控制的理由——由宪法与联合国有关法律文件支持的理由。❶ 相对于广播、电视、计算机网络等传媒，对图书馆"网开一面"的做法，绝不是立法上的疏忽，而是图书馆的公共文化事业性质与著作权这一民事权益的行使应该服从于公共利益的要求决定的。❷

11.3 数字时代图书馆权利的保障

在危机和社会变革的时期，利益不同的新集团联盟都会要求法律承认他们的主张，而且这种时期中的法律只有表现出相当程度的灵活性和适应性才能使自己免于崩溃。网络空间无法打破这一规律，网络行为规范也无须打破这一规律。❸ 著作权法的灵活性和适应性表现为对"平衡术"游刃有余的运用。寻找新的利益平衡点，应该作出认真、周密的全方位的衡量。❹ 数字著作权制度不仅应当建立在对权利本身特殊的法律性质的正确认识的基础之上，并且注重其特有的各方主体的利益平衡，而且应当结合我国目前的国内和国际现实的社会经济与法治状况来进行我国著作权制度领域政策取向的细致分析，从而使这一制度不仅具有其内

---

❶ 张力．合理使用、法定许可抑或其他——论数字图书馆使用作品的行为模式选择［J］．图书情报知识，2004（4）：15-19.

❷ 杨利华，冯晓青．图书馆工作中的著作权问题之我见［J］．著作权，2001（4）：26-29.

❸ 李德成．网络服务商责任的法哲学思考［J］．科技与法律，2002（3）：60-67.

❹ 刘朝．数字环境下版权的失衡与再平衡——从澳大利亚制度谈起［M］//张平．网络法律评论．第6卷．北京：法律出版社，2005：97.

在的自治性，而且具有作为法律规范在立法、执法和司法实践中的现实可行性，进而不仅达到对权利人的合法权利加以保护以及协调有关各方主体的利益的目的，而且顺应我国现阶段著作权法的政策取向，最终为我国建立和发展繁荣的文化事业服务。❶ 有学者指出，我国著作权法的修订过程受到了入世程序和时间表的左右，没有充分反映国情。自从设立信息网络传播权以来，国内无论是相邻立法，还是司法实践以及社会舆论，均存在保护偏高的问题。❷ 牺牲公共利益的“平衡”不仅无助于权利冲突的解决，反而会使信息利用的社会分层问题愈加严重，使广大公民享有的基本人权得不到保障，引发更多的社会问题。

文明的进步会不断地使法律制度失去平衡，而通过把理性适用于经验之上，这种平衡又会得到恢复；也只有凭靠这种方式，政治组织社会才能使自己永久地存在下去。网络空间的行为规范制度，作为社会制度的一种，必须解决网络行为主体的生存问题，这是最基本的要求。网络法律制度是否科学，在一定程度上要看该制度所确定的行为规范体系能否保证网络服务者的永久生存。❸ 所以，协调图书馆数字著作权问题的法律制度必须解决图书馆的生存问题。图书馆与权利人之间的冲突并非完全是图书馆依靠其公益性法律地位而对著作权法所赋予的“特权”的滥用所引起，而是权利人扩张的权利没有得到有效的制衡。法律的完备需要技术实践得到的新证据，然而还没有人能拿出图书馆危害其

---

❶ 李静．“保留地”之辨——论新著作权法下信息网络传播权的限制［J］．电子知识产权，2004（5）：24-28.

❷ 乔生．信息网络传播权研究［M］．北京：法律出版社，2004：183-184.

❸ 李德成．网络服务商责任的法哲学思考［J］．科技与法律，2002（3）：60-67.

数字著作权程度的可信材料，有的只是臆断或不严密的推测。外国网站的经验表明，作品一经上网，其网下销售额不仅不下降，相反还持上升趋势。“陈兴良诉中国数字图书馆有限责任公司侵犯著作权案”中法院判决的量赔，并非如有人所言采用的是较低标准，而是不甚合理，问题多多。❶ 如果图书馆生存空间狭小的状况得不到改变，可以假设两个极端后果的出现：第一，权利人拒绝图书馆收藏其作品，或拒绝对其作品的数字化利用，图书馆将变成有形无实的信息资源匮乏的“空壳”。第二，在权利人“知识霸权”的压制下，使图书馆和读者的逆反心理得到激发，从而置法律规范于不顾，肆无忌惮地以侵权方式利用作品。无论哪一种后果都与著作权法的立法初衷南辕北辙，都不是法律所要达到的目的。

一部过于严格的著作权法，很有可能是立法者在没有注意倾听社会权益所有者声音的前提下制定的。它是社会博弈在扭曲的权力结构中达成的均衡格局，它以法律形式侵犯了社会公众的利益。法律对著作权的过度保护，其实是运用权力操纵社会博弈以达成仅仅有利于权利所有者的均衡。❷ 美国研究图书馆协会执行长韦伯斯特（Duane E. Webster）说：“仅仅依靠法律专家、技术专家、商业专家来解决由新技术所带来的著作权法的各种问题是错误的，图书馆对于保存人类知识和促进社会发展起着非常重要的作用，因此图书馆界应积极参与到解决这些问题的过程中去。”❸ 数字时代著作权法的任何变化都应该联系图书馆特有的

---

❶ 李德成．网络服务商责任的法哲学思考［J］．科技与法律，2002（3）：60-67.

❷ 汪丁丁．知识产权不是霸权［J］．财经，2004（24）：24-26.

❸ 张沙丽．美国电子信息时代的版权法、知识产权和图书馆［J］．中国图书馆学报，1998（4）：24-30.

历史使命，所以立法机关要广开言路，完善立法民主对话机制，倾听图书馆的呼声，接受图书馆合理、合法的建议，以不至于被权利人集团左右而在貌似公平的法律制度下于图书馆领域形成虚假的平衡景象。

11.4　合理使用制度传统立法模式的特点

权利人从其智力劳动获得合理报酬的利益与著作权使用者合理获得著作权作品的利益之间的平衡，传统上是以多种方式来维持的。其中最重要的一种方式就是对权利人专有权实行一系列的限制和例外。[1] 合理使用作为最能体现著作权法利益平衡原则思想的核心概念，在权利限制体系中占有举足轻重的地位。图书馆数字著作权问题最终的科学解决，必将在很大程度上取决于合理使用制度的导向，而其中合理使用制度的立法模式又是一个关键性的问题。

合理使用制度的实施依赖于被调整利益主体的自觉遵守、审判机关的正确适用和行政机关的正确执行。实施行为符合该制度内容与精神的程度又取决于实施主体对这一制度的理解程度，因而合理使用制度应当具有良好的可理解性和可实施性，才能通过良好的应用发挥利益平衡的作用。[2] 合理使用的传统立法模式可以分成“封闭式”和“开放式”两种，在这两种立法模式下产生的合理使用规范的实践效果往往不同。

---

[1] 国际图书馆协会联合会．赵秀玲，译．数字环境下版权和邻接权限制和例外——国际图书馆界的观点［J］．版权公报，2003（2）：1-21.

[2] 冯晓青．知识产权法前沿问题研究［M］．北京：中国人民公安大学出版社，2004：226.

“封闭式立法模式”，又称“规则主义立法模式”。这种立法模式建立在对合理行为详尽列举的基础之上，合理使用由精确的清单构成，著作权在这张清单中不起作用，可以据此判定利用作品行为的合理与否，从而减少了主观随意性，而且能绕过权利人对著作权的某种垄断。但是由于人的认识能力的局限性，立法者不可能以列举方式穷尽所有可能发生的现实情况，❶ 从而使得这种模式的适应性差，弹性小，往往滞后于技术的发展，因此给判断许多基于新技术环境的作品利用方式的合法性造成了困难。中国、英国、法国、爱尔兰等国家都采用了这种立法模式。比如，在欧洲许多国家，以下行为的合法性在合理使用清单中是得到认可的：私人复制例外；为私人通信例外，如家庭成员之间的通信；模仿滑稽作品、模仿作品和漫画例外；摘录例外；科学或教学目的的复制例外；用于新闻报道的例外；司法部门和公共指令需要所需的例外。❷

我国《著作权法》第 22 条列出了 12 种合理使用的情况，其中该条第（8）项是针对图书馆因陈列和保存目的复制本馆合法收藏的作品的例外规定。

“开放式立法模式”，又称“因素主义立法模式”。这种立法模式建立在陈述的基础之上，规定了判断利用作品合理性的若干原则和一般例外。比如“该使用的目的与特性”、“该著作权作品的性质”、“所使用的部分的质与量同著作权作品作为一个整体的关系”、“该使用对著作权作品之潜在市场或价值产生的影响”等。开放式立法模式以美国著作权法为代表，其特点是具有灵活

❶ 冯晓青．知识产权法前沿问题研究［M］．北京：中国人民公安大学出版社，2004：226.

❷ 塞弗里纳·迪索利耶．数字环境下的版权和信息的获取［J］．黄宝祥，译．版权公报，2000（4）：2-31.

性和对新技术的适应性，虽然它并不保证作品使用者的法律安全问题与可以预见使用作品产生的法律后果问题；其不足是规定的模糊性和操作中可能存在的主观性。

11.5　合理使用制度立法模式的新动向

鉴于“封闭式立法模式”和“开放式立法模式”存在的不足，单独应用哪种立法模式来创建合理使用制度都很难适应数字技术条件下司法实践的需要。但是，又因为这两种立法模式都具有另一种立法模式没有的优势，就有了把两种立法模式结合起来的可能性，这就出现了“混合式立法模式”。

1998 年，美国在《跨世纪千年著作权法》（DMCA）中对合理使用采取了列举的方式，从而改变了美国对著作权限制的传统的开放立法习惯。DMCA 对合理使用的封闭式立法与美国 1976 年《著作权法》第 107 条对合理使用的开放式立法，共同形成了美国合理使用制度的混合性特征。2001 年，欧盟在《关于信息社会著作权和邻接权的指令》第 5 条按照“封闭式立法模式”列出了详细的合理使用清单。但是，该条第 5 款又规定这些例外符合“三步检验法”才能适用，这就把“开放式立法模式”的原则又强加了进来。[1] 可以认为，“混合式立法模式”将成为数字技术条件下合理使用制度的主导立法模式。

---

[1] 安娜·勒帕热．数字环境下版权例外和限制概况［J］．刘板盛，译．版权公报，2003（1）：3-19.

11.6 合理使用制度立法模式的创新

我国的合理使用制度立法采用纯粹的规则主义，在法制实践中已经表现出了其缺乏应有的灵活性、技术包容性和适度的前瞻性。❶ 所以，应该顺应国际立法趋势，吸收开放式立法模式的营养，在合理使用清单之外另行引入合理使用的判断原则，使封闭式立法与开放式立法兼收并蓄，优势互补，相得益彰。

为了增加合理使用清单对新技术的适应性，应对原来的规范予以调整和补充。国外有学者指出，法理学必须扩大法律规定的例外清单。有的国家的最高法院也认为，即使根据著作权逻辑得出的结论，著作权法中所列的例外的清单也不可能被认为是详尽的。❷ 但是，设置新的合理使用条款必须符合《伯尔尼公约》创构的“三步检验法”原则，即合理使用必须是就特定的情形而言、不得与作品的正常使用相冲突，也不得不合理地损害权利人的合法权益。按照《伯尔尼公约》第 9 条第 2 款的规定，判断合理使用的“三步检验法”仅适用于复制权。1994 年，《与贸易有关的知识产权协议》（TRIPs 协议）第 13 条“限制与例外”规定：“全体成员均应将专有权限制与例外局限于一定特例中，该特例应不和作品的正常利用相冲突，也不应不合理地损害权利持有人的合法权益。”这样，就把“三步检验法”扩大到了整个著作权和邻接权的合理使用。1996 年，世界知识产权组织《著作

---

❶ 冉从敬，黄海瑛．著作权合理使用制度的挑战与重构规则初探［J］．知识产权，2003（6）：43-45.

❷ 安娜·勒帕热．数字环境下版权例外和限制概况［J］．刘板盛，译．版权公报，2003（1）：3-19.

权条约》（WCT）、世界知识产权组织《表演与录音制品条约》（WPPT）沿袭了《伯尔尼公约》关于“三步检法”的规定。我国《著作权法》第 2 章第 4 节“权利的限制”第 22 条规定，合理使用“不得侵犯著作权人依照本法享有的其他权利”。《著作权法实施条例》第 21 条规定，不经许可使用他人发表的作品，“不得影响该作品的正常使用，也不得不合理地损害著作权人的合法利益”。

按照“三步检验法”所设定的条件，综合不同学者的观点和有关国家的立法，建议我国法律在图书馆合理使用的清单中增加若干新的规定。比如，图书馆为自身需要而有必要判断一作品是否可用时，避开控制作品的技术措施属于例外。又比如，只要权利人不能在不增加图书馆成本和负担的情况下向图书馆提供解密技术，则图书馆出于非侵权目的对合法取得的数字作品的技术规避属于合理使用等。[1]

立法方式与修法方式是联系在一起的。从广义上讲，修法方式是立法方式的组成部分。[2] 对原法律条款作扩大解释是修改法律的常用方法之一。扩大解释可以通过法院判例或书面的司法解释两种途径得到实现。比如，就前一种情况来讲，1999 年 5 月，在“王蒙等六作家诉北京在线案”中，法院就通过对原《著作权法实施条例》第 5 条第（5）项“复制”规定中“等方式”的扩大解释，将通过网络传播作品的行为认定为复制的方式之一（当然，最高人民法院、最高人民检察院 2004 年 11 月在《关于办理侵犯知识产权刑事案件具体应用法律若干问题的解释》第 11 条

---

[1] 唐广良．网络环境下著作权保护的几个问题［J］．国家图书馆学刊，2004（4）：67-71.

[2] 沈岿．平衡论：一种行政法认识模式［M］．北京：北京大学出版社，1999：218.

中已经明确通过信息网络传播他人作品的行为属于《中华人民共和国刑法》第 217 条规定的“复制发行”)。就后一种情况来讲，1998 年，美国 DMCA 对其《著作权法》第 108 条关于图书馆的合理使用作了扩大的规定，允许图书馆为内部存档之目的制作 3 份作品的数字化复制件，而其《著作权法》第 108 条只允许图书馆为存档之目的制作 1 份非数字化复制件。

我国 2001 年《著作权法》第 22 条第（8）项的规定并未明确图书馆出于保存或陈列的目的复制本馆合法收藏的作品的权利可以延及数字化技术。因此，有学者曾指出，我国图书馆把《著作权法》第 22 条第（8）项适用于数字技术没有依据，希望能通过立法或者司法解释认可图书馆的这一行为。❶ 但是，2010 年《著作权法》第 22 条第（8）项却仍然保持了原有内容，这是因为在此之前于 2006 年 7 月 1 日起实施的《条例》第 7 条的规定已经使这一问题得到了解决。

---

❶ 秦珂．关于重构图书馆合理使用制度的思考［J］．图书馆论坛，2005（6）：92-97.

第12章 中国、美国、澳大利亚图书馆合理使用著作权规则比较

在著作权领域，公共利益通过激励作者创作的积极性和鼓励新知识的传播两种方式来实现。扩大公共利益的手段经常处于矛盾之中，一方面权利人可以控制其作品的传播。另一方面，又鼓励作品所包含的信息要快速广泛地扩散。只有正确理智地平衡这两个互为矛盾的方面，著作权法才能使新知识、新思想的创作与利用达到最佳状态。[1] 对著作权进行限制和反限制是维系利益平衡的重要原则。鉴于《伯尔尼公约》中没有涉及图书馆的具体规定，其第 9 条第 2 款的一般性限制就成为国内法对图书馆采取特定限制的基础。[2] 各个国家的法律制度都对著作权在图书馆的行使作出了限制与反限制的规定，但是差异却是明显的。在国际上，美国、澳大利亚对图书馆合理使用著作权规则的立法尤其具有特色，加之立法的理念、原则、技术、方法是可以相互学习与借鉴的，这就使得对中国、美国、澳大利亚等国家的图书馆使用著作权的法律规范的比较有了重要意义。

---

❶ 国际图书馆协会联合会．赵秀玲，译．数字环境下版权和邻接权限制与例外——国际图书馆界的观点［J］．版权公报，2003（2）：1-21.

❷ 露西·吉博．在为公共利益传播知识任务方面版权与邻接权限制和例外的性质与范围——对其适应数字环境的展望［J］．刘跃伟，译．版权公报，2003（4）：1-45.

12.1 中国、美国、澳大利亚著作权制度对图书馆的立法概况

12.1.1 美国

美国联邦第一部著作权法于1790年颁布。1909年，美国通过了修改后的著作权法。但是，无论是1790年《著作权法》，还是1909年《著作权法》，都没有就图书馆使用著作权问题作出明确规定。美国1976年《著作权法》出台之前，图书馆以复制或者以其他方式使用著作权主要遵循一些行业规范，其尽管不是法律制度，但是作为准则得到了图书馆界的执行。其中，最著名的行业规范就是《绅士协议》(Gentieman’s Agreement)。

《绅士协议》规定，图书馆对其拥有的仍有著作权的图书、期刊卷或者其一部分可制作一份单独的照相复制品提供给以书面表示希望以复制替代借阅该出版物或者手工抄写并仅为研究之目的的学者，只要：第一，接受复制品的人已获适当书面通知得知，根据著作权法如滥用复制品构成侵权，则其不能免除因侵犯著作权而应对著作权所有人承担的法律责任。第二，制作和提供该复制品的机构无为其自身谋取利益之目的。《绅士协议》规定，图书馆责任免除将扩展至此类机构的每一名官员、代理人或者雇员，其在自己职业范围内履行相应职责时制作和提供此类复制品时亦享有免责。图书馆在享有豁免的同时须承担一项义务，即监督图书馆雇员警示用户不得滥用经照相复制获得的著作权资料。

随着作品复制和传播技术的创新，图书馆对作品的使用行为就有了得到立法规范的必要性，并在美国掀起了相关的各种讨论，提出了若干立法建议案。1976年，美国对其1909年《著作权法》进行了修订，在第108条首次设置了图书馆使用著作权的

条款，确立了关于图书馆处理有著作权资料的特定情况，而无须举证证明其符合第 107 条的合理使用规定，这是模拟技术条件下美国图书馆使用著作权的最重要法律制度。1983 年，美国版权局就图书馆合理使用提出评估报告，阐述了《著作权法》第 107 条（合理使用）和第 108 条（图书馆复制）之间的关系，认为不被第 107 条允许的图书馆复制行为，必须得到著作权人的授权，而图书界却认为，在第 107 条下所赋予的合理使用权利，是独立于并且不受限于第 108 条所赋予的权利。❶

20 世纪 90 年代后，以 Internet 为代表的新技术对传统的著作权制度形成了前所未有的冲击。1993 年，美国政府成立了“国家信息基础设施特别工作组”（IITF），就网络知识产权问题开展研究；其下设的知识产权工作小组于 1994 年 7 月发布了“绿皮书”，即名为《知识产权与国家信息基础设施》的报告。经广泛征询意见修改后，该小组在 1995 年 9 月公布了正式的报告，即著名的“白皮书”（White Paper）。白皮书提出了网络环境下著作权保护的原则和完善著作权法的多项建议，对图书馆的合理使用作了扩大的规定，并强调保障图书馆在数字时代完成其使命需要的例外权利的重要性，因而在一定程度上受到图书馆界的认可。但是，由于各方意见存在明显分歧，白皮书终究未能得到美国国会的批准。

1996 年，美国政府继续就著作权法的改革问题展开探讨。同年底，WCT 与 WPPT 的签订加快了美国对数字著作权立法的步伐。1997 年 7 月 29 日，美国参议院司法委员会通过了《实施 WCT 法案》。1998 年，该法案更名为《跨世纪千年著作权法》，

---

❶ 翟建雄．美国版权法中图书馆复制权的例外规定——第 108 条的历史考察［OL］．http//article. chinalawinfo. com/article/jrtj/article-display. asp?ArticleID=40596［访问时间］：2008-10-18.

以强调对著作权政策的重要意义。在当年10月召开的国会期间，各方围绕该法案进行了激烈的辩论和博弈，最终得以通过。DMCA第404条、第1201条（d）款、第1203条、第1204条直接涉及了图书馆使用数字版权的问题，其他部分条款与档案管理亦有间接的联系。❶

12.1.2 澳大利亚

1905年澳大利亚颁布了其历史上第一部著作权法，1912年又实施了1911年英联邦议会通过的新的著作权法。在此后半个多世纪中，澳大利亚著作权法没有作大的调整。对图书馆使用著作权设置条款始于澳大利亚1968年著作权法，其渊源是1959年Spicer委员会的报告。该报告在参考澳大利亚图书馆协会（Australia Library Association，ALA）的意见后，提出"将各种允许图书馆为学生和其他图书馆复制之规定纳入著作权法"的建议。❷ 1974年，"公共外借权计划"被引进澳大利亚，从而使澳大利亚的作家和出版商因作品在公共图书馆外借造成的经济损失得到了补偿。1995年，这项计划延伸到教育图书馆，称之为"教育外借计划"（ELR）❸。1976年，Franki委员会（the Copyright Law Committee on Reprographic Reproduction）认为需要对著作权法中的复制规则进行考察，并提出若干涉及图书馆的立法建议，包括对复制作品的"合理部分"例外的规定以及在某些

---

❶ 益思科技法律事务所．美国著作权法与图书馆相关部分介绍［OL］. http：//www. is-law. com/seminar/［访问时间］：2008-10-18.

❷ 益思科技法律事务所．澳洲著作权法与图书馆相关部分介绍［OL］. http：//www. is-law. com/seminar/［访问时间］：2008-10-18.

❸ ［澳］Margy Burn. 档案利用新范例——当前版权法改革的意义［J］. 王绍侠，译．山西档案，2001（6）：11-14.

情况下允许对作品整体的复制和复制的程序与管理办法等。这些建议大都反映在新的立法之中。

进入 20 世纪 80 年代后，澳大利亚著作权法进入了频繁的修订时期，其中涉及图书馆使用著作权的问题。1995 年，Copyright Law Review Committee（CLRC）在关于软件保护的报告中建议修正著作权法以“确保图书馆能够在规定的限制下，将电子复制物（包括以数字形式储存的复制物的电子传输和储存在例如软盘之类的载体的电子复制物的出借）提供给图书馆的使用者”。1997 年 7 月，澳大利亚政府发表了《著作权改革与数字议程：传输权、公众可获得权以及强制措施的提议》（Copyright Reform and the Digital Agenda：Proposed Transmisson Right，Right of Marking Available and Enforcement Measures）的报告，考量现行著作权法对图书馆的规定是否应该用于“免除图书馆对于……新提议的……著作权人的传输权和对公众提供权的侵害著作权责任”，其在随附的《著作权法修正案》（Digital Agenda）说明备忘录中指出：“只要著作权人的经济利益不被不合理地损害，图书馆应该能够利用新的科技提供一般大众对于有著作权资料的接触。”❶ 2000 年 9 月，澳大利亚颁布了《著作权法修正案（数字议程）》（the Copyright Amendment〈Digital Agenda〉Act 2000），并于 2001 年 3 月 4 日实施。《著作权法修正案（数字议程）》对澳大利亚原著作权制度作了适应于数字技术的调整，被认为是“对公众利益的最大维护”❷。作为使著作权利益关系从失衡到再平衡的制度典范，《著作权法修正案（数字议程）》对图书馆工作产生了

---

❶　益思科技法律事务所．澳洲著作权法与图书馆相关部分介绍［OL］．http：//www.is-law.com/seminar/［访问时间］：2008-10-18.

❷　孙静．澳大利亚版权法修订：对公共利益的最大维护［J］．数字图书馆论坛，2006（11）：54-59.

重大的影响，同时受到国际著作权法学界的关注。

12.1.3 中国

我国著作权法律制度对图书馆行为的规范首见于1990年《著作权法》第22条第（8）项，规定图书馆为陈列或者保存版本的需要，可以复制本馆收藏的作品。在我国2001年和2010年《著作权法》中，这项规定没有作出任何改变。

2005年和2006年，中国图书馆界第一次以前所未有的热情，有组织地参加了《条例》的立法，推动了《条例》第7条的出台。这是我国法律制度中第一条针对图书馆合理使用数字著作权的规定，使图书馆使用数字著作权的行为受到规制，一定程度地拓展了图书馆从事数字信息服务的法律空间。另外，《条例》的相关规定还为图书馆设置了责任豁免的安全港，有助于改善图书馆领域的著作权利益平衡关系。但是，其中也存在许多不足与需要进一步完善之处。

12.2 享有合理使用权的图书馆范围

12.2.1 美国

1976年，关于图书馆处理有著作权材料的规定首次纳入美国的立法之中，❶ 成为其《著作权法》第108条的组成部分。然而，第108条并未就图书馆给出一个明确的定义。但是，从众议院1976年的报告中可知，立法机关有意将图书馆限定在非营利

❶ 益思科技法律事务所．美国著作权法与图书馆相关部分介绍［OL］. http：//www.is-law.com/seminar/［访问时间］：2008-10-18.

性公益组织的范围内，❶ 即第108条专门适用于“无直接或间接商业利益目的”的图书馆。❷ 美国《著作权法》第108条（a）款规定，图书馆复制与传播作品必须是无直接或间接的商业目的。在此前提下又规定，图书馆必须对公众开放，或者至少开放给附属于本图书馆或图书馆所属机构研究者之外的研究者，而且应该在复制品上包含著作权的通知或者说明。对于商业机构的图书馆，只有不从使用作品中获利，而且馆藏开放给外部的研究者，才能够得到第108条的豁免。

12.2.2　澳大利亚

澳大利亚在颁布《著作权法修正案（数字议程）》之前，除了非营利性图书馆可以出于馆际互借和为读者复制著作物之外，营利性图书馆同样享有这些权利。《著作权法修正案（数字议程）》在国会审查时，将营利性图书馆排除在了豁免权享受者之外。著作权人还提出了“排除一切营利性教育机构中图书馆”的建议。现在澳大利亚法律已经明确，能够得到法律豁免的图书馆不包括“以营利为目的”的图书馆。

12.2.3　中国

我国《著作权法》第22条第（8）项没有对图书馆的范围给以限定，但是从“并且不得侵犯著作权人依照本法享有的其他权

---

❶ 翟建雄．美国版权法中图书馆复制权的例外规定——第108条的历史考察［OL］．http//article.chinalawinfo.com/article/jrtj/article-display.asp?ArticleID=40596［访问时间］：2008-10-18.

❷ 国际图书馆协会联合会．赵秀玲，译．数字环境下版权和邻接权限制和例外——国际图书馆界的观点［J］．版权公报，2003（2）：1-21.

利”的规定可知，图书馆使用作品不得有商业收益。从《著作权法》第22条第（8）项的字面理解，对于高等院校图书馆、科研院所图书馆、企业图书馆等不明确对社会公众开放的图书馆，也适用于该项规定。按照规定，图书馆使用作品时“应当指明作者姓名、作品名称”，但是这与美国《著作权法》第108条关于附带著作权通知或者说明的要求不是相同的含义。

12.3 图书馆以模拟技术对著作权的使用

12.3.1 为用户请求复制

美国《著作权法》第108条（d）款、（e）款规定，图书馆应用户的要求可以对作品进行复制。第一，对作品的局部复制条件：复制不超过受著作权保护之集合作品或期刊的一篇文章或其他稿件，或对任何受保护作品的复制只涉及一小部分。第二，对整部作品或重要部分的复制条件：图书馆事先通过合理调查认定该受保护的作品复本无法以合理的价格取得。无论是对作品局部，还是对作品整体或者重要之部分的复制，都要符合下列条件：复制件成为用户的财产；图书馆不知道该复制件将被用于个人学习、学术或者研究之外的目的；图书馆在复制请求接受处和接受复制申请之文件中展示著作权警告；该作品需为被请求图书馆之馆藏。任何为了用户对馆藏外部来源（External Sources）的复制，必须符合第107条合理使用的规定，或者已经著作权人授权许可。按照第108条（g）款的规定，无论是为了馆藏的复制，还是为了个人使用的复制，一次只能复制一份；同一篇文章或者作品的再次复制，必须是单独的和不相关的。不论是一份的复制还是多份的复制，图书馆不得从事有系统的复制与提供。❶下列作品被排除在第 108 条图书馆为用户请求复制豁免之外：音乐作品、插图或图表作品（除了当做资料的说明、图解或类似附件的出版物）、雕刻作品、影片、其他视听作品（除了涉及新闻者）。

按照规定，澳大利亚图书馆可以为读者研究与学习之目的复制“已出版”文学、戏剧、音乐或美术作品的整体或者局部，但是这项规定不适用于视听资料。具体要求是：第一，无研究和学习之外的其他目的。第二，期刊中的一篇文章。第三，同一期期刊中，相同主题的多篇文章。第四，对于著作的复制应控制在“合理范围”（Reasonable Portion）。如果图书馆无法在“合理时间”内以正常的商业价格得到该著作物，则可以对其整体进行复制。所谓“合理范围”是指著作总字数的 10%；如果该著作分成若干章节，则合理使用的字数允许超过总字数的 10%，但不能超过独立的一个章节。❷ 图书馆的复制数量受到限制，以一份为合理。图书馆的复制还应是无偿的，不能以此营利，收费只能以足够供给复印本身的开支为限。图书馆必须对复制进行记录，并按时间顺序保存记录四年，以应著作权人或其代理人随时查询。违反这些规定，将被处以罚款。❸ 复制已出版的作品，读者事先应通过口头、电子邮件或者书写等方式向图书馆声明其对复制品的用途，并对保护著作权作出承诺。图书馆应将该作品之必要著作权信息告知读者。

---

❶ 李明德．美国知识产权法［M］．北京：法律出版社，2003：189.

❷ 孙静．澳大利亚版权法修订：对公共利益的最大维护［J］．数字图书馆论坛，2006（11）：54-59.

❸ ［澳］简·英格丽施．澳大利亚的版权法与图书馆——专有权与付费［J］．张树声，译．图书馆学研究，1996（3）：81-82.

我国《著作权法》第22条第（8）项没有对图书馆应用户请求复制进行规定。通常认为，该条第（1）项（个人学习、研究或者欣赏）、第（2）项（介绍、评论）、第（8）项（课堂教学或者科学研究）适用于图书馆为用户复制的情形。但是，也有学者指出，《著作权法》第22条第（1）项、第（2）项、第（6）项的主体并非图书馆。所以，虽然在实践中，图书馆因为《著作权法》第22条第（1）项、第（2）项、第（6）项的目的复制作品被人们认可，但是确实需要得到法规的明确支持，否则于法无据。我国图书馆按照《著作权法》第22条第（1）项、第（2）项、第（6）项的规定为用户复制的作品必须是“已经发表的”。尽管《著作权法》没有对图书馆在这些情况下复制作品的数量、被复制的部分与作品整体的关系、复制品所有权的归属等问题作出规范，但是从“并且不得侵犯著作权人依照本法享有的其他权利”的规定推知，图书馆对该条款所赋予的权利要“善意”行使，副本的数量要控制在“合理范围”，以“够用”为限度，不得对作品的市场价值产生冲击。

12.3.2 为馆际互借复制

从1976年开始，美国《著作权法》第108条就允许图书馆基于多种目的，为其他图书馆复制有著作权的资料。❶ 第108条（d）款、（e）款对图书馆的馆际复制作了规定，其限制条件与为用户请求复制基本相同。但是，按照第108条（g）款的规定，在图书馆馆际借阅服务系统范围内的复制只限于孤立的和互不关

---

❶ 益思科技法律事务所．美国著作权法与图书馆相关部分介绍［OL］. http：//www. is-law. com/seminar/［访问时间］：2008-10-18.

联的复制，或者同一作品的单个副本。❶ 然而，这种对"系统性复制"的限制，可能会影响正常的馆际借阅活动。所以，第 108 条（g）款又规定，只要图书馆因为馆际借阅活动得到的复本的"累计数量"（Aggregate Quantities）没有"替代著作的订阅或者购买"（substitute for a subscription to or purchase of such work），就不妨碍图书馆参与馆际互借服务的安排。为了对"累计数量"进行把握，1978 年美国著作权作品新技术利用委员会（CONTU）受众议院委托在其发布的《馆际借阅协议中的复制指南》（Guidelines on Photocopying under Interibrary Loan Arrangements）中提出了著名的"五项原则"（Rule of 5）❷，对馆际互借作了 1—1—5—5 的规定❸，即图书馆采用馆际互借代替订购期刊，其复制必须符合 1 年之内，复制 1 种期刊近 5 年所发表的论文不超过 5 篇的标准。超过此标准则被认定为系统复制，不属于合理使用的范围。否则，馆际互借人员可采取其他方式来满足用户的需求，包括向交付版权税的文献提供机构订取这些文献，或者订购这种期刊，或者取得著作权人的许可，或者向著作权持有者交付版税来得到文献。❹ 这些指导原则，明确了在图书馆之

---

❶ 露西·吉博．在为公共利益传播知识任务方面版权与邻接权限制和例外的性质与范围——对其适应数字环境的展望［J］．刘跃伟，译．版权公报，2003（4）：1-45.

❷ 翟建雄．美国版权法中图书馆复制权的例外规定——第 108 条的历史考察［OL］．http//article. chinalawinfo. com/article/jrtj/article-display. asp? ArticleID=40596［访问时间］：2008-10-18.

❸ 刘志刚．电子版权的合理使用［M］．北京：社会科学文献出版社，2007：236.

❹ 张沙丽．美国电子信息时代的版权法、知识产权和图书馆［J］．中国图书馆学报，1998（4）：24-30.

间所订立的馆际互借协议之范围内允许复制的程度。❶

澳大利亚 1980 年之前的著作权法都没有就馆际互借的目的作出任何限制。1980 年后的法律规定，图书馆馆际复制的目的是：为了纳入图书馆的馆藏；为了提供给其他图书馆的读者供研究与学习之用。供方图书馆可以复制和提供：期刊中的一篇文章（或者超过一篇，但是属于同一议题）；如果某著作无法在合理的时间内以正常的商业价格得到，可以复制与提供该著作的合理部分。如果作品有商业上的流通，那么按照商业检验法之规定，图书馆的馆际互借安排就可能被禁止。

我国《著作权法》对图书馆馆际互借没有明确制定特别的例外。有学者认为，为了图书馆之间的交换而复制，属于合理使用。❷ 但是，就我国目前立法来看，找不到这方面的根据。图书馆在馆际互借实践中的操作规则差别较大，也比较随意，显失规范性。第一，相当多的图书馆之间没有馆际互借协议。第二，即使有馆际互借协议，其内容大都是作品借还、损失赔偿方面的规则，或者是互惠互利的条款，几乎不涉及著作权保护问题。第三，甚至个别图书馆在没有得到许可的情况下，开展有偿的馆际互借服务，明显侵犯了著作权人的利益。第四，存在馆际互借数量不合理以及系统复制问题，可能对作品的潜在市场形成负面影响。

12.3.3 本图书馆使用目的的复制

图书馆自身对著作权作品的使用会有诸种目的。然而，各国

---

❶ 露西·吉博．在为公共利益传播知识任务方面版权与邻接权限制和例外的性质与范围——对其适应数字环境的展望［J］．刘跃伟，译．版权公报，2003（4）：1-45.

❷ 刘薇．著作权法新释与例解［M］．北京：同心出版社，2003：133.

著作权法大都只承认“陈列、保存与替代复制”属于合理使用。❶单凭法律规定并不能解释现实中存在的可能情形。比如，究竟什么样的情况构成“保存与替代版本的需要”？而在需要的情况下，复制的份数是否应当受到限制？❷美国1976年《著作权法》规定，图书馆基于保存及安全的需要可以复制和发行未出版作品的一件副本。这是为适应“一项绝大部分未出版且为满足存档和学者需求而严格保护的原稿、论文和类似作品典藏品”❸(该条款后来作了扩大的解释，请见后文)。图书馆行使该项权利的条件是该作品必须属于或者曾经是本图书馆的“馆藏”❹。1976年，美国众议院报告对本条的适用范围作了解释，即“某一图书馆如基于保存供研究之目的亦可复制其他图书馆馆藏之作品”❺。第108条（c）款规定，对已出版作品，图书馆出于替换已损坏、磨损、丢失、被盗的作品，可以制作最多达三份的复本。其条件是该著作属于本馆馆藏，而且在复制前图书馆通过合

---

❶ 吴汉东，曹新明，王毅，等．西方诸国著作权制度研究［M］．北京：中国政法大学出版社，1998：182.

❷ 刘晓春．公益型数字图书馆的法律地位初探——与传统图书馆比较的角度［M］//张平．网络法律评论．第3卷．北京：法律出版社，2003：94.

❸ 翟建雄．美国版权法中图书馆复制权的例外规定——第108条的历史考察［OL］．http//article. chinalawinfo. com/article/jrtj/article-display. asp? ArticleID=40596［访问时间］：2008-10-18.

❹ 露西·吉博．在为公共利益传播知识任务方面版权与邻接权限制和例外的性质与范围——对其适应数字环境的展望［J］．刘跃伟，译．版权公报，2003（4）：1-45.

❺ 翟建雄．美国版权法中图书馆复制权的例外规定——第108条的历史考察［OL］．http//article. chinalawinfo. com/article/jrtj/article-display. asp? ArticleID=40596［访问时间］：2008-10-18.

理努力未能以合理价格得到一份未经使用的副本。本条款还可以理解成图书馆可为另一图书馆——如果其馆藏中唯一的一部作品丢失、失窃或者严重损毁，以致无法从其制作可读副本——制作替代副本。第108条（b）款、（c）款的规定表明，当条件符合时图书馆只能为“Facsimile Copy”❶（就是只限于同一形式，纸本只能复制为纸本，影片只能复制为影片）。第108条还规定，图书馆基于保存与替换之目的可以复制和发行音乐、绘画、图形、雕刻、电影作品，或者除新闻作品以外的其他音像作品；如果绘画或者图形作品属于该作品的一部分，亦许可图书馆对其复制。❷ 1998年，根据The Term Extension Ac法案，第108条（h）款增加了新规定，一般性地扩张了著作权保护期；同时规定图书馆仍然有权对那些按照原有著作权期限已进入公有领域却又重新被纳入保护范围的作品基于保存、学术研究之目的进行复制、发行、展览与表演，只要图书馆经合法调查后认为，该作品不能通过正常的商业途径获得，而且权利人未通知版权局该作品可以通过正常途径或价格获得。❸ 值得注意的是，本规定只适用于图书馆、档案馆，而不适用于其用户或者其他下游使用者。❹

按照澳大利亚《著作权法修正案（数字议程）》第51条的规

---

❶ 益思科技法律事务所．美国著作权法与图书馆相关部分介绍［OL］．http：//www.is-law.com/seminar/［访问时间］：2008-10-18.

❷ 翟建雄．美国版权法中图书馆复制权的例外规定——第108条的历史考察［OL］．http//article.chinalawinfo.com/article/jrtj/article-display.asp?ArticleID=40596［访问时间］：2008-10-18.

❸ 王清，陈凌云．中美版权法之公益图书馆豁免制度比较［J］．图书馆杂志，2008（9）：2-5.

❹ 翟建雄．美国版权法中图书馆复制权的例外规定——第108条的历史考察［OL］．http//article.chinalawinfo.com/article/jrtj/article-display.asp?ArticleID=40596［访问时间］：2008-10-18.

定，图书馆可以为了保存版本，或者替换已经遗失、损坏、被窃、恶化之馆藏，而对本馆“已经收藏”之作品进行复制，条件是图书馆无法在合理之时间内以合理的价格得到该作品。

我国《著作权法》第22条第（8）项规定，图书馆出于“陈列或者保存版本的需要”，可以复制“本馆收藏”的作品。但是，我国大陆学术界对相关问题的讨论很难找到。[1] 除了被复制的作品必须是“本馆收藏的”之外，[2] 相对于美国著作权法，我国法律对图书馆出于陈列、保存、替换之目的以模拟技术复制作品的规定非常笼统，比如没有对“保存和替换”的条件作出规定，也没有对复制的副本数量作出限制。按照《著作权法》第22条第（8）项的规定，图书馆出于陈列、保存、替换之目的的馆际复制被禁止。至于该条款涉及的作品是“已经发表”还是“尚未发表”，同样不明确，但是比照该条第（1）项至第（6）项、第（9）项至第（12）项“已经发表作品”的明确规定，第（8）项是有意将“未发表作品”涵盖于图书馆复制的作品对象之内。

12.4 图书馆以数字技术对著作权的使用

12.4.1 图书馆的数字复制权和网络传播权

1995年，美国政府NII白皮书在对图书馆复制的免责规定中明确指出：图书馆可以用缩微胶卷或静电复印过程制作手稿的照相复制件，以便存档备份或保存真本，但是不可以在信息系统

---

[1] 刘晓春．公益型数字图书馆的法律地位初探——与传统图书馆比较的角度［M］//张平．网络法律评论．第3卷．北京：法律出版社，2003：94.

[2] 姚红．中华人民共和国著作权法释解［M］．北京：群众出版社，2001：167.

中用机读语言复制作品。可见，这种免责不包括以电子或数字形式保存作品。谈及馆际互借问题，白皮书在解释如何以“借”为目的而进行的不是属于足以构成对作品预订或购买而取代的大量复制时，也指出不允许以数字形式对作品进行没有限制的复制。❶ 为了解决图书馆以数字技术复制作品之必要权利问题，1998 年美国《跨世纪千年著作权法》（DMCA）对 1976 年《著作权法》作了针对网络与数字作品传播及使用方面的多处修订，其中包括图书馆复制与传播数字作品的相关条款。❷ DMCA 第 404 条规定，图书馆出于保存和替换之目的，有权复制三份副本，这些复本可以是数字化的。其条件是数字副本不能向“图书馆舍”外传播。然而，图书馆可以从数字副本再复制一份纸质副本，然后出借该纸质副本，因为图书馆已经获准复制三份。❸ DMCA 第 404 条还规定，图书馆以数字形式保存和替换作品的前提是“作品存储的格式已经过时”，其判断标准是与该作品格式“相应的机器或者设备不再生产，或者在商业市场上不再能合理地取得”。这项规定适用于所有形式的作品，包括视听作品。

澳大利亚在讨论《著作权法修正案（数字议程）》时，其法律和宪法事务委员会（the LACA Committee）认为，为了公共利益，图书馆复制数量有限的免税作品是对著作权人专有权的一

---

❶ 张平．大学在线教育中的版权合理使用［J］．科技与法律，1999（2）：40-44.

❷ 肖燕．网络教育资源的传播与合理使用——中、美、英教育数字图书馆研究报告［M］．北京：北京图书馆出版社，2006：35.

❸ 益思科技法律事务所．美国著作权法与图书馆相关部分介绍［OL］. http：//www. is-law. com/seminar/［访问时间］：2008-10-18.

个例外，这种例外应当保留。[1] 所以，图书馆复制的规定适用于对作品的数字化复制。而且，图书馆可以为研究和学习的目的向读者通过网络传输复制件，但是一旦拷贝发送成功，必须予以销毁。《著作权法修正案（数字议程）》还有一个重要的特点，就是为使用数字作品建立了一个“商业供应检验法”。按照《著作权法修正案（数字议程）》第 50 条第 7 款之规定，如果复制件是以数字形式制作，那么必须受到商业供应检验法的检验，无论它是否多于一篇期刊刊载的文章或者是一部作品的合理部分。这样，图书馆以数字形式提供的任何作品都必须经过商业供应检验法的检验，无论要求提供的作品或期刊文章是否可以在合理时间内以正常的商业价格得到。

《著作权法修正案（数字议程）》将图书馆馆际互借的权利作了拓展，图书馆不仅可以为了法定的馆际互借之目的制作数字复制件，而且可以通过网络向其他图书馆传播这些复制件，但是在传输完成后，数字复制件应立即予以销毁。其还规定，为了管理的目的，图书馆可以对作品开展数字复制，并供“馆区内”网络上的图书馆员使用；对于已出版的著作（包括期刊中的一篇文章），图书馆可以将其数字复制件在“馆区内”的网络上传播，但是不得在终端机上产生新的复制件。在图书馆内部不允许通过网络交流以数字形式向读者提供的作品。

我国《条例》第 7 条规定：“图书馆……等可以不经著作权人许可，通过信息网络向本馆馆舍内服务对象提供本馆收藏的合法出版的数字作品和依法为陈列或者保存版本的需要以数字化形式复制的作品，不向其支付报酬，但不得直接或者间接获得经济

---

[1] 露西·吉博．在为公共利益传播知识任务方面版权与邻接权限制和例外的性质与范围——对其适应数字环境的展望［J］．刘跃伟，译．版权公报，2003（4）：1-45.

利益。当事人另有约定的除外。”“前款规定的为陈列或者保存版本需要以数字化形式复制的作品，应当是已经损毁或者濒临损毁，或者其存储格式已经过时，并且在市场上无法购买或者只能以明显高于标定的价格购买的作品。”显然，这项规定带有DMCA第404条的明显印迹，但是也有不同。比如，《条例》没有规定数字副本的份数。还比如，《条例》没有区分提供的作品是否受到著作权保护。这样，社会公众想借阅过了保护期的作品，也必须到图书馆亲自办理。❶

12.4.2 图书馆的技术解密权

DMCA第1201条（d）款规定，图书馆在法定情形下可以对技术保护措施解密：即对相同的复制件，不能以其他形式合理获得的，则对他人作为商品的作品复制品，仅为获得1份复制件，以便善意决定是否从事本法允许的活动。享有该项权利的图书馆范围与其《著作权法》第108条（a）款的规定相同。为了防止图书馆滥用权利，DMCA第1201条（d）款相应地制定了罚则：图书馆故意为商业利益或经济收入，对解密作品进行商业利用的：对第一次违法行为，承担第1203条规定的民事赔偿责任；对其后反复或连续违法行为，除承担民事责任外，取消其解密权。解密权的规定，不允许非营利性图书馆制造、进口、销售任何技术，其规避了著作权的技术保护措施。❷ DMCA第1203条（c）款还对图书馆等机构制定了“善意侵权责任”，即如果法院认可图书馆提出的证明其不知道或者没有理由知道其行为构成

❶ 韩玲．图书馆数字化新模式中的版权问题——从Authors Guild v. Google Print谈起［J］．电子知识产权，2006（9）：53-56.

❷ 张玉瑞．互联网上知识产权——诉讼与法律［M］．北京：人民法院出版社，2000：149-150.

侵权的证据，则可以获得法定的责任免除，而不是根据法院的自由裁量。DMCA 第 1204 条（b）款规定，图书馆（非营利性）对技术措施权和著作权管理信息权的侵犯不承担刑事责任。澳大利亚《著作权法修正案（数字议程）》也对图书馆的技术解密权有相关规定。

我国《条例》第 12 条规定了若干技术措施权的例外，但是并没有像 DMCA 那样明确地把图书馆当成适用解密权的主体之一，虽然该条所规定的四种情形都可能在图书馆遇到。因此，《条例》也没有专门适用于图书馆的责任规定，图书馆更没有善意侵权的抗辩权；在损害赔偿责任的承担上，图书馆与一般主体毫无二致。[1] 不仅如此，按照我国《著作权法》、《条例》的规定，图书馆的行为如果侵犯了信息网络传播权、技术措施权、管理信息权，除了承担包含损害赔偿在内的多种民事责任外，还可能承担行政责任，甚至是刑事责任。

12.5　美国、澳大利亚对图书馆使用著作权立法的启示

12.5.1　充分地考虑公共利益

没有抽象的利益，也不存在抽象的利益平衡，只有具体的现实和实在的利益取向。[2] 平衡利益关系的原则是"相互利益最大化"，即先使最重要的利益得到保护，同时把与之冲突的利益的

---

[1] 王清，陈凌云．中美版权法之公益图书馆豁免制度比较［J］．图书馆杂志，2008（9）：2-5.

[2] 《中国版权》杂志社．"平衡的准星"［J］．中国版权，2004（4）：卷首页．

牺牲降到最低程度。作者是“作品之母”[1]，把设权源点放在作者处是许多国家著作权立法所尊崇的理念。然而，公共利益原则同样是著作权法的一个重要原则，在相当意义上，著作权法创设本身是源于公共利益的考虑。[2] 图书馆是公共利益的代言人之一，保护图书馆享有的权利是实现公共利益的基础。美国、澳大利亚著作权法在演变中较充分地体现了图书馆权利的法益优先价值。比如，澳大利亚政府在讨论《著作权法修正案（数字议程）》的过程中力排权利人的干扰，坚持拟定修正案是为了创建一种公平、有效和最符合时代特征的知识产权保护制度，它既能鼓励作者和发明者，又能确保利用者合理使用受著作权保护的作品。[3] 在这种立法导向下，数字著作权立法为公共利益留下了较大的空间。

12.5.2　立法技术的探索与创新

美国著作权制度注重对立法技术的不断创新与完善，并使不同的技术相互结合，以组成健全的技术体系，保证法律所确立的权利平衡机制的公平和可行。比如，1976 年，其《著作权法》第 108 条（h）款规定，版权局应自 1983 年起每五年向国会提交一次报告，以评估第 108 条规定是否达到了著作权所有人的权利

---

[1] 费安玲．论著作权法理念与数字图书馆利益的维护［J］．中国版权，2005（1）：19-20.

[2] 国家知识产权发展研究中心．规制知识产权的权利行使［M］．北京：知识出版社，2004：226.

[3] ［澳］Margy Burn. 档案利用新范例——当前版权法改革的意义［J]. 王绍侠，译．山西档案，2001（6）：11-14.

与图书馆需求之间的平衡。❶ 还比如，1998 年，DMCA 就对新的作品利用行为规定了两年的延展期，由国会图书馆长会同版权登记处对反规避条款的实施效果进行考查，斟酌提出新的合理使用行为，并且每三年评估一次；同时规定了国会图书馆在制定规则中应该考虑的若干因素。❷ 又比如，澳大利亚《著作权法修正案（数字议程）》所创立的“商业供应检验法”不失为可以学习借鉴的模板。从表面上看，“商业供应检验法”是一种对权利“限制的限制”，即对图书馆权利的约束。但是从深层次思考，“商业供应检验法”具有“双向限制”的功能，一方面只要符合“商业供应检验法”的要求，图书馆就可以合理方式使用数字著作权并得到豁免，防止了权利人对作品的垄断，有利于公共利益；另一方面，“商业供应检验法”为图书馆使用著作权设置了一道法律门坎，使图书馆的行为受到调制，杜绝滥用权利，这又有利于权利人利益的实现。同时，“商业供应检验法”是图书馆使用著作权的法律标尺，图书馆可以经常用这把标尺来比量自己行为的合法与否，警示自己时刻遵守法规，保护著作权。

12.5.3 权利与责任并重的立法思想

权利和义务以及责任是相对的。只要求享有权利，而不承担义务与法律责任不仅不合理，更是不合法。拥有什么样的权利，就应该负起什么样的责任。有学者在研究中提出，澳大利亚《著作权法修正案（数字议程）》没有照搬美国和欧盟的法律，在对

---

❶ 翟建雄．美国版权法中图书馆复制权的例外规定——第 108 条的历史考察［OL］．http//article. chinalawinfo. com/article/jrtj/article-display. asp? ArticleID=40596［访问时间］：2008-10-18.

❷ 张玉瑞．互联网上知识产权——诉讼与法律［M］．北京：人民法院出版社，2000：149-150.

图书馆等公益性主体使用著作权的问题上保持了自己的特色。[1]比如，该法允许图书馆可以制作作品的数字复制件并通过网络向读者传播。许多学者希望我国立法照此办理。但是应该看到，澳大利亚图书馆在行使“制作数字复制件并通过网络向读者传播”权利的同时，是要为这种行为承担义务与法律责任的，即在复制件发送成功后立即销毁复制件，并且在终端计算机上不得有下载行为。否则，图书馆就不享有此项服务的豁免权。于是，图书馆就要建立健全著作权管理制度，考察自身的技术力量、技术水平以及整个技术系统的适应性、可靠性、安全性，还要在图书馆员中开展保护著作权的教育培训活动。这并非是法律对图书馆苛刻的无理要求，恰恰是体现了“权利与责任并重”的立法理念。“权利与责任并重”在我国数字著作权立法中同样得到了体现。比如，《条例》第7条要求在终端计算机上不得有下载行为，就可以把原本“一对多”的网络作品传播变为“一对一”的传播，使得在同一时间内使用同一作品的“并发读者”数量受到控制，这与传统的纸质图书、期刊外借没有什么实质上的不同，从而避免了作品数字复制件不合理的传播而对著作权市场的萎缩效应的发生。进一步分析，法律之所以作出这种规定，事实上不仅是满足了读者的“阅读”需求，也发挥了图书馆特有的技术优势，达到了服务的目的。

12.5.4 法律规定的全面和具体

图书馆利用作品的主要行为所涉及的著作权问题在美国、澳大利亚法律中大都可以找到相应的规则。这就使图书馆有法可依，图书馆也容易判断自己的行为是否符合法律要求。而我国法

---

[1] 刘朝．数字环境下版权的失衡与再平衡——从澳大利亚制度谈起[M]//张平．网络法律评论．第6卷．北京：法律出版社，2005：194.

律对于图书馆应用户需求而复制的大量的作品利用行为都无明确涉及，这种超出合理使用规制的行为本应属于著作权人许可与获得报酬的权利范围，却在人们对图书馆浓厚的公益性色彩的认同之下变成合法的理念。因此，需要通过立法和司法实践过程来为这个领域建立规则。[1] 有专家指出，著作权法的规范和保护延伸不到图书馆，一方面造成了在图书馆活动中对权利人应有权利尊重与保护的不够；另一方面由于对图书馆活动涉及的著作权没有足够的法律限制，从长远看，不利于图书馆事业的健康发展。[2] 另有学者认为，法律应该为图书馆明确解释合理使用所允许复制的手段、作品类型、复制数量和传播范围与传播方式，并针对图书馆设置豁免条款。[3]

12.5.5　权利相对宽泛与风险弱化

美国、澳大利亚著作权法赋予图书馆的合理使用权利相对宽松。比如，对于图书馆本身目的的复制豁免适用于保存、替代、研究、馆际交流等目的，既包括了文献保藏的内容，又包括了文献利用的内容。美国《著作权法》还从图书馆所具有的公益性主体性质出发，制定了不同于一般主体的法律责任，减小或免除了图书馆使用著作权的有关风险。比如，如果说侵权人系因复制或录制作品而侵犯作品著作权的、在其工作范围内行为的图书馆或

[1] 刘晓春．公益型数字图书馆的法律地位初探——与传统图书馆比较的角度［M］//张平．网络法律评论．第 3 卷．北京：法律出版社，2003：94.

[2] 李国新．日本图书馆法律体系研究［M］．北京：北京图书馆出版社，2000：186.

[3] 肖燕．网络教育资源的传播与合理使用——中、美、英教育数字图书馆研究报告［M］．北京：北京图书馆出版社，2006：35.

其雇员，且侵权人认为并且有合理根据相信其对该作品使用依第107条系合理使用的，无论如何，法院都应免除法定赔偿❶。美国《著作权法》第108条（f）款还规定，若图书馆内放置的复制设备，有展示复制需遵守著作权法的公告，则图书馆对于该设备的使用，不负违背著作权责任。至于该公告的措辞用语，立法上并未加以特定。❷ 而按照DMCA第1204条（b）款之规定，图书馆可以免除侵犯技术措施权、著作权信息管理权的刑事责任。我国法律规定的图书馆使用著作权的豁免范围总体上比较狭窄，豁免情形相对单一。比如，图书馆对作品的模拟复制仅限于陈列和保存。即使对于保藏的作品，由于限定了只能对本馆收藏的作品进行复制，某图书馆出于保存文献的目的对另一图书馆孤本作品进行复制的行为便得不到豁免。由此，一方面该图书馆无法达到保藏之目的；另一方面一旦该孤本灭失，也就将造成文献收藏的空白。❸ 至于图书馆开展的馆际互借，我国《著作权法》和《条例》都没有规定任何形式与内容的豁免。在责任承担方面，我国法律法规也没有对图书馆与其他类型主体作出区别性规定。

---

❶ 王清，陈凌云．中美版权法之公益图书馆豁免制度比较［J］．图书馆杂志，2008（9）：2-5.

❷ 益思科技法律事务所．美国著作权法与图书馆相关部分介绍［OL］. http：//www. is-law. com/seminar/［访问时间］：2008-10-18.

❸ 王清，陈凌云．中美版权法之公益图书馆豁免制度比较［J］．图书馆杂志，2008（9）：2-5.

第四部分

图书馆部分著作权纠纷案件研究

第13章

图书馆工作中法人作品和职务作品的区分

在我国《著作权法》中，由于立法理念冲突所导致的逻辑混乱，使得法人作品同职务作品的内涵和外延存在交叉与重合，界定标准模糊。正如德国著名学者迪兹博士所指出："中国《著作权法》第 11 条第 3 款法人作品的规定很难与第 16 条的职务作品区分，前者好像是一种职务作品创作的特殊形式。"❶ 尽管对特定作品予以职务性质或者法人性质的判断会造成不同法律后果的重要性早就被图书馆界认识，但是偏重于理论的阐释，缺乏对实践范例的研究。因为不能正确区分职务作品和法人作品导致的纠纷存在于现实的图书馆工作之中，本书通过对"崔世勋诉辽宁省图书馆、黑龙江省图书馆、吉林省图书馆侵犯作品署名权纠纷案"（以下简称本案）的介绍和法律适用评析，结合档案界等相关行业案例，就职务作品与法人作品的界定及其著作权管理策略谈点看法。

❶ 张今．单位作品和职务作品的联系与区别［J］．知识产权，1993（6）：22-23.

13.1　案件概况

崔世勋诉辽宁省图书馆、黑龙江省图书馆、吉林省图书馆侵犯作品署名权纠纷案❶

哈尔滨市中级人民法院民事判决书

（2006）哈民五初字第 2 号

原告　崔世勋，1953 年 6 月 29 日生，汉族，黑龙江大学信息管理学院图书馆学系副教授，住×××。

委托代理人　崔世明，1950 年 9 月 18 日生，汉族，中国银行退休干部，住×××。

被告　辽宁省图书馆，住×××。

法定代表人　王荣国，馆长。

委托代理人　杜希林，辽宁省图书馆法律顾问。

被告　黑龙江省图书馆，住×××。

法定代表人　王海泉，馆长。

委托代理人　吴秀明，黑龙江省图书馆职员。

委托代理人　卢刚，黑龙江省图书馆职员。

被告　吉林省图书馆，住×××。

法定代表人　石丽珍，馆长。

原告崔世勋与被告辽宁省图书馆（简称辽图）、被告黑龙江

---

❶　原告崔世勋与被告辽宁省图书馆、黑龙江省图书馆、吉林省图书馆侵犯作品署名权纠纷案［OL］. http：//ipr. chinacourt. org/public/detail-sfws. php？id＝8706［访问时间］：2010-04-18.

省图书馆（简称黑图）、被告吉林省图书馆（简称吉图）侵犯作品署名权纠纷一案，本院受理后，依法组成合议庭，公开开庭进行了审理。原告崔世勋及其委托代理人崔世明，被告辽图的委托代理人杜希林，被告黑图法定代表人王海泉及其委托代理人吴秀明、卢刚到庭参加诉讼，被告吉图经本院合法传唤，无正当理由拒不到庭参加诉讼。本案现已审理终结。

原告崔世勋诉称：2003 年 12 月，由辽图、吉图、黑图主编，辽海出版社出版发行的《东北地区古籍线装书联合目录》一书，遗漏了原告的署名，侵犯了原告的署名权。请求：(1) 判定原告在《东北地区古籍线装书联合目录》一书中具有编委会委员和黑龙江省编委会委员之身份。(2) 判定被告在《光明日报》、《中国图书馆学报》和《图书馆建设》、《古籍整理研究学刊》、《图书馆学研究》、《图书馆学刊》等东三省图书馆学、情报学刊物上刊登赔礼道歉启事，承认原告应享有的署名权；同时对该书遗漏原告署名的情况印成单页予以修正，寄给该书的所有参编图书馆，并附入已出版的该书中；在该书重印或再版时，将原告的名字与其他编委的名字并列印行。(3) 判决被告赔偿原告由此产生的一切经济损失和精神损失，并负担诉讼费。

被告辽图未提交书面答辩状，庭审中辩称：本案的焦点是原告是否有署名的权利。第一，《东北地区古籍线装书联合目录》一书是由三被告协作编撰，代表被告意志，由被告承担责任的单位作品，出版、出资等都是由被告负责，被告有完全的著作权。原告不享有该书的署名权，因此被告不存在侵权的问题，法院应驳回原告的诉讼请求。第二，该书是单位作品，而不是原告主张的职务作品，原告付出的是劳务而不是创作。

被告黑图未提交书面答辩状，庭审中辩称：对原告主张的事实没有异议，原告主张的在该书中的作用和地位符合事实，原告请求恢复署名是合情合理的。但是，辽图的答辩意见是合法的。

被告吉图未答辩。

在本院开庭审理过程中，原告和被告为证明各自诉辩主张的事实成立，举示了证据并发表了质证意见。

原告崔世勋举示的证据有：

证据 A1：《关于〈东北地区古籍线装书联合目录〉编委会的设置及我省入选人员的意见》。拟证明：黑图报送给辽图的编委名单中有原告的名字。

证据 A2：哈尔滨师范大学图书馆致黑图的公函。拟证明：哈尔滨师范大学图书馆报送的名单中有原告的名字。

证据 A3：诉讼前原告致黑图的函。拟证明：原告就被告侵权问题进行交涉，表明了自己的态度。

证据 A4：吴东光出具的证明。拟证明：原告应成为《东北地区古籍线装书联合目录》的编委之一。

证据 A5：江冶出具的证明。证明的问题同上。

证据 A6：夏玉德出具的证明。证明的问题同上。

被告辽图认为：辽图没有接到原告的证据 A1，对原告的其他证据无异议。

被告黑图认为：对原告的证据无异议。

被告辽图举示的证据有：

证据 B1：《东北地区古籍线装书联合目录》分类表。

证据 B2：《东北地区古籍线装书联合目录》收录范围（草案）。

证据 B3：《东北地区古籍线装书联合目录》总编汇总规则。

证据 B4：《东北三省古籍线装书联合目录》分类表。

证据 B5：《东北地区古籍线装书联合目录一》首页、版权页、编委会名单。

证据 B6：三省总编第三阶段工作要求。

证据 B7：《东北地区古籍线装书联合目录》审校工作要求。

证据 B8：《东北地区古籍线装书联合目录》总编汇总试行规则（一）。

证据 B9：卡片录入规则。

证据 B10：参加单位简称表。

证据 B11：《东北地区古籍线装书联合目录》第二次编委扩大会议纪要。

证据 B12：《东北地区古籍线装书联合目录》最后排序参加馆任务分工表。

证据 B13：《东北联目》卡片总数。

证据 B14：《东北地区古籍线装书联合目录》总编分类表。

证据 B15：《东北地区古籍线装书联合目录》出版预算分配方案。

证据 B16：付款发票。

以上证据拟证明：《东北地区古籍线装书联合目录》的作者是黑、吉、辽三省图书馆，对此书有全权的责任，该作品反映的是单位意志，不应署个人的名字。

原告崔世勋认为：对被告辽图证据的真实性没有异议，但不能证明被告的主张。

被告黑图认为：对辽图的证据无异议。

被告黑图举示的证据有：

证据 C1：哈尔滨师范大学图书馆致黑图的公函，与证据 A2 相同。拟证明：崔世勋在哈尔滨师范大学图书馆申报名单中列为第二名，因此被列入“三省其他参编人员”中。

证据 C2：《关于“东北地区古籍线装书联合目录”编委会的设置及我省入选人员的意见》，与证据 A1 相同。拟证明：因其馆藏超过 1 000 种，共定有三省编委会成员一人，三省其他参编人员三人。

证据 C3：原告致黑图的函，与证据 A3 相同。拟证明：原告向黑图提出异议及补救意见，黑图对原告的要求非常重视，并多次调解协商。

以上证据拟证明：原告参与了《东北地区古籍线装书联合目录》的编写工作，哈尔滨师范大学图书馆申报名单中有原告，黑图的意见报给了辽图说明原告参加了编写。

原告崔世勋对被告黑图的证据没有异议。

被告辽图认为：没有收到这三份材料。

被告吉图未举示证据。

综合分析各方当事人的诉辩主张和举示的证据及发表的质证意见，本院确认：

《东北地区古籍线装书联合目录》的“前言”和“后记”记载：1986 年，在长春召开的东北三省公共图书馆协作会议上，黑图提出了联合编撰东北三省古籍线装书联合目录的建议，得到辽宁、吉林两省的回应。后确定三省图书馆协作编制《东北地区古籍线装书联合目录》，由辽图牵头。

1999 年 9 月 24 日，哈尔滨师范大学图书馆致函黑图，提出哈尔滨师范大学图书馆参加《东北地区古籍线装书联合目录》编辑工作的人员名单，其中列有原告。

2002 年 2 月，黑图向《东北地区古籍线装书联合目录》编委会出具《关于〈东北地区古籍线装书联合目录〉编委会的设置及我省入选人员的意见》，主要内容为：根据《东北地区古籍线装书联合目录》负责人韩锡铎先生的意见，入选三省编委会及其他参编人员名单：（1）入选三省编委会人员名单：由本省主编馆、副主编馆及收入联目的古籍 1 000 种以上成员馆的有关人员组成：哈尔滨师范大学图书馆收入联目的古籍 7 665 种；（2）入选（三省）其他参编人员名单：收入联目的古籍 100 种至 1 000 种的成员馆入选 1 人，1 000 种以上的成员馆入选 2 人。哈尔滨师范大学图书馆：崔世勋。

2003年12月，辽图、吉图、黑图主编的《东北地区古籍线装书联合目录》由辽海出版社出版发行。

2005年6月6日，原告致函黑图，就《东北地区古籍线装书联合目录》没有提及原告问题进行交涉，要求采取补救措施认可其劳动成果。

2005年10月19日，原哈尔滨师范大学图书馆馆长江冶、原哈尔滨师范大学图书馆馆长夏玉德、原哈尔滨师范大学图书馆副馆长吴东光分别出具证明，证实原告崔世勋原系哈尔滨师范大学图书馆古籍部主任、副馆长，一直从事古籍整理工作；哈尔滨师范大学图书馆参编《东北地区古籍线装书联合目录》的工作一直由崔世勋主持、把关，《东北地区古籍线装书联合目录》中凡哈尔滨师范大学图书馆报送的古籍款目，全都经过崔世勋的考订、鉴别、著录、分类、审核等，崔世勋是哈尔滨师范大学图书馆参加此项工作的最主要的劳动者。

原告崔世勋没有提供有关证明其损失的证据，庭审中放弃主张被告赔偿损失的诉讼请求。

本案争议的焦点是：被告主编的《东北地区古籍线装书联合目录》未将原告崔世勋列入编委会名单是否侵犯了原告的署名权。本院认为：被告黑图、辽图、吉图是《东北地区古籍线装书联合目录》的主编，应由被告对该书承担责任，被告亦持此诉讼主张。根据各方当事人都确认的列有原告参加《东北地区古籍线装书联合目录》编辑工作人员名单的哈尔滨师范大学图书馆致黑图的公函、黑图向《东北地区古籍线装书联合目录》编委会出具的关于哈尔滨师范大学图书馆编撰收入联目的古籍款目数量和将哈尔滨师范大学图书馆崔世勋入选（三省）其他参编人员名单的《关于〈东北地区古籍线装书联合目录〉编委会的设置及我省入选人员的意见》以及江冶、夏玉德、吴东光的证言等证据，应当认定原告参与了该书的编撰，并进行了大量创造性的劳动，其劳动成果已为被告所确认并使用于该书，应列入该书参编人员名单。被告辽图在诉讼中已确认江冶、夏玉德、吴东光关于原告为编撰该书进行了大量创造性劳动的证言和已将原告的劳动成果使用于该书，与其答辩中所持原告付出的是劳务而不是创作的主张相矛盾，本院对辽图的答辩主张不予采信。

虽然本案没有提供原告与被告之间的书面合同，但是，哈尔滨师范大学图书馆致黑图的公函和黑图《关于〈东北地区古籍线装书联合目录〉编委会的设置及我省入选人员的意见》足以证实，存在着被告黑图委托原告创作的事实并根据编撰古籍款目数量将原告列入（三省）其他参编人员名单的约定。被告黑图是《东北地区古籍线装书联合目录》的主编之一，其与原告的约定对作为该书主编的各被告及其设立的该书编委会具有法律约束力，而无论被告辽图和该书编委会是否收到了被告黑图向《东北地区古籍线装书联合目录》编委会出具的《关于〈东北地区古籍线装书联合目录〉编委会的设置及我省入选人员的意见》，也无论该书是单位作品还是职务作品，并且即使被告拥有该书的著作权，亦受其组稿时向原告所作出承诺的约束。被告辽图在诉讼中举示了大量证据证明被告享有《东北地区古籍线装书联合目录》的著作权，而原告对被告关于黑图、辽图、吉图合作编撰并享有该书著作权的主张没有提出异议，且著作权问题并不是本案争议的焦点。没有证据表明原告放弃署名等权利为被告进行委托创作，并且也不能认定原告为被告进行大量创造性的劳动却不主张任何权利。不能因为被告主张该书的著作权，被告就可以违反其与原告关于该书署名的约定。依照《著作权法》第 16 条的规定，法律、行政法规规定或者合同约定著作权由法人或者其他组织享有的职务作品，作者享有署名权。被告辽图关于因为被告享有该书的著作权，所以原告就不享有该书署名权，因此被告也就不存在侵权问题的抗辩主张，与理不合，与法相悖，不成立，本院不予采信。

被告无视原告为该书的编撰所作出的大量创造性劳动，在出版的《东北地区古籍线装书联合目录》中未将原告列入参编人员名单，违背了公平、诚信原则，违反了自己的承诺，构成违约，侵犯了原告的署名权，应承担相应的责任。被告应将原告列为相关编委会委员，在该书重印时予以更正，在已印制、发行的该书中增加修正页，并在相关报刊上刊登向原告赔礼道歉的启事，但原告请求被告在诸多报刊上刊登赔礼道歉的启事不当。因原告已放弃请求被告赔偿损失的诉讼主张，故本院对被告的赔偿问题不予审理。

综上所述，原告的诉讼请求部分有理，本院对有理部分予以支持；被告的抗辩主张不成立，本院不予采信。依照《中华人民共和国著作权法》第 10 条第 1 款第（2）项、第 11 条第 2 款、第 24 条、第 26 条和第 46 条第（11）项的规定，缺席判决如下：

一、原告崔世勋为《东北地区古籍线装书联合目录》相关编委会委员。

二、被告辽宁省图书馆、被告黑龙江省图书馆、被告吉林省图书馆在已印制的《东北地区古籍线装书联合目录》中增加原告崔世勋为相关编委会委员的修正页，附入该书，并发送给全部参加该书编撰的单位，于本判决生效之日起三十日内履行。

三、被告辽宁省图书馆、被告黑龙江省图书馆、被告吉林省图书馆在《中国图书馆学报》和《古籍整理研究学刊》上发表增加原告崔世勋为《东北地区古籍线装书联合目录》相关编委会委员、向原告崔世勋赔礼道歉的启事，内容须经本院审核，于本判决生效之日起三十日内履行。如被告辽宁省图书馆、被告黑龙江省图书馆、被告吉林省图书馆逾期不履行，原告崔世勋可申请本院在《中国图书馆学报》和《古籍整理研究学刊》上发表本判决的主要内容，费用由被告辽宁省图书馆、被告黑龙江省图书馆、被告吉林省图书馆承担。

四、被告辽宁省图书馆、被告黑龙江省图书馆、被告吉林省图书馆在重印《东北地区古籍线装书联合目录》时增加原告崔世勋为相关编委会委员。

五、驳回原告崔世勋的其他诉讼请求。

案件受理费 1 000 元，由被告辽宁省图书馆、被告黑龙江省图书馆、被告吉林省图书馆负担。

如不服本判决，可在判决书送达之日起十五日内，向本院递交上诉状，并按对方当事人的人数提出副本，上诉于黑龙江省高级人民法院。

审判长　刘淑华
审判员　刘亚军
代理审判员　常榆德
二〇〇六年三月二十日
书记员　何洋

13.2 作品性质判断标准的理论分析和法律适用点评

13.2.1 《东北地区古籍线装书联合目录》(以下简称《目录》) 具备了著作权法保护的条件

《目录》的创作是按照既定的编撰思想与目的，经由统筹、计划、组织、执行、协调等安排，通过编撰者对文献的收集、筛查、审核、整理、评价等劳动，将单篇文献或者文献篇目集合成一种信息的“人工物质系统”的过程。原本分散无序的文献的价值实现的条件、背景、范围、角度、方式等发生了重要变化，品质特征、内在联系、整体功能、传播活力等均得到不同程度的增强。❶ 这无不烙刻着编撰者认知、分析、判断、推理等思维活动的印迹，体现出独创性。另外，《目录》不仅可以通过模拟技术以传统的纸张、胶片、磁带等载体得到复制，也可以用数字技术得到复制。所以，《目录》具备“独创性”与“可复制性”，当属著作权保护的客体。本案审理中，辽宁省图书馆辩称《目录》是单位作品（法人作品），又认为“原告付出的是劳务而不是创作”，这就出现了悖论：如果法人作品创作是个“技艺性劳动”，这样产生的智力成果还能是著作权法意义上的作品吗？❷ 因此，法院认为被告辽宁省图书馆的主张自相矛盾，不予采信。

13.2.2 《目录》基于委托创作法律关系产生

职务作品的作者（除包括在编人员外，还包括聘任、借调、兼职、临时工等）与单位之间存在着书面的劳动合同法律关系，或者能够由录用通知书、报到证明文件、任职文件等证明的事实劳动法律关系。作者与单位的上下级隶属关系决定了职务作品的创作带有行政强制性，作者接受创作任务是其应尽的义务，这是职务作品不可或缺的构成要件之一。法人作品的自然人创作者既可以是“本单位”（指有劳动合同法律关系）人员，也可以是非本单位人员。比如，2005 年发生的“赵承斌诉山西省太谷县档案局著作权纠纷案”中，原告赵承斌与被告太谷县档案局就不存

❶ 丁华东．档案文献编纂的著作权行为和著作权利探析［J］．档案学通讯，2002（6）：54-58.

❷ 王汀滢．职务作品与法人作品相关问题研究［J］．福建警察学院学报，2009（6）：88-90.

在劳动合同法律关系。[1] 具体到本案，则存在着多重法律关系。第一，原告崔世勋是哈尔滨师范大学图书馆职工，与其任职的图书馆（实际上是哈尔滨师范大学）之间是劳动合同法律关系。第二，原告崔世勋和被告黑龙江省图书馆、《目录》编委会之间通过有关公函建立了委托创作法律关系。

13.2.3　《目录》的创作属于单位的工作职责

“职务性”同样是构成职务作品的必要条件，是指创作的目的是为了完成单位下达的“工作任务”。《著作权法实施条例》第 11 条第 1 款规定：“工作任务”是公民在该法人或者该组织中应当履行的职责。有学者认为，“职责”是指劳动合同，或者单位职责规章、长期工作规划、岗位守则等指明了的职责范围。与单位业务宗旨无关的创作即使具有职务性，创作的作品也不是职务作品。深入开发文献信息资源是当代图书馆的重要职责和业务范围。比如：《北京市图书馆条例》第 2 条就将图书馆定位于“收集、整理、保存、开发、利用文献信息资源为读者服务的公益性机构”。各图书馆通过内部规章使开发信息资源的职责得到明确与落实。本案中，编撰《目录》就是原告为完成其所隶属的哈尔滨师范大学图书馆交办的正常业务工作而创作。法人作品则与此有所区别，既可以有职务性，也可以没有职务性。比如，在“赵承斌诉山西省太谷县档案局著作权纠纷案”中，原告赵承斌的创

---

[1] 山西省晋中市中级人民法院民事判决书（2006）晋中中法民初字第 38 号［OL］. http：//www.llb.cn/flpc/detail.do？ m＝findbyid&id＝129813［访问时间］：2010-04-08.

作活动就是非职务性的。❶

13.2.4 《目录》涉诉内容的创作非单位主持

创作的主持方式，是指单位作为创作的主导者与创作者之间建立什么样的法律关系进行作品的创作。由于《著作权法》第11条中没有自然人在法人创作中关系的规定，使得法人作品的创作过程没有合理的生成基础，这是法人作品概念与职务作品概念混同的深层原因之一。❷ 职务作品虽然是为完成单位任务而创作，但是单位只起到下达任务和验收工作完成情况的作用，不起到主持创作的角色。创作中对材料的取舍、结构的安排、情节的处理、文字的表述等都由作者自己决定。在本案中法院之所以认定原告是“最主要劳动者”，就是因为哈尔滨师范大学图书馆参编《目录》的工作一直由原告主持、把关，《目录》报送的条款，全都经过原告的考订、鉴别、著录、分类、审核等。❸ 而在“赵承斌诉山西省太谷县档案局著作权纠纷案”中，拍摄 DV 片的想法不仅由被告提出，还提供了拍摄的文字脚本，并多次组织专家和领导审查片子，最终审定，在创作中起到了主持与定论的决定

---

❶ 山西省晋中市中级人民法院民事判决书（2006）晋中中法民初字第 38 号［OL］. http：//www. llb. cn/flpc/detail. do？ m＝findbyid&id＝129813［访问时间］：2010-04-08.

❷ 苏杭．试论法人作品的属性及其法律规范［J］．著作权，2001（2）：5-9.

❸ 原告崔世勋与被告辽宁省图书馆、黑龙江省图书馆、吉林省图书馆侵犯作品署名权纠纷案［OL］. http：//ipr. chinacourt. org/public/detail-sfws. php？ id＝8706［访问时间］：2010-04-18.

性作用，所以法院认定涉诉 DV 片是法人作品。❶

13.2.5　《目录》涉诉内容代表着作者的意志

"代表单位意志"是认定法人作品最关键的标准。❷ 然而，"意志体现"理论在实践中往往难以有效起到区别职务作品和法人作品的价值。❸《著作权法》绝对没有规定职务作品只能体现"个人意志"而不能体现"法人意志"，认为体现"法人意志"的作品就不可能再是"职务作品"的观点没有法律根据，是不符合或者说是违反法律规定的。❹ 针对辽宁省图书馆"《目录》体现了单位意志，是单位作品，而非职务作品"的抗辩，法院适用《著作权法》第十六条第二款第（二）项的规定，以委托创作法律合同关系来认定原告享有署名权，实际上是肯定了《目录》涉诉内容的职务作品性质。从《目录》涉诉内容的创作过程和法院认定的被告的创作事实以及创作贡献来分析，体现的应该是原告个人的意志，而非被告的意志。

13.2.6　《目录》的法律责任是由单位来承担

按照权利与义务对等的原则，作者应对其创作的作品负责，包括侵权责任和违法、涉密等其他可能的法律责任。有学者认

---

❶ 山西省晋中市中级人民法院民事判决书（2006）晋中中法民初字第 38 号［OL］. http://www.llb.cn/flpc/detail.do? m = findbyid&id = 129813［访问时间］：2010-04-08.

❷ 唐广良．浅论"单位作品"［J］．知识产权，1992（5）：11-13.

❸ 王汀滢．职务作品与法人作品相关问题研究［J］．福建警察学院学报，2009（6）：88-90.

❹ 张佩霖．体现法人意志的法人作品就不能再是职务作品了吗？［J］. 著作权，1993（2）：51-52.

为，“单位承担责任”是法人作品成立的必要条件，而且指出除法人外，自然人创作者无法承担此责任。❶ 比如，“赵承斌诉山西省太谷县档案局著作权纠纷案”中，涉诉DV片宣传的是太谷县的历史文化，其责任决非自然人创作者能够承担，只能由被告太谷县档案局承担。❷ 但是，考虑到我国实际情况和特殊的利益需求问题，《著作权法》第16条第2款规定某些职务作品的责任由法人承担。比如，在1999年发生的“王和平诉北京市档案馆、北京市海淀区档案馆著作权纠纷案”中，虽然涉诉作品属于《著作权法》第十六条第二款第（一）项规定的“特殊职务作品”，但是作品内容的真实与否直接关系到单位的利益，责任只能由单位承担。❸ 在本案中法院认为，《目录》的责任由作为主编的被告承担，但是这并非就是对《目录》法人作品性质的判断。

13.2.7 《目录》是一种特殊的汇编职务作品

既然《目录》是著作权保护的客体，那么究竟属于哪种作品类型呢？第一，《目录》属于文字汇编作品。如前所述，《目录》由编撰者对既有文献“选择”、“编排”而成，是在原有文献基础上的二次创作，体现出独创性，按照《著作权法》第14条的规定，属于“汇编作品”（而无论被选择、编排的文献是否是著作权作品）。第二，《目录》是一种特殊的汇编职务作品，这一点通

---

❶ 郑小川．也论法人作品与职务作品［J］．知识产权，1993（4）：25-28.

❷ 山西省晋中市中级人民法院民事判决书（2006）晋中中法民初字第38号［OL］．http：//www.llb.cn/flpc/detail.do？m＝findbyid&id＝129813［访问时间］：2010-04-08.

❸ 魏湘玲．王和平与北京市档案馆、北京市海淀区档案馆侵犯著作权纠纷案［J］．电子知识产权，2000（6）：25-27.

过法院在判决中对《著作权法》第十六条第二款第（二）项的适用可以得到明确。由于法院认定原告与被告之间是委托创作合同法律关系，而且就《目录》署名作了约定，因此原告享有在《目录》上署名的权利。由于除署名权之外，原告和被告没有就其他著作权的归属和行使进行约定，又鉴于《目录》是职务作品，所以按照《著作权法》第 16 条第 2 款的规定，《目录》的其他著作权（包括修改权、发表权、保护作品完整权、收益权、转让权等）都归被告所有，而非按照《著作权法》第 17 条的规定归原告所有。

13.3　图书馆对职务作品和法人作品著作权的管理

13.3.1　提高对图书馆著作权管理重要性的认识

2009 年 10 月，国家版权局等四部委联合发布的《通知》指出[1]，要从贯彻落实国家知识产权的战略高度来认识图书馆著作权问题，提高著作权保护水平，有效维护著作权人的合法权益，更好地履行图书馆的社会职能。就图书馆工作中大量的职务作品和法人作品的性质进行正确区分，对于厘清著作权关系，正确归属权利，使自然人作者的私人利益与图书馆代表的集体和国家利益得到有效平衡，促进图书馆事业在法制化轨道上顺利发展有着重要意义。可以认为，《通知》所要求的“加强对图书馆使用和传播作品行为的管理”，不仅指对图书馆使用“外部著作权”的管理，而且包括对图书馆内部创作的职务作品、法人作品著作权

---

[1] 孙佳音．二〇〇九年中国版权十大事件揭晓［OL］．http：//www.chinataiwan.org/wh/dsw/wtyw/201001/t20100106.htm［访问时间］：2010-01-13.

的管理。做好著作权管理工作，要在图书馆界加强著作权法律法规宣传教育活动，提高图书馆员的著作权保护意识，营造学习和遵守法律规定，依法治馆，维护法律尊严的氛围，这正是《通知》第1条就明确的主要内容。

13.3.2 逐步建立和完善图书馆著作权管理制度

政府在著作权保护问题中起到的只是立法、司法的宏观角色，即使国家四部委联合发布的《通知》，也只是对图书馆著作权保护工作的原则性规定；要使国家的法律法规、政策方针得到落实，不能忽视图书馆自身的作为和应该发挥的关键作用，其中开展科学化的著作权管理制度建设尤其重要。况且，规章制度是否健全还是图书馆被诉抗辩的理由，我们可以从相关行业的案例中得到这方面的启示。比如，在“王和平诉北京市档案馆、北京市海淀区档案馆著作权纠纷案”中，被告就没有举出本单位人员基于职务完成的作品著作权归单位享有的规章制度。❶ 有学者针对该案指出：如果被告事先能够制定单位内部的规章，那么纠纷的解决将会非常简单。❷ 图书馆对职务作品和法人作品著作权管理的制度包括职务作品分类管理制度、职务作品和法人作品区分规定、职务作品和法人作品权利的归属与行使制度、职务作品和法人作品档案管理办法、职务作品和法人作品著作权登记管理制度等。

---

❶ 魏湘玲．王和平与北京市档案馆、北京市海淀区档案馆侵犯著作权纠纷案［J］．电子知识产权，2000（6）：25-27.

❷ 李静传．论我国著作权法对法人作品的保护——评王和平诉北京市档案馆、北京市海淀区档案馆侵犯著作权纠纷案［J］．电子知识产权，2001（4）：41-43.

13.3.3　在图书馆引入著作权管理的合同化模式

图书馆的工作计划和安排在靠自己内部的管理机制与每位馆员去具体实施的过程中存在着各种彼此制约的复杂关系，使得个人作品、职务作品、法人作品之间有了更替、重叠、交叉的冲突，极易出现权属不明造成的著作权纠纷。这就要求对作品性质的界定和保护转到以合同约定为预防策略的模式上来，变事后权益分配为事先图书馆与个人权益、风险和法律责任的约定。按照法律规定，合同约定优于法律规定。比如，依据《著作权法》第十六条第二款第（二）项的规定，图书馆可以通过同自然人创作者签订合同，获得除署名权之外的作品的所有著作权。以订立合同方式，可以约定图书馆与自然人创作者的利益分享办法、约定图书馆对自然人创作者的奖励政策、约定图书馆对作品的独占使用权等。合同管理还能够解决许多法无明确的问题。比如，按照《著作权法》第十六条第一款的规定，图书馆在职务作品完成两年内享有“否定权”，却没有规定自然人创作者在图书馆无正当理由拒绝情况下享有的“强制许可权”。在现行法律制度中协调这种矛盾，只能寻求合同约定的渠道。

13.3.4　图书馆要构建创造智力成果的激励机制

作品是图书馆重要的精神财富，具有物质财产不可比拟的特殊功能，而图书馆员在智力成果的创造中处于举足轻重的地位。图书馆要紧紧依靠图书馆员，通过完善的激励机制，调动、挖掘他们的创作热情，发挥他们的聪明才智。第一，将创作贡献纳入特定部门和特定岗位（比如信息资源开发部）的考核之中，作为部门奖励与个人晋升、晋职的重要依据。第二，建立奖励制度，对在职务作品、法人作品创作中成绩突出的部门与个人给以物质和精神奖励。第三，健全权益分配制度，使集体与个人的利益都得到有效维护。比如，可以事先约定作品著作权归图书馆所有，图书馆给自然人创作者奖励，但是如果图书馆没有在规定的期限内使用作品，或者未以合理的价格许可第三人使用，损害了自然人创作者的利益，那么作品的著作权转归自然人创作者所有。第四，从设备、资金、资料等方面改善重点创作部门、重点创作人员的工作条件。第五，加大对重点创作人员的培训力度，提高他们的创作素养。

13.3.5 对职务作品和法人作品的价值进行评估

开展作品价值评估，可以防止图书馆无形资产的流失，为图书馆的智力投资发展提供量化依据，还能够提高图书馆的知名度，并在侵权诉讼中作为抗辩维权的理由。由于著作权是无形资产，要对其进行十分精确的评估，难度很高。一般来讲，衡量著作权的价值可以根据其所具有的社会价值和经济价值来判定。作品社会价值，主要指作品的创作、传播与使用对社会所起的作用。作品经济价值，是指作品传播利用、许可转让可能给权利人带来的经济收益。[1] 影响著作权评估的法律因素包括：作品的类型、权利束所涵盖的内容、著作权的收益方式、著作权登记的情况、作品存续的经济寿命和司法环境、作品的法律寿命、作品的权利状况、作品的创新及更新程度、作品在著作权产业中的法律地位等。[2] 图书馆除了可以自行开展简单的作品价值评估活动外，为了使被评估出来的职务作品、法人作品的价值更加客观、公正，最好还是委托有资质的无形资产评估机构来担当这项工作。

---

[1] 任彦，赵靖．试析版权评估的作用及其原则——建立和健全无形资产评估制度的设想和建议［J］．著作权，1994（3）：17-20.

[2] 来小鹏．影响版权评估的法律因素［J］．中国版权，2008（2）：54-55，40.

13.3.6　要充分发挥职务作品和法人作品的效益

北京大学博士生导师张平教授早在 10 年前就指出：图书馆是一个使信息增值的角色。从某种角度认识，图书馆著作权管理的目的，就是要推动职务作品、法人作品的利用，不仅使作品保值，而且使作品增值，不断取得社会和经济效益。因为只有使作品得到更广泛的传播、更深层次的开发利用，才能证明作品的价值所在，并形成创作的良性循环，才能对创作者予以有效激励，为创作提供不竭动力。职务作品、法人作品除了本图书馆使用外，可以通过许可、转让、参股等方式来提高其效益。图书馆既可以同使用者直接谈判磋商作品的许可、转让、参股事宜，也可以通过著作权交易中介代理组织来管理自己的权利；特别要注重对著作权集体管理机制的利用，这样可以解决图书馆与作品使用者单独谈判授权的种种困难。在信息资源共享的背景下，对于部分职务作品、法人作品，图书馆还可以采取开放存取的方式，使作品在无权利限制（除署名权、修改权、保护作品完整权）与经济门槛的情况下，为更多的用户利用。

第14章
图书馆寄存文献的著作权问题

寄存（Deposit）是指文献所有者在不放弃所有权与处置权的前提下，将文献交给图书馆代其管理的行为。❶ 寄存对于防止具有重要科学、文化、历史价值的文献的流失、毁损，加强对其深入开发利用，提高经济和社会效益都有着积极的意义。许多寄存文献是著作权法保护的作品，寄存行为必然涉及著作权利益关系的产生与调整。图书馆对寄存文献管理的内容包括对其著作权的管理，一方面既要维护作者无形的著作权，另一方面又要保证和著作权利益实现有紧密联系的有形财产权不因图书馆对文献的管理不善而遭受侵害。

---

❶ 王林军，张贵敏．国外寄存思想概述［J］．图书馆建设，2003（6）：98-99.

14.1　案件概况

李明德、李明炎、李明生、李明辉、李明吾、李明珠与南通市图书馆确认著作权、返还财产纠纷案[1]

江苏省南通市中级人民法院民事判决书

（2006）通中民三初字第 0171 号

原告　李明德。

原告　李明炎。

原告　李明生。

原告　李明辉。

原告　李明吾。

原告　李明珠。

诉讼代表人　李明生、李明吾。

委托代理人　王建勋，南通市崇川区中兴法律服务所法律工作者。

被告　南通市图书馆，住所地南通市启秀路 3 号。

法定代表人　蒋国庆，南通市图书馆馆长。

委托代理人　倪怡中。

委托代理人　张建兵，江苏平帆律师事务所律师。

原告李明德、李明炎、李明生、李明辉、李明吾、李明珠为

---

[1] 李明德、李明炎、李明生、李明辉、李明吾、李明珠与南通市图书馆确认著作权、返还财产纠纷案［OL］. http：//ipr. chinacourt. org/public/detail-sfws. php? id＝14768［访问时间］：2010-05-01.

与被告南通市图书馆（以下简称图书馆）确认著作权、返还财产纠纷一案，于2006年11月10日向本院提起诉讼。本院立案受理后，依法组成合议庭，于2007年1月12日组织双方当事人进行庭前证据交换，并于2007年4月30日、9月4日公开开庭审理了本案。原告诉讼代表人李明吾及委托代理人王建勋，被告图书馆的委托代理人倪怡中、张建兵均到庭参加诉讼。原告诉讼代表人李明生参加了第一次庭审。本案现已审理终结。

原告李明德、李明炎、李明生、李明辉、李明吾、李明珠诉称，我六人系李不畏的子女。我父李不畏自解放前起撰写《大般若波罗蜜多经图表表解》。1979年起，我父李不畏在被告图书馆借阅碛沙藏版《大般若波罗蜜多经》（以下简称《大般经》），从事该经书的图表表解创作，直至1983年独立完成《大般若波罗蜜多经全文图表》（以下简称《全文图表》），但未及整理、收集手稿，完成创作次日即去世。《全文图表》手稿内容涉及《大般经》600卷，每卷装订成册，总字数约640万字。我父创作《全文图表》期间，为便于写作的前后查找、核对，将手稿暂交图书馆古籍部代保管，手稿至今仍在图书馆。近年来，一些文献披露了我父创作《全文图表》的情况，我六人有出版该著意向，遂于2006年9月28日致函图书馆请求其返还手稿，虽经有关领导协调，但图书馆以“手稿已列入图书馆馆藏目录”为由而不予返还。因图书馆拒绝返还手稿，致使我们虽为李不畏的合法继承人，但无法实现我父遗作《全文图表》的署名权、修改权、发表权以及其他财产权等著作权。请求判决：（1）确认李不畏为《全文图表》的著作权人；（2）被告图书馆返还李不畏创作的《全文图表》手稿；（3）诉讼费用由被告图书馆负担。

被告图书馆辩称：（1）李不畏在我馆借阅碛沙藏版《大般经》并撰写《全文图表》，1983年完稿。其生前多次表示将其撰写的《全文图表》手稿赠与我馆，我馆根据其生前意愿在接受赠与后将手稿专门存放于“特藏书库”。1984 年，李不畏之子李明德就其父去世后的有关问题向中国人民政治协商会议江苏省委员会（以下简称江苏省政协）反映，江苏省政协回复《全文图表》的手稿由我馆妥为保管。李不畏去世后，其家人对我馆收藏手稿从未提出任何异议，现其子女起诉我馆要求返还手稿，违背了李不畏的生前意愿，亦已超过法定时效。（2）《全文图表》不具有独创性，因此不能成为著作权法保护的作品，不受著作权法保护，但手稿仍应由我馆收藏。即使《全文图表》为著作权法保护的作品，因李不畏已将手稿送予我馆，则该作品的著作权及与著作权相关的一切权利已转移至我馆。请求驳回原告的诉讼请求。

根据双方当事人的诉辩主张，本案的争议焦点为：（1）《全文图表》是否构成著作权法保护的作品，如构成，其著作权应由谁行使；（2）手稿是李不畏赠送给图书馆还是由图书馆代为保管；（3）原告要求返还《全文图表》手稿的请求是否存在诉讼时效及超过诉讼时效期间的问题。

原告就其主张向本院提供了下列证据：

（1）原告的身份证、常住人口登记表和干部履历表。证明原告系李不畏的子女，是适格原告。

（2）《吊李不畏并赞》、《古籍史料工作回顾》、《我们佛教的好朋友》三篇文章。证明李不畏独立创作《全文图表》的过程。

（3）中国社会科学院世界宗教研究所（以下简称社科院宗教研究所）、吴企尧致李不畏的回函，江苏省政协致李明德的回函。证明李不畏系《全文图表》的作者，手稿由图书馆代保管。

（4）证人刘道荣的证言。证明李不畏创作过程及图书馆代为保管手稿的事实。

被告图书馆质证认为，对证明原告系李不畏子女身份的相关证据、三篇文章及回函的真实性均不持异议，但认为文章中的部分内容不真实。社科院宗教研究所的回函中所称的稿是 1979 年的手稿，与本案所涉手稿无关联性；江苏省政协的回函是给李明德的，不是给李不畏的；吴企尧的回函内容不予确认；刘道荣的证言不真实。

被告图书馆为证明其辩称主张，提供了季光、梁战、凌君钰、姚谦的证人证言，证明李不畏生前曾表示将手稿赠送给图书馆。原告质证认为，证人证言间互有矛盾，不能证实李不畏将手稿赠送给图书馆的事实，但上述证言均证实在李不畏创作期间，图书馆古籍部负责人刘道荣与李不畏直接联系，印证了原告所提供的刘道荣证言的真实性。

为了解《全文图表》及《大般经》的相关情况，本院向社科院宗教研究所佛教研究室及南通市佛教协会秘书长梁尚江进行了调查咨询。原被告双方对两份调查笔录不持异议。

综合原被告举证、质证，本院认证如下：对于原告提供的证明其身份及与李不畏关系的身份证等材料，真实有效。被告对原告提供的《吊李不畏并赞》、《古籍史料工作回顾》、《我们佛教的好朋友》三篇文章中的部分内容真实性持有异议，本院将这些文章内容结合其他证据后对李不畏创作过程的事实作综合认定。对于原告提供的刘道荣的证言及被告提供的四证人的证言，因五位证人均与被告图书馆有一定的利害关系，且被告提供的四证人无法证明李不畏将手稿赠与图书馆的事实，故对证人证言均不予采信。江苏省政协、社科院宗教研究所的回函均涉及《全文图表》，故可以作为认定相关事实的证据。吴企尧的回函中虽提及《全文图表》，但由于吴企尧的身份无法确定，且回函中仅涉及其与李不畏的相关书信往来，故不作为认定本案事实的证据。本院所作的两份调查笔录，因著作权归属系本案需要解决的问题，因此被调查人对著作权所发表的意见不予采信，对《全文图表》及《大般经》所发表的意见可以作为认定本案事实的参考。

综合举证、质证及认证，本院认定本案基本事实如下：

《大般经》系唐玄奘从印度取经带回的佛经中字数最多、内容最重要的一部经书，主要是记述释伽牟尼出家的情况和 18 次弘扬佛法的大会盛况及宣讲的佛法内容，全书约 400 多万字。因《大般经》复杂难懂，极少有人读懂、读完该经全文。

李不畏，1903 年出生，江苏省南通市人，毕生从事佛学研究，年轻时即立志要为《大般经》600 卷作表解，以方便佛门子弟阅读研究。李不畏为读懂读通《大般经》，花 10 年时间先后 3 次通读全文，解放前即开始撰写《全文图表》。中国佛教界高僧兴慈法师为该书题名；虚云大师亦为之题诗“稽首般若无上法，难见难闻难遭遇，普愿群情信受持，定蒙如来亲授记”，对该书予以赞赏。后由于历史的原因，李不畏撰写的《全文图表》手稿被毁，其本人也遭关押 20 年，至 1978 年才被释放。1979 年，为重新完成《全文图表》的写作，李不畏经人介绍至图书馆，向图书馆借阅碛沙藏版《大般经》，开始重新撰写《全文图表》，图书馆为其特设查阅专座。20 世纪 80 年代初，李不畏经江苏省政协批准任省文史馆馆员。李不畏在重新撰写《全文图表》期间，曾就出版事宜与社科院宗教研究所联系，但未能如愿。1983 年 7 月，《全文图表》全文撰写完成，《全文图表》的手稿连同李不畏的一些日用品被放置在其专门使用的木箱内。完成手稿的次日，李不畏去世。此后，图书馆即将放置《全文图表》的木箱收藏于图书馆古籍部的“特藏书库”。1983 年 8 月，李不畏之子李明德就李不畏去世后的相关事宜致函江苏省政协，江苏省政协在回函中提及《全文图表》原稿请图书馆妥为保管。

《全文图表》以图表形式概括了 600 卷《大般经》的段落大意，图表外附有部分《大般经》的经文摘抄，并进行了断句。全书所作图表就如提纲挈领，为他人阅读《大般经》经文提供了线索。

原告李明德、李明炎、李明生、李明辉、李明吾、李明珠系李不畏之子女。李不畏之妻已于1988年去世。2006年9月，原告致函图书馆要求返还《全文图表》手稿，遭拒。原告遂诉至本院，要求确认李不畏为《全文图表》的著作权人，并判令图书馆返还《全文图表》手稿。

2007年4月24日，本院组织双方当事人对现存于图书馆的《全文图表》手稿进行清点。《全文图表》内容涉及《大般经》的600卷，按照李不畏本人的创作书目，全书一共16会，即从初会至16会，木箱中现存《全文图表》84册，无第5会两册、第6会下册、第7会、第8会、第10会、第11会，所缺内容涉及《大般经》的557～558卷、562～565卷、570～576卷、578～583卷、597～599卷。此外，在清点中发现，木箱中还有名为《大般若经法相集》、《金刚般若波罗蜜经白话注解》和《般若波罗蜜多心经白话注解》3本手稿。

根据上述查明事实，本院认为：

一、李不畏创作的《全文图表》具有独创性，属于我国著作权法保护的作品。

作品获得著作权法保护的前提是该作品符合著作权法所规定的作品构成要件。我国《著作权法实施条例》第2条规定，“作品，是指文学、艺术和自然科学、社会科学、工程技术领域内，具有独创性并能以某种有形形式复制的智力创作成果”。即智力创作成果要成为著作权法保护的作品，须符合三个条件：(1)属于文学、艺术和科学领域内的创作；(2)具有独创性；(3)能够以某种有形形式进行复制。

本案讼争的《全文图表》的可复制性不言而喻，其能否成为我国著作权法所保护的作品，取决于其是否具有独创性和是否属于著作权法上的作品范畴。李不畏花费了几乎一生的时间和心血撰写《全文图表》，其内容不是对《大般经》经文的简单摘抄，而是对晦涩难懂的经文的梳理概括，以图表形式表达了600卷

《大般经》经文的含义；并对随录的经文进行了断句，为他人阅读理解《大般经》提供了帮助。该书中的图表及文字内容的表达形式完全不同于《大般经》经文，是李不畏独立创作的智力成果。《大般经》是唐玄奘从印度取经而来，属于佛教界的经典经书，其受众为佛门弟子或对佛学有兴趣的人，属于社会科学范畴的著作。李不畏创作的《全文图表》是对《大般经》的演绎，因而亦属于社会科学范畴的创作。李不畏在读通读懂《大般经》后整理而成的《全文图表》，属于演绎作品。根据我国《著作权法》第 12 条的规定，以他人作品为基础创作演绎作品，必须获得原作品的作者或著作权人的许可。但是，本案中《大般经》自唐代起即已在中国问世，已经过几个世纪，属于公有领域的作品，李不畏对《大般经》进行注释、整理的演绎，不存在权利限制。

由此可见，李不畏创作的《全文图表》具有独创性，属于著作权法保护的社会科学范畴的演绎作品、文字作品，李不畏系该作品的作者。李不畏在创作完《全文图表》后即去世，该作品属于尚未发表的作品。被告图书馆关于《全文图表》不具有独创性的主张不能成立。

二、《全文图表》手稿的所有权应由李不畏的继承人即原告六人合法享有。

本案中，双方争议之一就是《全文图表》手稿是李不畏赠与图书馆还是李不畏去世后由图书馆代为保管。

图书馆为佐证其赠与的主张，提供了四位证人的证言，四证人中有的是图书馆的职员，有的曾因工作需要系图书馆的读者，因此四证人均与图书馆具有利害关系，对其证言不能予以单独采信。而且，四证人陈述的是李不畏生前多次表示将手稿存放于图书馆，图书馆认为这就证明李不畏生前已表示将手稿赠与图书馆。本院认为，图书馆的该理由不能成立。首先，“存放”于图书馆，不能直接理解为赠与。其次，赠与，作为民事法律行为之一，是指赠与人将自己的财产无偿给予受赠人，受赠人表示接受的法律行为。赠与属于实践性的民事法律行为，即在当事人意思表示以外，须交付标的物才能成立。即使李不畏在生前有表示将手稿赠与图书馆，但因其手稿当时尚未全部完成，完成的手稿也只是存放于专由其自用的木箱之中，完成次日李不畏即离世，没有发生实际的交付行为。图书馆没有证据证明李不畏在完成全部手稿后，将手稿以赠与方式交付给了图书馆，仅依据证人所称的李不畏生前表示将手稿放于图书馆，即认为赠与成立的主张，不符合法律规定。图书馆在李不畏去世后，收存李不畏放置《全文图表》手稿的木箱，并存放于其古籍部的特藏书库，是代为保管行为，不产生手稿所有权转移的效力。这一代为保管行为也与江苏省政协对《全文图表》在李不畏去世之后的处理意见相一致。

李不畏去世后，其生前所有的个人财产和其他合法权益由其合法继承人依法继承。原告六人系李不畏的子女，系第一顺序的法定继承人，因此，《全文图表》手稿的所有权应由原告六人共同享有。

三、《全文图表》的著作权归属及行使。

我国《著作权法》第 19 条第 1 款规定，著作权属于公民的，公民死亡后，著作权财产权在法律规定的保护期内，依照继承法的规定转移。《著作权法实施条例》第 15 条第 1 款规定，作者死亡后，其著作权中的署名权、修改权和保护作品完整权由作者的继承人或者受遗赠人保护。第 17 条规定，作者生前未发表的作品，如果作者未明确表示不发表，作者死亡后 50 年内，其发表权可由继承人或者受遗赠人行使；没有继承人又无人受遗赠的，由作品原件的所有人行使。李不畏在完成《全文图表》后即去世，《全文图表》属于作者生前未发表的作品，原告六人系李不畏的合法继承人，故《全文图表》的署名权、修改权和保护作品完整权由原告六人共同保护，发表权以及复制权、发行权等财产权在著作权法规定的保护期即作者死亡后 50 年内，也由原告六人共同来行使。

四、原告要求返还手稿的请求权不适用诉讼时效，图书馆应当返还《全文图表》的现存手稿。

对于诉讼时效的适用范围，我国《中华人民共和国民法通则》第 135 条规定，向人民法院请求保护民事权利的诉讼时效期间一般为 2 年，法律另有规定的除外。可见，诉讼时效适用于请求权，即适用于要求他人作为或不作为的权利。其他权利如支配权、形成权、抗辩权均不适用诉讼时效。本案中，原告要求返还手稿，属于物权中的财产返还请求权，而该物权的返还请求权是基于物权而产生的请求权，不同于一般债的请求权，不适用诉讼时效。因为：(1) 物权属于支配权，不适用诉讼时效；而物权请求权的行使旨在实现物权人对物的圆满支配，其与物权不可分开，故物权请求权不能与物权分开而单独适用诉讼时效。(2) 物权请求权通常适用于持续性的侵害行为，很难确定时效的起算点，只要发现有侵害就有权行使请求权，故物权请求权也难以适用诉讼时效。本案中，《全文图表》手稿被图书馆因代为保管的行为而占有，该占有属于持续存在的行为，原告作为《全文图表》手稿的所有权人有随时请求返还的权利，因此，图书馆应当返还现存《全文图表》手稿。本案中，李不畏创作的《全文图表》与其编排的目录相比有所缺失，原告在庭审中认为图书馆保管了《全文图表》的全稿，图书馆应负有返还全稿之责。本院认为，一方面，缺失部分究竟是图书馆保管行为有误还是原本状态，难以确定；另一方面，缺失部分属于无法替代之物，即使令图书馆返还，也显属不能。因此，图书馆只能返还现存的 84 册《全文图表》手稿。至于缺失部分，本院希望原被告双方能尽可能配合寻找，以尽可能地保全李不畏遗作之完整性。

图书馆现还保管李不畏的《大般若经法相集》、《金刚般若波罗蜜经白话注解》和《般若波罗蜜多心经白话注解》3 本手稿。因该 3 本手稿均与《大般经》相关，可能对原告在手稿不全的情况下出版《全文图表》有所帮助，所以，本院建议该 3 本手稿由图书馆一并返还为妥。

综上所述，《全文图表》属于著作权法保护的作品，李不畏是作者，原告作为李不畏的合法继承人，依法享有《全文图表》手稿的所有权，有权保护《全文图表》的署名权、修改权和保护作品完整权，并可在法律规定的保护期内，行使《全文图表》的发表权及复制权等著作权财产权。图书馆应向原告返还《全文图表》手稿 84 册。

据此，依照《中华人民共和国民法通则》第 76 条，《中华人民共和国继承法》第 5 条、第 10 条，《中华人民共和国著作权法》第 11 条第 1 款和第 2 款、第 12 条、第 19 条第 1 款，《中华人民共和国著作权法实施条例》第 2 条、第 15 条第 1 款、第 17 条之规定，判决如下：

一、李不畏是《全文图表》的作者。

二、原告李明德、李明炎、李明生、李明辉、李明吾、李明珠享有保护《全文图表》的署名权、修改权和保护作品完整权的权利，并在法律规定的保护期内享有《全文图表》的发表权及复制权等著作权财产权。

三、被告图书馆于本判决发生法律效力之日起七日内向原告李明德、李明炎、李明生、李明辉、李明吾、李明珠返还《全文图表》手稿 84 册。

案件受理费人民币 800 元，邮寄费人民币 700 元，其他诉讼费人民币 500 元，合计 2 000 元，由被告图书馆负担。该费已由原告预交，本院不予退还，由被告图书馆履行本判决义务时一并给付原告。

如不服本判决，可在判决书送达之日起十五日内，向本院递交上诉状一式七份，并预交上诉案件受理费人民币 800 元，上诉于江苏省高级人民法院。

审　判　长　马晓春
代理审判员　金　玮
代理审判员　陶新琴
二〇〇七年九月五日
书　记　员　施　艳

14.2 图书馆寄存文献的著作权分析

14.2.1 著作权和所有权的统一性

不可否认，有相当部分的寄存文献是受到著作权法保护的作品。比如，本案中的《全文图表》由于具备“独创性”和“可复制性”的作品构成要件而成为著作权客体。作者对作品享有两个权利，即作品载体的有形财产权与其承载并体现的无形的著作权。[1] 著作权可以通过合同方式得到转移（部分精神权利除外）。图书馆以接受捐赠、购买等方式获得馆藏作品，因为其有形财产权转移给了图书馆，所以作者对图书馆就作品后续的出售、出借、出租、赠与等行为无继续干预的权利（法律另有规定的除外）。但是著作权并不随着财产权同时发生转移。这时，作品的有形财产权和无形的著作权是分离的。然而，对于寄存文献来讲，其所有权和著作权的主体都未发生转移，仍旧是作者（或者其继承人），呈现出统一性特征，本案就是一个典型的例子。

---

[1] 李明德，许超．著作权法［M］．北京：法律出版社．2003：156.

14.2.2 著作权保护管理的契约性

寄存行为是文献所有者与图书馆在法律地位平等的前提下，本着诚实、互信、共利、公平的原则，充分磋商谋求彼此利益最大化博弈的结果，并以合同来规范双方的权利义务关系。寄存合同是不要式合同，可以采取口头形式，也可以采取书面形式。❶在本案中，尽管李不畏与南通市图书馆没有就《全文图表》的保管订立书面合同或者口头合同，但是法院通过对图书馆关于“赠与”诉求的分析与否定以及有关公函证据的采信，确认《全文图表》手稿保存在图书馆“特藏书库”是寄存行为。文献寄存合同中大都要涉及著作权的使用和管理问题（无论文献是以传统载体还是数字载体存在），特别是对于尚未发表（出版）的寄存文献，这项内容则是不可或缺的。相比之下，图书馆在购买传统载体文献时，合同条款基本不包括著作权保护问题，只是在购买数字载体文献时会有相关的约定。

14.2.3 著作权价值评估的困难性

对寄存文献的著作权的社会价值与经济价值开展评价有利于图书馆和文献所有者增强法律意识，有利于为寄存合同的签订提供量化依据，有利于对寄存文献价值的开发，还有利于在纠纷发生时认定相关的责任。但是，对著作权这种无形资产进行十分精确的评价，难度甚高。❷ 而我国图书馆界对包括著作权在内的无

---

❶ 保管合同［OL］. http：//www.hetong365.com/08d/a31.html［访问时间］：2010-05-01.

❷ 任彦，赵靖. 试析版权评估的作用及其原则——建立和健全无形资产评估制度的设想和建议［J］. 著作权，1994（3）：17-20.

形资产评价的理论研究还处于初始阶段，实践探索就更加薄弱。[1] 况且，与其他类型馆藏相比，对寄存文献的著作权评价又有其特殊性。比如，寄存文献中有相当部分是具有特殊价值的手稿、美术作品原稿、摄影作品底片、书法字帖、录音录像原件等，对这些作品著作权价值的评价，除了要涉及著作权评价的共性指标外，还要考虑作品是否已经发表、作者的知名度、是否有替代品或者复制品、再创作同一作品的成本、同类作品的参照价格、该作者以往作品的市场行情等因素。

14.2.4　侵权而承担责任的复杂性

一方面，图书馆如果对寄存文献管理和使用不当，可以出现与侵犯其他类型馆藏的著作权相同的法律责任问题。另一方面，图书馆侵害寄存文献的著作权的法律责任有其特殊性。第一，如果寄存文献在因图书馆管理不善损毁、丢失之前已经发表（出版），通常不被视为侵犯著作权（除去有特殊价值的寄存文献原件），只是侵犯了作者的有形财产权。第二，如果图书馆因为管理不善损毁、丢失的寄存文献没有发表（出版），那么要承担侵害作者财产所有权与侵害著作权的双重责任。因为由于作品财产所有权受到侵害，影响和制约了作者通过该作品对其著作权利益的实现，包括署名权、发表权等人身权以及获酬权。在本案中，《全文图表》的缺失究竟是图书馆保管存在差错还是原本状态，难以确定，所以法院没有就缺失《全文图表》的责任问题作出最终认定。

---

[1] 黄华．图书馆无形资产评估论［J］．情报理论与实践，2010（4）：38-40.

14.3 图书馆对寄存文献著作权的管理

14.3.1 鼓励向图书馆寄存文献

寄存文献日益受到重视。比如，2000 年在耶路撒冷举办的 66 届国际图联大会上，文献寄存模式问题就得到专题研讨。❶ 许多归个人和有关组织所有的文献具有重要的科学、文化、社会价值，是人们了解、认识和研究历史所不可替代的信息资源。图书馆通过若干措施鼓励个人和有关组织将这些文献寄存到图书馆中来，一方面可以利用图书馆的专业化和先进化的条件加强保护，防止文献的流失、毁损；另一方面能够优化改善馆藏结构，更好地为社会服务。比如，图书馆可以做动员、说服工作，向个人或者某个组织提出文献寄存方面的意见与建议，还可以给经过鉴定的确有重要价值的寄存文献的所有者以表彰和奖励。国外实践表明，寄存文献的著作权能否得到有效保护是其所有者的顾虑之一，图书馆主要是靠宣传本馆的著作权政策与向文献所有者作出责任担保等方法来解决。

14.3.2 健全寄存文献保管制度

制度是保障。图书馆应该从制度构建、落实、督检方面保证寄存文献的安全性。比如，建立寄存文献登记制度，保证每一份寄存文献都有其对应的唯一的“身份证明”。对于登记过的寄存文献信息，经图书馆和文献所有者确认后，不得随意修改、销毁与变更。如果出现寄存文献毁损、失盗等情况，图书馆要及时通

---

❶ 王林军，张贵敏．国外寄存思想概述［J］．图书馆建设，2003（6）：98-99.

知文献所有者。又比如，对寄存文献要建立日常监管制度，详细记录对其进行修补、数据迁移、收藏位置变化等情况。还比如，要建立争议解决机制，对文献所有者针对图书馆保管文献提出的质疑，如果协商不成，要通过调解、仲裁和诉讼途径解决。对于因图书馆过错造成寄存文献不可补救的毁损、丢失，应向文献所有者作出必要而合理的赔偿与道歉。另外，图书馆要创造条件，拿出专门的空间和设施（包括专门的书架、书柜以及温控、湿控设备等）用于寄存文献的保管，这不仅是管理对策，也是鼓励个人和组织向图书馆寄存文献的一项措施。

14.3.3　完善合同化的管理机制

寄存行为发生之后，图书馆和文献所有者之间就可能由于某种原因造成权利与义务关系的失衡，引起财产和著作权纠纷。这就要求图书馆对管理寄存文献风险的防范采用合同约定的预防模式。按照《合同法》的规定，文献寄存合同是实践合同，自文献所有者向图书馆交付所要寄存的文献时成立（除图书馆与文献所有者另有约定），这种不要式合同无论是以口头约定，或者是以书面缔结，都受到法律保护。但是，这种针对物的寄存的不要式合同的法律规定不利于纠纷（包括著作权纠纷）的解决。可以说，同寄存文献的所有者签订书面合同是图书馆管理寄存文献的财产权和著作权最重要的环节之一。特别是在寄存文献的价值高、数量多、未发表过、无替代物、保管时间较长的情况下，管理风险随之增高，图书馆同文献所有者签订书面的寄存合同就更是必要。

14.3.4　建构著作权的利用政策

对寄存文献的利用是个敏感的问题。按照《著作权法》第 22 条第（8）项的规定，图书馆可以非经授权地对寄存文献（无论发表与否）作“保存”或者“陈列”目的的复制。由于对寄存文献享有“收藏权”，所以按照《条例》第7条的规定，图书馆可以在遵守法定的限制条件的前提下因“陈列”和“保存”目的对寄存文献进行复制（包括数字化复制），并在“图书馆实体建筑内”传播。寄存文献的著作权利用还有个继承的问题，就如本案例中涉及的情况。按照《著作权法》第19条第1款、《著作权法实施条例》第15条第1款、第17条的规定，寄存文献的所有者去世后，其著作财产权由其继承人享有，署名权、修改权、保护作品完整权由继承人保护，无继承人的，由著作权行政管理部门（而非图书馆）保护。但是，法律对未发表的寄存文献的所有者去世后又无继承人的情况下其发表权行使问题的规定却不甚明确，由于图书馆不是寄存文献的所有者，因此由谁来行使发表权就成了悬而未决的问题，一般认为应该由著作权行政管理部门行使。某个单位（法人或者其他组织）寄存在图书馆的文献，在单位变更、终止后，著作权由承受其权利义务的单位享有，无承受其权利义务的单位，按照《著作权法实施条例》第16条的规定，由著作权行政管理部门享有。此外，合同约定优于法律规定，用合同来解决寄存文献的著作权利用问题（尤其是法律没有规定和规定不详的问题）是个很好的办法。

14.3.5 发挥文献的著作权效益

从某种角度认识，图书馆对寄存文献管理的目的，不仅是要使其著作权保值，而且要使其著作权增值。在成立专门的评价组织，构建完善的标准和机制，对寄存文献的历史、文化、科学价值进行评价，以作为征集寄存文献或者判定某文献能否寄存的依据的同时，还要对寄存文献的著作权价值开展评价，并采取各种措施促进其社会与经济效益的发挥。评价的方法有重置成本法、收益现值法、现行市价法等。[1] 图书馆除了可以自行组织开展简单的著作权价值评价活动外，为了使评价结果更加客观、公正，最好还是委托有资质的无形资产评估机构来担当这项工作。图书馆还应该与寄存文献的所有者携起手来，通过著作权许可、转让、参股等方式提高寄存文献的效益。对于部分寄存文献，图书馆可以建议所有者以开放存取的方式让用户利用。

附录

英国伯明翰大学图书馆《长期寄存协议》[2]

（节　录）

第一条　寄存文献归寄存者拥有，但应授权图书馆出于公共目的，保障在一定条件下开发和使用的自主权利。

第七条　寄存者应授权在本图书馆或国内外其他正规图书馆、博物馆和艺术馆就公众普遍感兴趣的有关内容举办展览。图书馆应采取特别收藏措施，防止其他任何人接触到这些文献，除非文献被寄存者特许利用。

第八条　研究学者在撰写出版物中对寄存文献和手稿部分的引用或复制要注明出处，对一些敏感问题的公布首先应寻求寄存者或其代理人的同意。

---

[1] 黄华．图书馆无形资产评估论［J］．情报理论与实践，2010（4）：38-40.

[2] 徐辉．加强寄存档案管理和利用的思考——读英国伯明翰大学图书馆《长期寄存协议》启示录［J］．中国档案，2009（12）：77.

第十二条　寄存者应当允许图书馆免费将寄存文献用于学术研究等查询目的，而提供复制件则需要适当收费。

第十四条　图书馆在人力和资金许可的条件下，可以积极实施编目，以改进文献保管方式。

第十六条　图书馆在尊重文献系统完整的前提下，有权向寄存者清理返还重复的部分，并以图书馆认为合适的任何方式重新整理和排序所有的寄存文献。

第十七条　图书馆在采取适当防盗、防火等措施的同时，对因不可预测灾害对文献造成的损毁不承担风险责任。

第15章

图书馆从事信息导航服务的著作权法律风险

信息导航这种网络条件下图书馆不可或缺的服务方法的技术基础是超链接（Hypertext Links）。链接被认为是整个互联网的灵魂。作为导航工具与路标，链接通过一种超媒体、超时空的信息接续机制❶，把网络上处于不同地位和物理位置的文件天衣无缝地结为一体，极大地方便了用户对知识信息的查找与利用。然而，链接也“连”出了一系列麻烦，不少网站所有者因为设置了通向其他网站材料的链接而被指控为侵犯著作权。❷ 2008 年 8 月结案的“北京三面向版权代理有限公司诉重庆市涪陵区图书馆侵犯网络著作权纠纷案”就是一起图书馆开展信息导航服务因为设置链接不当所引发的典型案例。这个案件的意义不仅是要求图书馆通过建立和执行科学正确的设链规则来规避法律风险，更重要的是以其示范效应给其他图书馆以警醒，并引起我们对图书馆著作权危机新动向的关注，加强对著作权危机的研究和管理。

---

❶ 朱秀．深度链接与信息网络传播权的若干问题——一则案例的启示［M］//蒋志培．著作权新型疑难案件审判实务．北京：法律出版社，2007：73.

❷ 薛虹．网络时代的知识产权法［M］．北京：法律出版社，2000：240.

15.1 案件概况

北京三面向版权代理有限公司与重庆市涪陵区图书馆侵犯网络著作财产权纠纷案[1]

重庆市高级人民法院民事判决书

（2008）渝高法民终字第146号

上诉人（原审原告） 北京三面向版权代理有限公司，住所地北京市丰台区北甲地路2号院3号楼。

法定代表人 詹启智，该公司总经理。

委托代理人 刘宏伟，北京市千纵律师事务所律师。

被上诉人（原审被告） 重庆市涪陵区图书馆，住所地重庆市涪陵区人民东路2号。

法定代表人 刘争，该馆馆长。

委托代理人 林荣华，男，汉族，1982年9月3日出生，重庆市版权保护中心工作人员。

上诉人北京三面向版权代理有限公司（以下简称三面向公司）与被上诉人重庆市涪陵区图书馆（以下简称涪陵图书馆）侵犯著作财产权纠纷一案，重庆市第三中级人民法院于2007年11月20日作出（2007）渝三中民初字第49号民事判决，三面向公司对该判决不服，向本院提起上诉。本院依法组成合议庭，于

---

❶ 重庆市高级人民法院民事判决书（2008）渝高法民终字第146号［OL］. http://ipr.chinacourt.org/public/detail-sfwsphp? id=23096［访问时间］：2009-05-18.

2008 年 7 月 8 日公开开庭审理了本案。上诉人三面向公司的委托代理人刘宏伟，被上诉人涪陵图书馆的委托代理人林荣华到庭参加诉讼。本案现已审理终结。

一审法院经审理查明：2007 车 2 月 1 日原告三面向公司与戴延庆签订著作权转让合同，依法受让取得了戴延庆（笔名：独孤残红）作品《销魂一指令》除署名权、影视改编权以外的著作权。在 2006 年 8 月 9 日至 2007 年 4 月 24 日期间，涪陵图书馆作为公益性文化机构，为了方便读者网上查询及阅读，通过江西新余电信网站链接了《销魂一指令》的内容。累计免费阅读人次为 37 次。2007 年 4 月原告认为被告涪陵图书馆在其网站（http://www.fllib.org.cn）上未经著作权人许可便使用并传播了该作品，也未向权利人支付相应的报酬，遂于 2007 年 4 月 4 日由北京市海淀区第二公证处对涪陵图书馆的该链接行为进行了公证，该公证处作出（2007）京海民保字第 0167 号公证书及光盘。其中光盘（hpinvent）内容载明：由涪陵图书馆网站首页进入，点击文学作品，输入“销魂一指令”，则即可阅读《销魂一指令》作品内容。《销魂一指令》的网址为：//.../.../file：///f：/销魂一指令/（*）.html；range（*）＝001－020. 同年 4 月 17 日原告向被告发出《敦促立即支付销魂一指令等作品许可使用费的通知》，涪陵图书馆于同月 24 日收到该函件后，立即与原告三面向公司取得了联系，并表明了其仅是提供目录链接这一事实，并随即断开了链接。同月 23 日被告涪陵图书馆申请重庆市涪陵区公证处对其链接江西省新余市电信提供《销魂一指令》阅读服务的情况进行公证，该公证处于当日在该处办证（3）室进行了截图公证，并作出（2007）渝涪证字第 566 号公证书以及附属光盘。光盘内容证明了在被告涪陵图书馆网站上出现的《销魂一指令》通配网址是：http：//218.65.31.249：8081/longres/010/070/120/html/（*）.html. 其中 range（*）＝010－020.

利用 www. IP138. com 对 http：//218. 65. 31. 249 网址的地理位置进行查询，结果为江西省新余市电信。进入江西省新余市电信网页，打开 http：//218. 65. 31. 249：8081，出现数字图书馆网页；点击文学作品进入，输入“销魂一指令”检索，查询出该书名的结果，再点击该结果进入该书目录；点击第一章至第二十章，出现相对应的章节的内容。其通配网址为：http：//218. 65. 31. 249：8081/longres/010/070/120/html/（*）. html. 其中 range（*）=010—020，被告涪陵图书馆只是通过上述网址链接《销魂一指令》的文章内容，而没有在本网站占有、存储、转载该作品内容。

一审法院认为，涪陵图书馆作为公益性文化机构，为了更好地传播文学信息资源，发挥图书馆的知识导航作用，方便读者查询、阅读相关文学作品，其在 2006 年 8 月 7 日至 2007 年 4 月 24 日期间，通过链接江西省新余市电信网址的形式在本网站中链接了《销魂一指令》文章内容。从原被告双方提供的公证内容看，被告对本案涉案作品的使用并非是在自己的网站中直接占有、存储文章内容，其所提供的仅仅是一个狭义的链接服务，即让读者能够通过被告的网站与江西省新余市电信之间的链接阅读江西省新余市电信中登载的本案涉案作品内容；涪陵图书馆只是链接服务提供者，而不是文章内容的直接登载者。涪陵图书馆在提供链接服务时，不知道对方网站登载的文章内容存在侵犯他人著作权的问题。同时其在无偿提供链接阅读服务时，也并未隐瞒地址栏中的江西省新余市电信的网址以及网络域名，主观上无使读者产生误认的故意，也即读者在阅读该作品时不会误认为是在涪陵图书馆的网站上阅读该作品。涪陵图书馆作为公益性网络服务者，只是为读者提供了相关文章的链接服务。根据《信息网络传播权保护条例》第 23 条“网络服务提供者为服务对象提供搜索或者链接服务，在接到权利人的通知后，根据本条例规定断开与侵权的作品、表演、录音录像制品的链接的，不承担赔偿责任；但是，明知或者应知所链接的作品、表演、录音录像制品侵权的，应当承担共同侵权责任”之规定，网络服务商只有在接到权利人通知后仍不断开链接行为，或明知侵权，仍然未断开链接服务的，方应承担相应的民事责任。本案原告未举示证据证明涪陵图书馆是明知其所链接的网站构成侵权，仍予以链接；且被告作为公益性文化传播网站，并未因其提供该链接行为直接受益，其在收到原告关于支付稿酬的通知后立即停止了链接服务。综上，被告涪陵图书馆在客观上虽链接了未经过权利人许可的侵权作品，从而构成了对原告著作权的侵犯，但其在接到权利人的通知后，即断开了与侵权作品的链接，故不应承担侵权赔偿责任。被告在诉讼中要求追加江西省新余市电信为本案共同被告，本院认为，江西省新余市电信不是本案必须参加诉讼的共同诉讼当事人，故对被告的这一主张依法不予支持。综上，因被告涪陵图书馆的行为不应承担民事赔偿责任，故对于原告要求被告赔偿其损失的诉讼请求依法不予支持，被告关于其不应承担赔偿责任的辩解理由本院依法予以采纳。

一审法院依照《中华人民共和国民法通则》第 94 条、第 106 条第 1 款、《信息网络传播权保护条例》第 23 条之规定判决：驳回原告北京三面向版权代理有限公司的诉讼请求。本案一审案件受理费 3 156 元，由原告北京三面向版权代理有限公司负担。

三面向公司不服判决，向本院提起上诉，请求：（1）撤销原判决，依法改判，判令被上诉人赔偿上诉人经济损失及合理费用共计 149 800 元（其中包括二审律师费 5 000 元、差旅费 2 000 元）；（2）一、二审诉讼费用由被上诉人承担。其主要理由是：（1）原判决认定上诉人提供的证据三“因登载《销魂一指令》内容的网址不明确，故对证据的关联性不予确认”的认定错误；

(2) 原判决认定“所提供的仅仅是一个狭义的链接”、“涪陵图书馆在提供链接服务时，不知道对方网站登载的文章内容存在侵犯他人著作权的问题”以及“本案原告未举示证据证明涪陵图书馆是明知其所链接的网站构成侵权，仍予以链接”的认定错误；(3) 原判决认定“涪陵图书馆作为公益性文化机构，为了更好地传播文学信息资源，发挥图书馆的知识导航作用，方便读者查询、阅读相关文学作品”以及“涪陵图书馆作为公益性网络服务者，只是为读者提供了相关文章的链接服务”的认定错误；(4) 被上诉人的行为构成了共同侵权，应依法赔偿上诉人经济损失及合理费用共计 149 800 元。

涪陵图书馆答辩认为，一审法院认定事实清楚、适用法律正确。请求驳回上诉人的上诉，维持原判。

本院二审查明的事实与一审法院查明的事实相同，本院予以确认。

本院认为，综合当事人的诉请和抗辩，本案争议的焦点是，涪陵图书馆的链接行为是否构成侵权，如果构成侵权是否应当承担赔偿责任。

判定涪陵图书馆的链接行为是否构成侵权，首先应当确定其链接的程度，即链接的程度为“一般链接”或是“深度链接”。一般链接，主要是指设链者在其网站或网页上直接显示一般链接的标志，网络用户能够清楚地知道设链者的网站或网页同其他网站或网页建立了链接，并且能够通过点击一般链接标志指令浏览器访问被链接对象。“深度链接”则是指设链者将被链接对象的网址“埋”在自己的网站（网页）中，网络用户并不一定知道设链者网站（网页）同其他网站（网页）建立了链接。从本案查明的事实看，自进入涪陵图书馆网站的首页起，点击其文学栏目进入网站所有文学作品列表，再点击文学作品列表中涉案作品进入该作品所在网页，再注册后点击进入涉案作品的内容目录列表，其每一步骤均显示涪陵图书馆为该网站的运营者和内容服务提供者。在这几个步骤中，对涉案作品内容的链接尚未设立。再点击涉案作品内容目录列表中的每一项打开每一章节的内容后，链接才得以设立。但从显示每一章节内容的网页直观地来看，以普通网络用户的网络知识程度和阅读网络内容的习惯，网络用户不一定知道涪陵图书馆的网站同其他网站已建立了链接，其内容服务提供者已并非涪陵图书馆，从而使网络用户误认为其内容仍为涪陵图书馆提供。涪陵图书馆的行为应属“深度链接”。

涪陵图书馆作为本网站的运营者和内容服务提供者，在与其他网站设立链接而提供内容服务时，应当知道其行为构成侵权的可能性，但涪陵图书馆未尽到注意义务，在未审查涉案作品是否构成侵权，在未得到被链接网站运营者同意，在未得到作品权利人许可的情况下，直接通过网络链接而使用涉案作品，向网络用户提供内容服务，且未向作品权利人支付报酬。涪陵图书馆的行为侵犯了权利人的信息网络传播权和获得报酬权，依法应承担相应的民事责任。

涪陵图书馆系公益性质的文化机构，其网站运行不以营利为目的，而主要是为了传播文学信息资源，发挥图书馆的知识导航作用，方便读者查询、阅读相关文学作品。涪陵图书馆的行为虽然构成了侵权，但在侵权期间涉案作品的被点击数极低，涪陵图书馆在主观上亦没有使读者产生误认的故意，且在收到三面向公司《敦促立即支付销魂一指令等作品许可使用费的通知》后立即断开了链接，停止了侵权行为。

综上，涪陵图书馆在客观上虽存在未经权利人许可而使用传播涉案作品，从而构成对三面向公司著作财产权的侵犯，但鉴于主观上及实际上没有从中牟利，在主观上也没有使网络用户产生误认的故意，且因点击次数低，传播面较小，侵权损害的后果较轻，并已及时停止了侵权行为等因素，且因该侵权行为给三面向公司造成的损失亦不能确定，赔偿数额（含合理费用）当以足以补偿其可能造成的损失为原则酌情确定。一审判决虽认定事实清楚，但适用法律错误，本院予以改判。根据《中华人民共和国著作权法》第10条第12款和第17款、第47条、第48条和《中华人民共和国民事诉讼法》第153条第1款第（2）项的规定，判决如下：

一、撤销重庆市第三中级人民法院（2007）渝三中民初字第49号民事判决。

二、重庆市涪陵图书馆赔偿北京三面向版权代理有限公司10 000元。

三、驳回北京三面向版权代理有限公司的其他诉讼请求。

本案一审案件受理费3 156元，二审案件受理费3 296元，共计6 452元由重庆市涪陵图书馆承担。

本判决为终审判决。

审　判　长　张　勤
审　判　员　周　敏
代理审判员　李　剑
二〇〇八年八月十一日
书　记　员　宋黎黎

15.2 链接技术的类型

15.2.1 链接标识

这种链接是把被链文件的网址嵌入设链文件的超文本标记语言。链接标识可以引导用户的浏览器停止浏览当前所在网页的内容，转而下载和浏览超文本指向的同一网址的网页或者另一网址的内容。链接标识可以有多种表现形式，可以直接使用被链文件的网址，也可以使用各种图案、文字、照片、徽标等。最常用的是将作为链接的文字和图标通过下划线和不同颜色显示与网页中的其他内容区分开来。这种链接的过程是：用户点击链接→用户的浏览器向链接中指向的服务器提出请求→请服务器把内容传送到用户的计算机上→内容显示在用户的浏览器中，并暂时存储在用户计算机的内存里。

15.2.2　图像链接

制作者使用超文本标志语言在网页中设计 IMG 指令，将不同网站、网页上的图像链接到自己网页上来，被链的图像能够作为自己网页整体的一部分在屏幕上显示出来。因此，用户计算机下载和浏览的内容不仅包括该网主自己登载的内容，还包括通过这种链接传送的其他网页的内容。这类似于报刊中的插图，但设链者本身可能并没有这幅插图。❶ 图像链接在某种意义上就是一种“虚拟剪贴”，涉及对他人著作权材料的传输和缓存。

15.2.3　景框链接

景框链接技术允许设链者将自己的网页分为几个独立的区间（视框），每个区间可以同时呈现不同来源以及不同内容的资料，并且可以单独卷动（Scrollable），每个框都是一个基于超文本标记语言的信息窗口。设链者可以利用此技术将其他网站的资料显现在自己网页的某一视框，而本身网站的其他内容仍然存在。视框链接时，屏幕上的网址仍然保持为设链者的网址，而不是被链网站的网址。景框链接与图像链接在概念上非常相似，景框链接

---

❶ 韩薇．浅析链接引起的知识产权法律纠纷［J］．法制与社会，2007（2）：282-283.

也是一种虚拟剪贴。两者的不同在于，景框链接的内容来自另一个网页。

15.2.4 深度链接

内置的指针指向他人网页上的文章、图像、音乐片断等信息，使设链者的文件在展示给用户时，将这些被链信息也融合进来。这种链接行为不是由用户去主动或有意识地实施的，而是当用户打开设有内置的网页时，该链接就会自动启动和完成与链接所指向网页的链接，用户不会察觉到链接的行为。从理论上说，每个网站可以完全靠埋置链借用其他网站的文字和图像建立起来，对用户来说，埋置链所创建的虚拟文件看起来和真实的文件没有什么不同。

15.3 链接技术对著作权的影响

15.3.1 链接标识涉及的著作权问题

链接标识可能涉及两方面的著作权问题：一是将他人网页中的只言片语或图形作为链接标识使用本身是否构成一种侵权行为；二是实施这种链接是否构成一种侵权行为。❶ 如果链接标识只不过是被链文件的网址，那么侵犯被链文件著作权的可能性微乎其微。如果链接标识是书名、报刊名、文章标题、短语等文字，那么问题就比较复杂。比如：在英国“谢德兰时报案”中，法院认为，被告用做链接标识的原告文章标题虽然只有 8 个左右的单词组成，但是足以构成“作品”，被告复制了这些标题，至

❶ 贺延辉．网络信息服务中链接的知识产权问题研究［J］．江苏图书馆学报，2002（5）：11-13.

少在有些情况下可能构成对原告著作权的侵犯。❶ 如果链接标识使用的是被链文件上的图案、照片、徽记，而这些本身又是受到著作权保护的作品，那么这种非经授权的设链行为则会构成侵权。在瑞得集团诉东方翠屏公司案中，原被告均在互联网上设立了各自的网站，对比原被告的网站主页，所用颜色、文字及部分图标并不完全相同，但在“最新推出”、“看中国搜索引擎”等处，所用图标相同。原告的“看中国搜索引擎”是作为一个链接的标识使用，提供在线搜索服务；但原告并未举证证明被告的主页上此图标的使用情况。原告状告被告侵权，得到了法院的支持。

15.3.2　图像链接涉及的著作权问题

图像链接与链接标识的不同在于使用后一种方式，用户所浏览到的另一网页的内容仍然在其原有的网址上并保持权利人允许的原有编排和使用背景。而对于前一种链接方式，供用户浏览而“剪辑”的另一网页的内容完全脱离了原来的使用背景，所以认定侵权的可能性会大大增加。❷ 而且，图像链接往往都做得天衣无缝，直观上无法判断已链接到他人的网站，极易认为是本网站的内容。设链者的目的非常明确，即希望用户将被链接的内容视为设链者自已的内容，享受由此带来的各种利益，故应认定为侵权。❸ 图像链接是把别人的作品当成自己的作品来用，而且没有也不可能指明原作者的姓名和作品出处，更不可能向原权利人付费，因此不属于合法的网络转载、摘编的法定许可情形，构成对

---

❶ 薛虹．知识产权与电子商务［M］．北京：法律出版社，2003：277.

❷ 金玲．知识产权与网络传输［J］．科技与法律，2000（1）：35-41.

❸ 贺延辉．网络信息服务中链接的知识产权问题研究［J］．江苏图书馆学报，2002（5）：11-13.

他人复制权和精神权利的侵犯。在 Dilbert strip 案中，一方当事人是一个名为 Dan Wallach 的学者，他为 Dilbert 连环漫画制作了一个网站，浏览该网站的用户可以看到 Dilbert 连环漫画，因为 Dan Wallach 制作的图像链接可以直接调用 United Media 公司网站上的漫画图片。1996 年，Dan Wallach 接到 United Media 公司的律师信，要求其撤销通向 United Media 公司网站的连环漫画的链接。Dan Wallach 开始认为自己并未侵权，因而不同意撤掉图像链接，但后来在 United Media 公司提起诉讼的压力下只好撤除。

15.3.3 景框链接涉及的著作权问题

景框链接与图像式链接涉及的著作权问题在性质上非常相似，即当前网主通过设置景框链接将另一网页的内容剪贴至当前网页的景框内，使该另一网页的内容脱离了权利人许可的使用背景，导致用户的网络服务商传送该另一网页内容的行为和用户为浏览该另一网页的内容的复制行为构成未经许可的侵权行为；而设置这种景框链接的网主的行为构成授权他人侵权，同样侵犯了另一网页权利人的著作权。❶ 将其他网站的网页“框”到一个特定的网页上，这是一种作品的展示。而在“框”外附加广告，是一种作品的使用，即使用这个“框”来获取广告费；在未经权利人许可的情况下，实施这种侵权行为与著权法的原则很难相符。❷ 在 Washington Post 诉 Total News 案中，针对原告网站对外所发布的新闻，被告在其网站的网页上设置了“框”，第一个“框”是一个原告的新闻网页，被告同时在框之外附加了自己发

❶ 金玲．知识产权与网络传输［J］．科技与法律，2000（1）：35-41.

❷ 杨迅，李风华．超链接的法律问题分析［J］．法学，2000（9）：37-41.

布的广告，但未经原告许可。原告认为被告的行为改变了其新闻发布的方式，并附加了自己的广告，构成对著作权的侵犯。法院判定被告立即停止以框架方式使用原告的网站内容，除非经过原告的许可。

15.3.4 深度链接涉及的著作权问题

深度链接首先存在着复制行为，在设置链的网页上显示了被链对象的内容，其内存中必然形成复制，未经允许的复制行为显然是侵权的。其次，有的网站的链接取自其他网站的部分内容，存在侵犯他人编辑权、改编权的嫌疑。深度链接可获得其他网站的信息，甚至可获得经济效益，而这些信息的取得是利用其他网站的成果，并没有进行多少创造性劳动；这种行为是著作权法所禁止的，应视为侵权。[1] 在美国的一起案件中，被告在自己的网页上未使用“可见”的原告商标图形及文字，但却将原告的注册商标埋置在其网页的关键词中，只要用户以原告注册商标为题通过搜索引擎查询原告的信息，都被搜索引擎指引到被告的网页。该案最后由法院下永久性禁令禁止被告的此种“埋设”行为。

15.4 设链者责任豁免的避风港规则

15.4.1 学术界对链接侵权问题的争论

尽管就链接问题有了部分判例，但学术界对链接是否侵权问题仍然存在争论。肯定者认为：第一，从行为上讲，设链者虽然没有实际复制他人网页，但在视觉上给人以复制的感受，设链者

---

[1] 贺延辉．网络信息服务中链接的知识产权问题研究［J］．江苏图书馆学报，2002（5）：11-13.

通过链接达到了复制的效果。第二，从行为对象来讲，被链接的是享有著作权的网页作品，损害了网页所有者独占地享有许可他人使用自己网页并收取报酬的权利。超链接行为导致了下列后果：在经济上，超链接可以使浏览者跳过原网页上的广告而直接访问其核心内容，造成广告收入下降；在精神上，超链接破坏了网页内容的完整性，使用户误认为原网页为链接者创作的作品，从而侵犯了原网页所有者保护作品完整性的人身权利。从行为的主观心态来讲，链接行为通常而言是故意的行为，设链者必然知道原网页的存在，即知道行为对象是受著作权保护的客体。否定者却认为：第一，从技术上说，超链接并非对原网页进行了实质性的复制，用户浏览的信息并不经过链接者网页所在的服务器直接传送到用户终端，链接只不过是提供了一条通道。第二，从效果上讲，互联网上的信息是向公众开放的，任何人都可以自由访问，超链接的存在只是提供了信息的链接方式来帮助公众直接访问有关信息，只不过是增加了访问该网页的途径而非扩大了网页的公开面。第三，从网络的精神考虑，网络产生的初衷之一就是资源共享，而超链接技术恰恰从技术层面对这种崇高的理想予以了支持。另外，网络全球性的特质要求设链者事先取得被链网页所有者的授权也是不现实的。对链接是否侵权还有第三种认识，认为链接本身不构成侵权，但却属于“辅助侵权”的范畴。❶ 对链接技术是否侵权不能一概而论，要结合具体情况和个案分析。链接并不必然导致侵权，但是如果说采用深层链接、视框链接，或者链接使用户绕开了网页上的广告，就可能侵权。

---

❶ 杨迅，李风华．超链接的法律问题分析［J］．法学，2000（9）：37-41.

15.4.2　链接中的利益平衡问题

链接技术著作权问题的实质是利益平衡问题。[1] 第一，如果原网页具有很强的商业性营利目的，对其链接可能绕过广告而使网页所有者经济受损，那么认定超链接侵权是合理的；如果原网页是公益性的，或者本身就是广告，那么对它的链接并不影响网页所有人的收入，则不能认为链接侵权。第二，若链接的目的是向公众介绍知识，增加用户获取特定信息的方便性，超链接行为就不应认为是侵权；但是，如果链接是出于商业目的，则应认定是不正当行为。第三，如果将原网页作为链接者网页的大部分或核心部分，并且用户浏览器所显示的仍然是当前网页的地址，或者链接破坏了原网页信息内容的完整性，使人产生误解和歪曲，应不被允许。第四，如果链接者在网页制作中投入了很大的创造性劳动，并使公众对网络的访问获得了实质性的便利，那么一般不构成侵权；反之，如果链接者制作网页过程没有投入创造性劳动，或投入很少劳动，就可能侵权。

15.4.3　避风港规则

“避风港规则”又称“通知移除规则”，规定该规则的条款称为“避风港条款”，其来自于美国 1998 年制定的《跨世纪千年著作权法》(DMCA)，最早适用于著作权领域。“避风港条款”是指在发生著作权侵权案件时，当网络服务提供商只提供空间服务，并不制作网页内容，如果网络服务提供商被告知侵权，则有删除的义务，否则就被视为侵权。如果侵权内容既不在网络服务提供商的服务器上存储，又没有被告知哪些内容需要被删除，则

---

[1] 杨迅，李风华．超链接的法律问题分析［J］．法学，2000（9）：37-41.

网络服务提供商不承担侵权责任。后来避风港条款也被应用在搜索引擎、网络存储、在线图书馆等方面。避风港原则包括两个部分，“通知+移除”（Notice-take down procedure）。由于网络中介服务没有能力进行事先内容审查，一般事先对侵权信息的存在不知情。所以，采取“通知+移除”规则，是对网络中介服务商间接侵权责任的限制。❶

我国最高人民法院颁布的《关于审理涉及计算机网络著作权纠纷案件适用法律若干问题的解释》第5条的规定对避风港规则有所体现，但是只适用于提供内容服务的网络服务提供者。《互联网著作权行政保护办法》第12条则从行政责任角度规定了避风港规则。《条例》第14～17条设置了“通知与移除”程序，第22条和第23条针对两类网络服务提供者规定了避风港规则，第24条规定了权利人因错误通知移除而应承担的赔偿责任。从某种角度认识，《侵权责任法》第36条第2款在本质上同样属于对避风港规则的规定。

15.5 图书馆设置链接的自律性措施

深度链接（Deep Link）是绕开了被链网站的主页，直接连到其某个分页上的链接形式。如果设链者不给予适当的提醒，用户容易认为该分页就是原网站的组成部分。❷ 就如同电视台转播其他电视台的节目，但加上自己的台标，去掉了被转播电视台的

---

❶ 于雪锋．网络侵权法律应用指南［M］．北京：法律出版社，2010：52.

❷ 韩薇．浅析链接引起的知识产权法律纠纷［J］．法制与社会，2007（2）：282-283.

台标，使观众误认为是该转播台自己的节目一样。❶ 也就是说，深度链接设链者利用他人网站存储的内容“充实”自身的传播网页，为自己的传播网页服务，使得浏览设链网站的网络用户不必转到其他被链网站，可以在完全忽略被链网站存在的情况下接触到被链网站服务器存储的内容。而对于通过设链行为得到他人作品内容的网络用户而言，这些作品的发起传播者只是设链网站，他们是通过设链网站的传播行为接触到其想要的作品，设链网站对所链接传播的作品名称、著作权属性以及可能的注意义务无疑又是知道或者应当知道的。❷ 深度链接本身并不违法，也不构成侵权，但是却使得设链者实际使用了被链网站的内容，未经授权地行使了其本不应该享有的信息网络传播权，起到了传播被链作品的作用。深度链接不仅越过了被链网站的首页，淡化了被链接内容同其所属网站之间的联系，而且降低了被链接网站首页广告的可见度和点击率，影响了其经济收入。所以，深度链接的设链者往往会成为被起诉的对象和法律惩处的目标。

深度链接引发的著作权纠纷案件在国内外已经频繁出现。比如，苏格兰的“Shetland Times v. Wills 案”、美国的“Universal Pictures v. Movie－List 案”、荷兰的“PCM v. Krantencom 案”、德国的“Mainpost v. NewsClub 案”等。❸ 2000 年 6 月我国发生首例深度链接著作权纠纷案——“美国博库股份有限公司 v. 北京讯能网络有限公司、香港汤姆有限公司案”后，又发生了“叶

❶ 王亚宁．“一般链接”和“深度链接”［OL］．http：//epaper. nd-daily. com/D/html/200802/06/content-384135. htm［访问时间］：2009-06-18.

❷ 刘平．深度链接引发网络侵权［OL］．http：//www. chinaxwcb. com/xwcbpaper/html/2007-07/26/content-4898. htm［访问时间］：2009-06-18.

❸ 王仁云．深度链接的争议及应用前景［J］．电子商务，2007（4）：43-47.

延滨 v. 北京四通利方信息技术有限公司案”、“香港正东唱片有限公司 v. 世纪悦博公司案”、“上海步升 v. 百度案”、“上海优度宽带科技有限公司 v. 深圳迅雷网络技术有限公司案”等案件。❶

在“北京三面向版权代理有限公司诉重庆市涪陵区图书馆侵犯网络著作权纠纷案”中，一审法院援引了《条例》第23条关于网络服务提供者的避风港原则。根据该原则，涪陵区图书馆作为网络链接服务提供者，在接到原告的通知后即断开了与作品的链接，就不应承担侵权赔偿责任。然而，原告对此存在异议，其在上诉书中认为，一审判决中“涪陵图书馆作为公益性网络服务提供者，只是为读者提供了相关文章的链接服务”的认定错误。二审法院认同了原告的上诉观点，认为被告的行为是直接使用涉案作品，向网络用户提供的是内容服务而非链接服务，属于直接侵权。这实际上是加重了图书馆的责任。❷

“北京三面向版权代理有限公司诉重庆市涪陵区图书馆侵犯网络著作权纠纷案”使我们对图书馆在著作权法中的“特权”地位有了新的认识。在著作权制度中，公益性图书馆处于“最终用户”的地位，❸ 并非著作权法所注意的焦点和权利限制的主要对象。相反，由于图书馆是公共利益的重要体现者，法律总是通过赋予图书馆某种特殊权益来求得私权和公权的相对平衡。于是，“公益性”、“无偿性”就往往被当成判断图书馆是否存在侵权行为的标准，也成为图书馆把握自己行为的尺度。在本案中，涪陵

---

❶ 官文娟，江向东．对深度链接的思考［J］．山东图书馆学刊，2009（1）：10-16.

❷ 韦景竹．图书馆工作中的版权侵权责任分析与启示——从涪陵图书馆链接侵权案谈起［J］．图书情报工作，2010（1）：54-57，138.

❸ 韦之．著作权产品最终用户的法律责任探讨［J］．著作权，2000（4）：10-12.

图书馆作出了其设链行为是“公益性、无偿性服务，目的是发挥图书馆的知识导航作用，方便读者查询、阅读相关文学作品”的抗辩，意在表明图书馆设链是出于公益的需要，而采取的又是无偿服务，所以不可能存在侵权问题。但是，这种抗辩并没有成为得到法律完全豁免的理由而被法院采纳。开展公益性、无偿性服务，并不必然意味着不会发生侵权问题，而且公益服务不能以牺牲权利人利益为代价，更不能以公益服务为借口而行侵权之实。把“公益性”、“无偿性”和“侵权性”完全对立与割裂，看不到其中的内在联系，认为只要坚持了“公益性”、“无偿性”（或者收费完全用于服务成本），就不会发生侵权的观念只能使图书馆自我麻痹，为著作权危机埋下伏笔，隐患会如影随形地与图书馆相伴，一旦有合适的条件危机就会即刻爆发。

与国内发生的其他图书馆侵犯著作权案件相比，“北京三面向版权代理有限公司诉重庆市涪陵区图书馆侵犯网络著作权纠纷案”的特殊意义还在于在我国开了公益性图书馆因为从事信息导航服务而成为被告的先河，其判决结果的先导价值将对数字著作权保护法律环境中基于新技术的图书馆服务创新产生重要而深远的影响。

防范设置链接的法律风险，图书馆要采取相关的自律性措施。其一，对于拟链接的网站，尤其是商业网站，图书馆应当书面通知拟链接的网站的所有者，说明链接的目的和使用方式，请求对方的同意，尽可能与拟链接的网站签订书面的协议。图书馆还可以在自己的主页上声明：本网站出现的某些文字、图案、徽记等与其他网站没有任何的从属和责任关系。其二，作为设链者，一旦权利人告知该链接侵权，并提供相应的著作权证明和侵权材料，图书馆查实后应立即删除链接。其三，在设链前，图书馆应尽可能地调查分析被链接材料的著作权的真实状态，以决定分别采取合理使用、法定许可、授权许可等方式获得对该材料的使用权。其四，图书馆还应对链接的具体方式进行科学选择，提倡使用合法的、侵权风险小的链接方式，避免使用容易引起著作权纠纷的链接方式。

附录

中华人民共和国侵权责任法（节录）

（2010 年 7 月 1 日起施行）

第三十六条　网络用户、网络服务提供者利用网络侵害他人民事权益的，应当承担侵权责任。

网络用户利用网络服务实施侵权行为的，被侵权人有权通知网络服务提供者采取删除、屏蔽、断开链接等必要措施。网络服务提供者接到通知后未及时采取必要措施的，对损害的扩大部分与该网络用户承担连带责任。

网络服务提供者知道网络用户利用其网络服务侵害他人民事权益，未采取必要措施的，与该网络用户承担连带责任。

最高人民法院关于审理涉及计算机网络著作权纠纷案件适用法律若干问题的解释（节录）

法释〔2006〕11 号

第四条　提供内容服务的网络服务提供者，明知网络用户通过网络实施侵犯他人著作权的行为，或者经著作权人提出确有证据的警告，但仍不采取移除侵权内容等措施以消除侵权后果的，人民法院应当根据民法通则第一百三十条的规定，追究其与该网络用户的共同侵权责任。

信息网络传播权保护条例（节录）

（2006 年 7 月 1 日起施行）

第十四条 对提供信息存储空间或者提供搜索、链接服务的网络服务提供者，权利人认为其服务所涉及的作品、表演、录音录像制品，侵犯自己的信息网络传播权或者被删除、改变了自己的权利管理电子信息的，可以向该网络服务提供者提交书面通知，要求网络服务提供者删除该作品、表演、录音录像制品，或者断开与该作品、表演、录音录像制品的链接。通知书应当包含下列内容：

（一）权利人的姓名（名称）、联系方式和地址；

（二）要求删除或者断开链接的侵权作品、表演、录音录像制品的名称和网络地址；

（三）构成侵权的初步证明材料。

权利人应当对通知书的真实性负责。

第十五条 网络服务提供者接到权利人的通知书后，应当立即删除涉嫌侵权的作品、表演、录音录像制品，或者断开与涉嫌侵权的作品、表演、录音录像制品的链接，并同时将通知书转送提供作品、表演、录音录像制品的服务对象；服务对象网络地址不明、无法转送的，应当将通知书的内容同时在信息网络上公告。

第十六条 服务对象接到网络服务提供者转送的通知书后，认为其提供的作品、表演、录音录像制品未侵犯他人权利的，可以向网络服务提供者提交书面说明，要求恢复被删除的作品、表演、录音录像制品，或者恢复与被断开的作品、表演、录音录像制品的链接。书面说明应当包含下列内容：

（一）服务对象的姓名（名称）、联系方式和地址；

（二）要求恢复的作品、表演、录音录像制品的名称和网络地址；

（三）不构成侵权的初步证明材料。

服务对象应当对书面说明的真实性负责。

第十七条 网络服务提供者接到服务对象的书面说明后，应当立即恢复被删除的作品、表演、录音录像制品，或者可以恢复与被断开的作品、表演、录音录像制品的链接，同时将服务对象的书面说明转送权利人。权利人不得再通知网络服务提供者删除该作品、表演、录音录像制品，或者断开与该作品、表演、录音录像制品的链接。

第二十二条 网络服务提供者为服务对象提供信息存储空间，供服务对象通过信息网络向公众提供作品、表演、录音录像制品，并具备下列条件的，不承担赔偿责任：

（一）明确标示该信息存储空间是为服务对象所提供，并公开网络服务提供者的名称、联系人、网络地址；

（二）未改变服务对象所提供的作品、表演、录音录像制品；

（三）不知道也没有合理的理由应当知道服务对象提供的作品、表演、录音录像制品侵权；

（四）未从服务对象提供作品、表演、录音录像制品中直接获得经济利益；

（五）在接到权利人的通知书后，根据本条例规定删除权利人认为侵权的作品、表演、录音录像制品。

第二十三条 网络服务提供者为服务对象提供搜索或者链接服务，在接到权利人的通知书后，根据本条例规定断开与侵权的作品、表演、录音录像制品的链接的，不承担赔偿责任；但是，明知或者应知所链接的作品、表演、录音录像制品侵权的，应当承担共同侵权责任。

第二十四条 因权利人的通知导致网络服务提供者错误删除作品、表演、录音录像制品，或者错误断开与作品、表演、录音录像制品的链接，给服务对象造成损失的，权利人应当承担赔偿责任。

附录

要求删除或断开链接侵权网络内容的通知
（示范格式）

网络服务提供者	名称 *			
	通信地址		邮编	
	域名		E-mail	
	电话		传真	
权利人	姓名/名称 *		有效证件 *（复印件附后）	
	法定代表人 *			
	通信地址 *		邮编 *	
	联系人 *		电话 *	
	E-mail *		传真	
代理人	姓名/名称 *		有效证件 *（复印件附后）	
	法定代表人 *			
	通信地址 *		邮编 *	
	联系人 *		电话 *	
	E-mail *		传真	
侵权网站	名称 *			
	域名 *		备案号或许可证号	
	IP 地址 *		电话	
	E-mail		传真	
侵权内容 *				
侵权内容网页地址 *				
侵权事实及证明材料 *				
通知要求 *				
保证声明		通知人保证本通知内容的真实性，并对此承担法律责任。		
权利人（或其代理人）签名（盖章）*		年　月　日		
备　注				

国家版权局监制

要求恢复被删除或断开链接的网络内容的说明

（示范格式）

<table>
<tr><td rowspan="4">网络服务提供者</td><td>名称 *</td><td colspan="4"></td></tr>
<tr><td>通信地址</td><td colspan="2"></td><td>邮编</td><td></td></tr>
<tr><td>域名</td><td></td><td>E-mail</td><td colspan="2"></td></tr>
<tr><td>电话</td><td></td><td>传真</td><td colspan="2"></td></tr>
<tr><td rowspan="7">说明人</td><td>姓名/名称 *</td><td></td><td>有效证件 *
（复印件附后）</td><td colspan="2"></td></tr>
<tr><td>法定代表人 *</td><td colspan="4"></td></tr>
<tr><td>通信地址 *</td><td colspan="2"></td><td>邮编 *</td><td></td></tr>
<tr><td>网站名称 *</td><td></td><td>域名 *</td><td colspan="2"></td></tr>
<tr><td>IP 地址 *</td><td></td><td>备案号或
许可证号 *</td><td colspan="2"></td></tr>
<tr><td>联系人 *</td><td></td><td>电话 *</td><td colspan="2"></td></tr>
<tr><td>E-mail</td><td></td><td>传真</td><td colspan="2"></td></tr>
<tr><td colspan="2">已被删除或断开链接的网络内容 *</td><td colspan="4"></td></tr>
<tr><td colspan="2">已被删除或断开链接的网络内容的网页地址 *</td><td colspan="4"></td></tr>
<tr><td colspan="2">不构成侵权的证明材料 *</td><td colspan="4"></td></tr>
<tr><td colspan="2">说明要求 *</td><td colspan="4"></td></tr>
<tr><td colspan="2">保证声明</td><td colspan="4">说明人保证本说明内容的真实性，并对此承担法律责任。</td></tr>
<tr><td colspan="2">说明人签名
（盖章）*</td><td colspan="4">联单 年 月 日</td></tr>
<tr><td colspan="2">备 注</td><td colspan="4"></td></tr>
</table>

国家版权局监制

近年来我国发生的与公益性图书馆有关的部分著作权纠纷案件目录

1. 李明德等诉南通市图书馆确认著作权、返还财产纠纷案

http：//gdlawyer.chinalawinfo.com/newlaw2002/slc/SLC.asp? Db-fnl&Gid=117576075

2. 杜修贤诉国家图书馆侵犯著作权纠纷案

http：//www.bizteller.cn/trade/news/newsSearch/newsContent/66622479.html

3. 中国大百科全书出版社诉北京书生数字技术有限公司、佛山市图书馆侵犯著作权纠纷案

http：//chinalnn.com/Html/Article/Class21/Class28/2866726.html

4. 周诚望诉辽宁省图书馆、黑龙江省图书馆、吉林省图书馆侵犯作品署名权纠纷案

http：//www.hrbcourt.gov.cn/court/justuxxnr.php?ID=217

5. 崔世勋诉辽宁省图书馆、黑龙江省图书馆、吉林省图书馆侵犯作品署名权纠纷案

http：//china.findlaw.cn/changuan/zhuzuoquanfa/zzqif/zpsmqif/7608.html

6. 殷志强诉金陵图书馆侵犯著作权纠纷案

http：//www.fsou.com/html/text/fnl/1174744/117474447.html

7. 樊元武诉上海图书馆、清华大学、清华同方光盘股份有限公司、《中国学术期刊（光盘版）》电子杂志社、清华同方知网（北京）技术有限公司侵犯著作权纠纷案

http：//www.chinalawedu.com/news/17800/179/2006/10/zh12401957297201600225606.html

8. 李尚英诉山东省图书馆著作权纠纷案

http：//iprchinacourt.org/public/detailsfws.php? id=23849

9. 中国大百科全书出版社诉北京世纪超星信息技术有限责任公司、广东省立中山图书馆侵犯著作权纠纷案

http：//www.110.com/panli/panli113915.html

10. 北京三面向版权代理有限公司诉重庆市涪陵区图书馆侵犯网络著作财产权纠纷案

http：//www.cqlsw.net/Case/wangluo/20090131123607.html

11. 浙江省图书馆诉何湖苇等网络著作权纠纷再审案

http：//www.chinacourt.org/public/detail.php? id=331040

12. 何海群诉温州市图书馆著作权纠纷案

http：//www.lawyee.org/Case/CaseDisplay.asp? RID=412330

13. 中国图书馆图书分类法编辑委员会诉赵殿文等侵犯著作权纠纷案

http：//vip.chinalawinfo.com/Newlaw2002/SLC/SLC.asp?db=fnl&gid=117448863

14. 何海群等诉中国人民大学（图书馆）著作权纠纷案

http：//www.lawlib.com/cpws/cpws-view.asp? id=200400763744

15. 李昌奎诉深圳南山图书馆等侵犯著作权纠纷案

http：//www.110.com/panli/panli118176.html

16. 李昌奎诉对外经济贸易大学（图书馆）著作权纠纷案

http：//www.hnqytx.com/chinaqmw/a/maoyi/20091214/22088.html

17. 李昌奎诉鲁东大学（图书馆）著作权纠纷案

http：//tieba. baidu. com/f？kz＝282251387

18. 李昌奎诉贵州大学（图书馆）等侵犯著作财产权纠纷上诉案

http：//vip. chinalawinfo. com/Case/displaycontent. asp?Gid＝117664543&Keyword＝0

19. 李昌奎诉福州大学（图书馆）等侵犯著作权纠纷案

http：//blog. tianya. cn/blogger/post-show. asp？BlogID＝1120023&PostID＝11389919

20. 李昌奎诉长春理工大学（图书馆）等侵犯著作权纠纷案

http：//blog. tianya. cn/blogger/post-show. asp？BlogID＝1120023&PostID＝1120023&PostID＝1214686&idWriter＝0&Key＝0

21. 李昌奎诉青岛理工大学（图书馆）等侵犯著作权纠纷案

http：//blog. tianya. cn/blogger/post-show. asp？BlogID＝1120023&PostID＝10394918&idwriter＝0&Key＝0

22. 李昌奎诉北京理工大学（图书馆）等侵犯著作权纠纷案

http：//blog. tianya. cn/blogger/post-show. asp？BlogID＝1120023&PostID＝10398698&idwriter＝0&Key＝0

23. 李昌奎诉首都经济贸易大学（图书馆）等侵犯著作权纠纷案

http：//blog. tianya. cn/blogger/post-show. asp？BlogID＝1120023&PostID＝10398722&idwriter＝0&Key＝0